文化叢刊

百年收藏

退密

——二十世紀中國民間收藏風雲錄

宋路霞◎著

(1) ◎收藏

西周・大克鼎——潘祖蔭舊藏

春秋晚期・犧尊——張雪庚舊藏

(3) ◎ 收藏

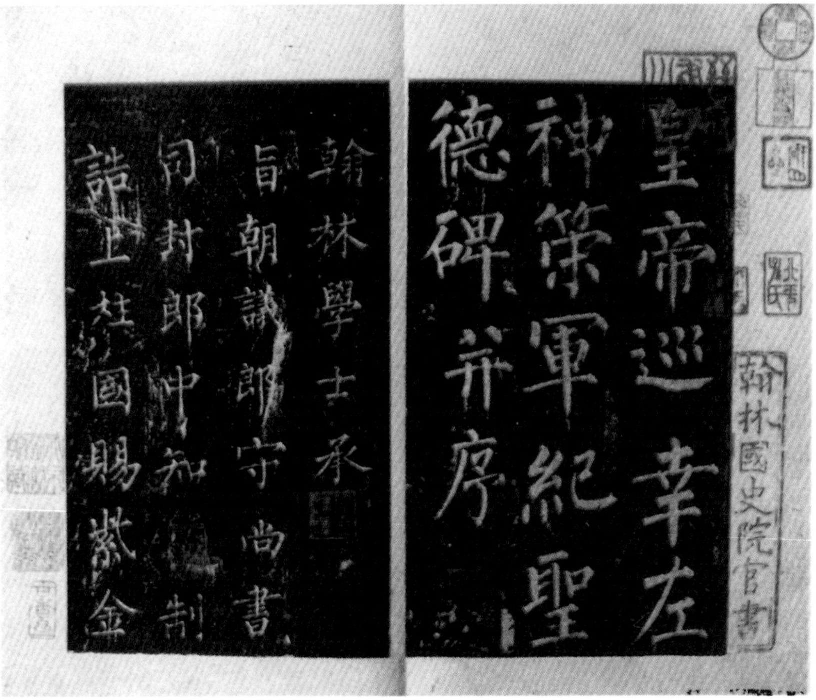

唐・柳公權《神策軍碑》——陳清華舊藏

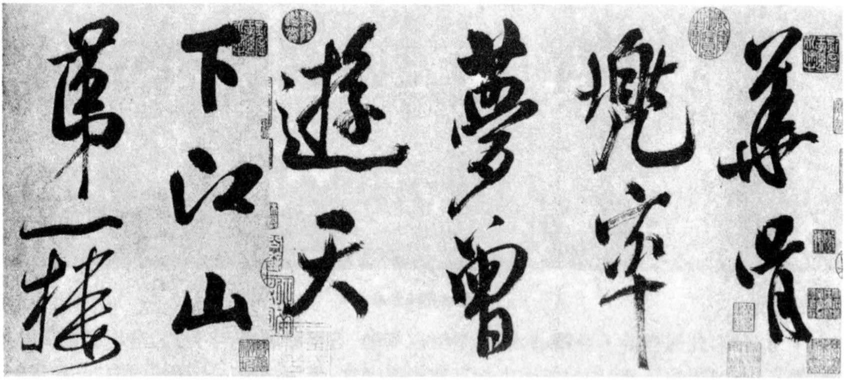

宋・米芾《多景樓詩冊》(局部)——吳湖帆舊藏

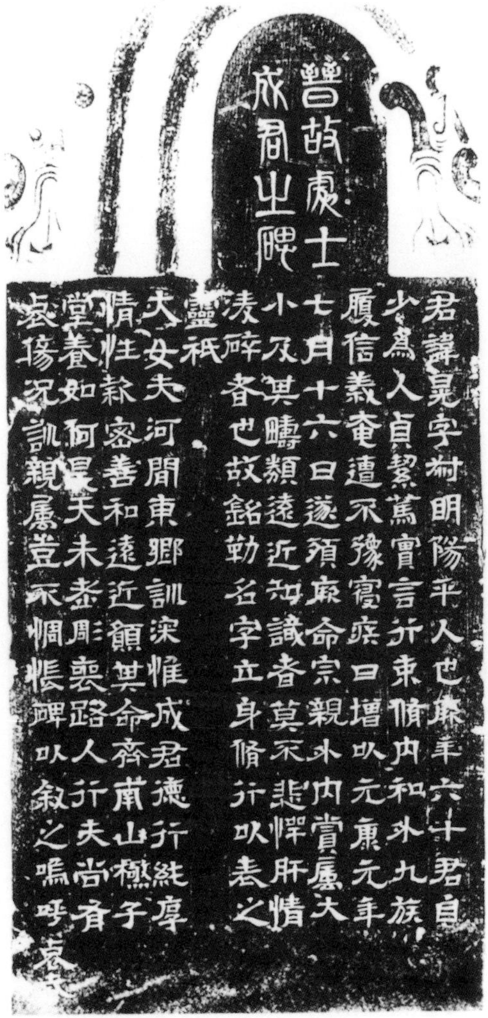

千唐志齋藏晉代墓碑——張鈁舊藏

宋・鈞窑月白釉出戟尊——胡惠春・王華雲舊藏

(7) ◎ 收藏

定窑白釉印花雲龍紋盤——夏佩卿舊藏

宜興窯・「曼生」款提梁紫砂壺——唐雲舊藏

(9) ◎ 收藏

樓闕人物雕飾大罌——秦廷棫舊藏

元代 大吉壺
Teapot,good luck
(Yuan Dynasty)

元・大吉壺——許四海收藏

戰國・《舞女》玉雕——丁宗琪舊藏

唐・佛像——百佛堂舊藏

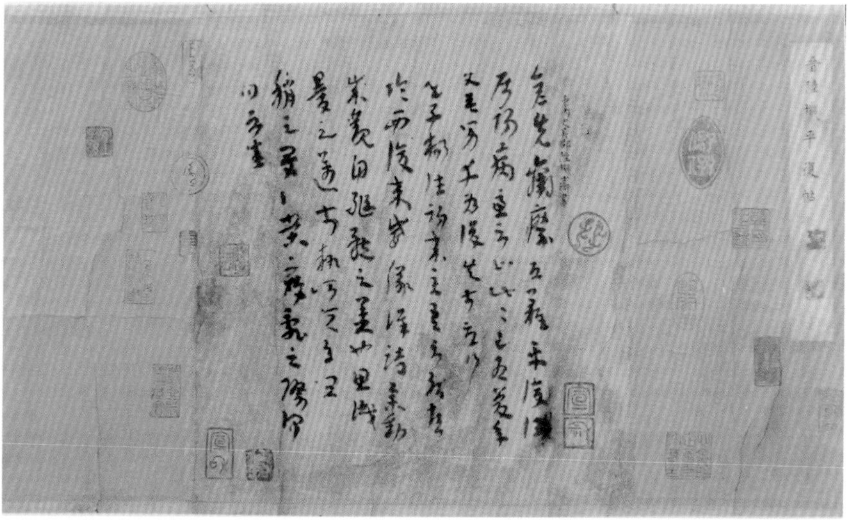

晉・陸機《平復帖》——張伯駒舊藏

隋・展子虔《游春圖》——張伯駒舊藏

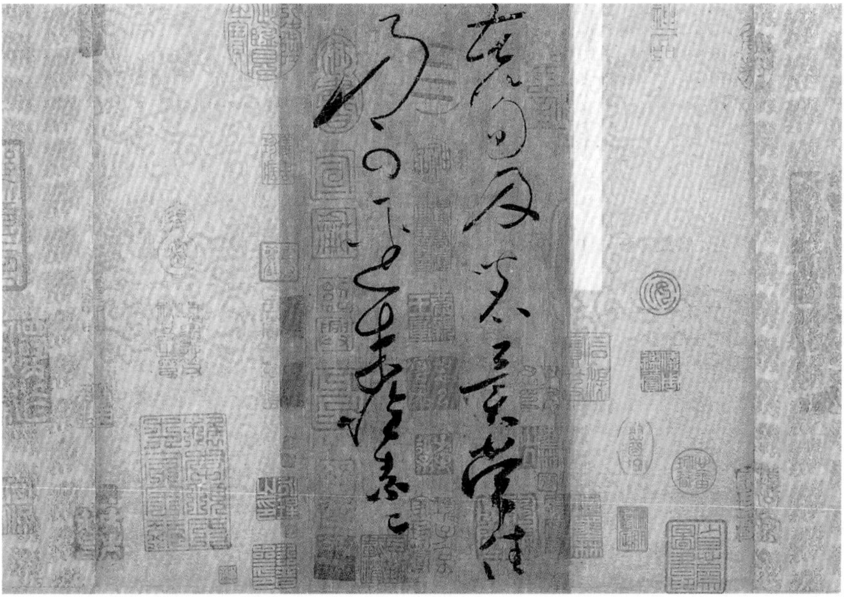

唐・懷素《苦筍帖》卷(局部)——周湘雲舊藏

元・張渥《九歌圖》(局部)——顧公雄・沈同越舊藏

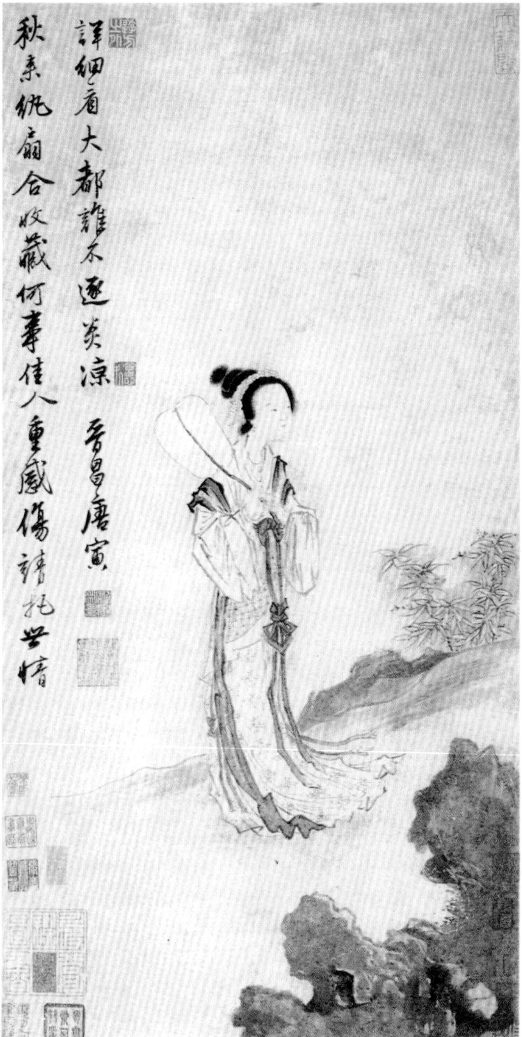

明・唐寅《秋風紈扇圖》——龐萊臣舊藏

清・樊圻《江千風雨圖》——劉靖基舊藏

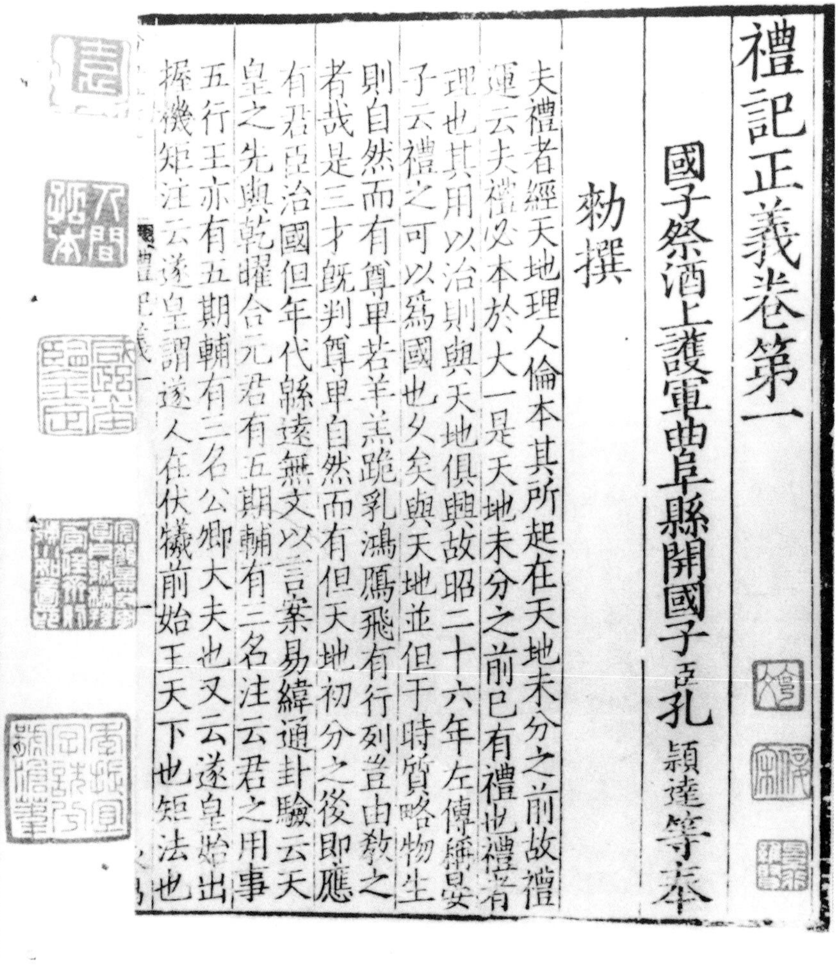

宋版《禮記正義》——袁克文舊藏

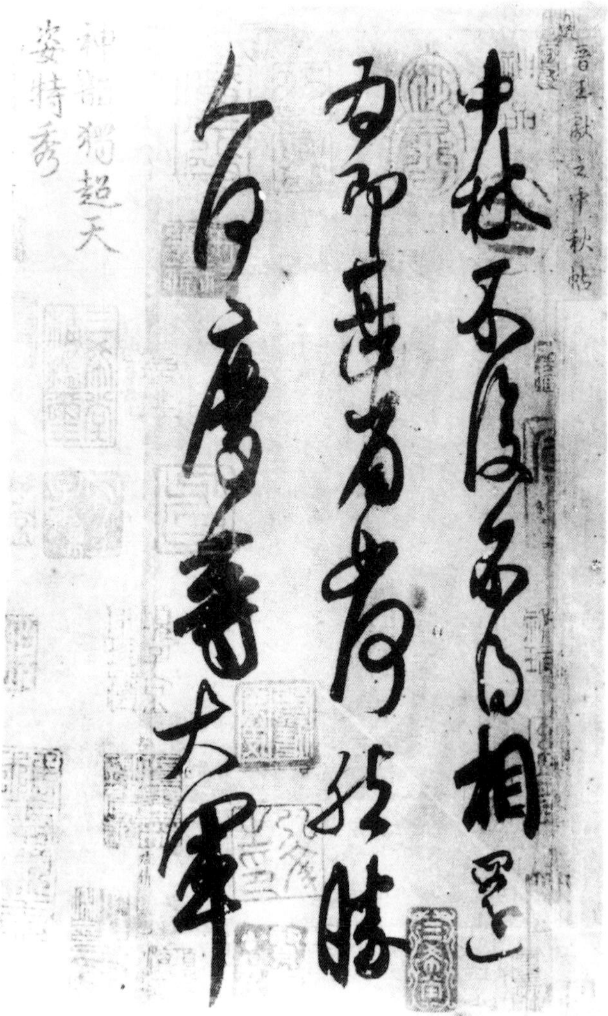

晉・王珣《伯遠帖》——郭葆昌舊藏

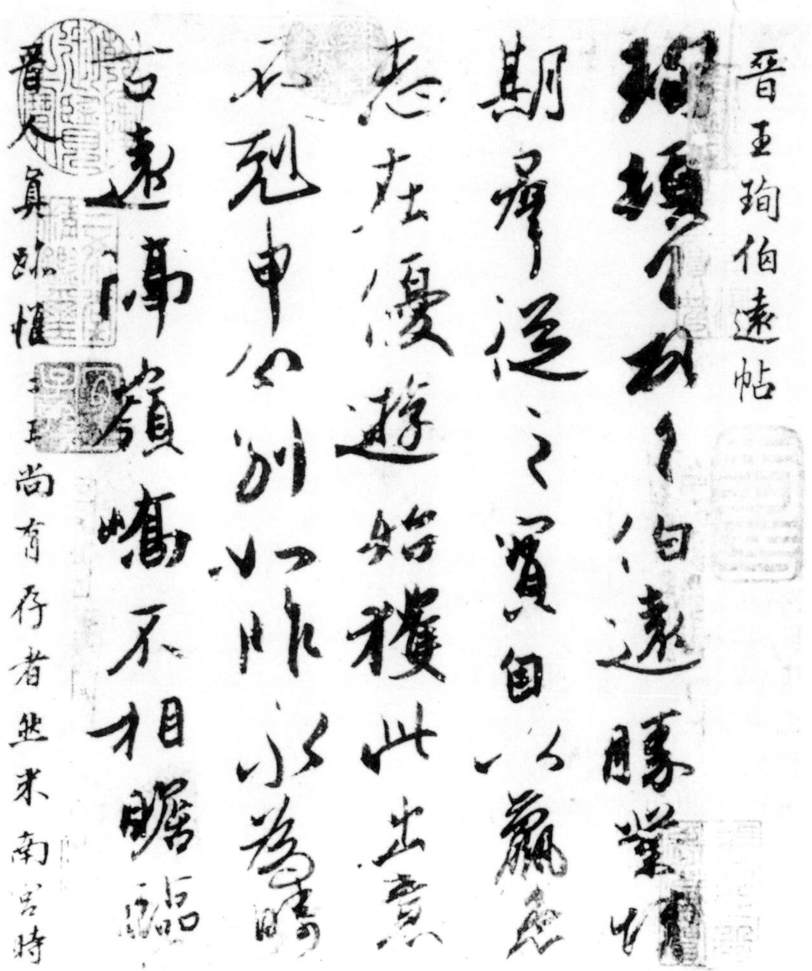

晉・王獻之《中秋帖》——郭葆昌舊藏

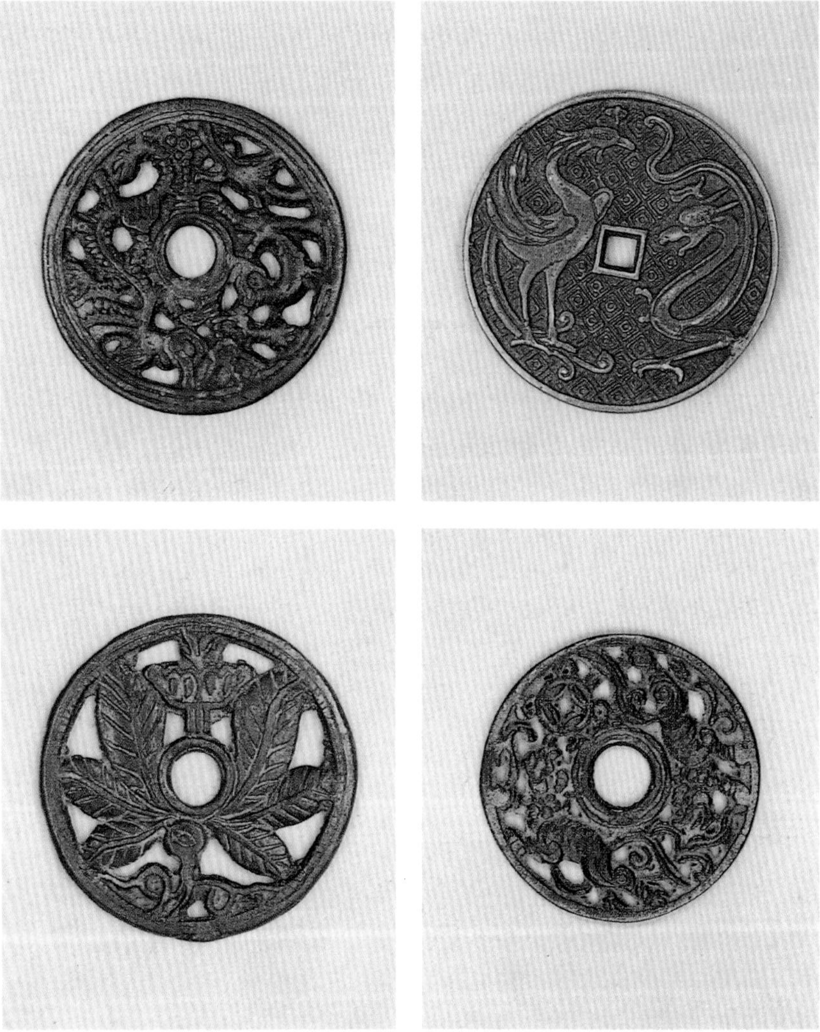

中國花錢——余榴梁舊藏

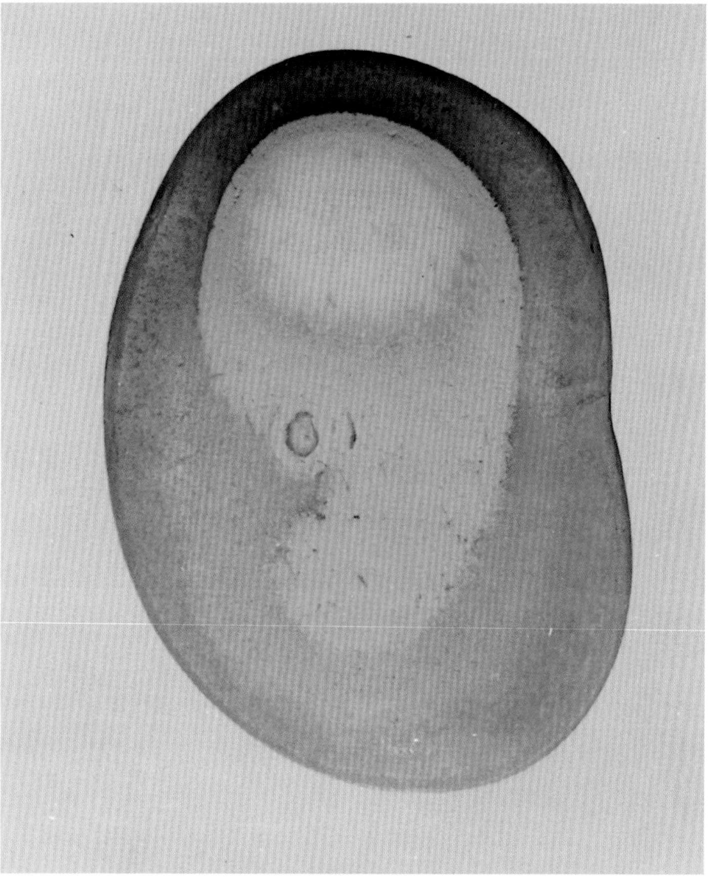

雨花石「人之初」——陳瑞楓·周文秀舊藏

清末・南京鐘——劉國鼎舊藏

序

收藏作爲一種雅好，一種學問，一種行當，抑或一種投資手段，隨著時代的變遷，千百年來大俗大雅，大起大落，展現了一道獨特的文化風景線。

中國的官私收藏，從「郁郁乎文哉」的北宋起，歷代封疆大吏玩青銅、玩碑帖幾成傳統。至清末，官場上往來若不懂點文物，便有被人譏笑之虞。於是不少人從附庸風雅做起，進而深得其味，最終玩出了心得，能夠用小價錢將眞品以贋品的價格收進，成了鑒賞家和收藏家，如清末的端方、王懿榮、劉鶚、吳大澂、劉廷琛、溥儒、李盛鐸、周馥、周緝之、朱啓鈐、葉恭綽、袁寒雲、李經方、劉承幹、劉晦之、劉世珩、羅振玉、龐萊臣等。他們中的大多數人，繼承了乾嘉以來樸學大師重實物、重考據的流風餘緒，爲了收藏曾南北舟車，上下求索，力求用藏品去印證、詮釋一段歷史、一個方國、一樁疑案，或是一代風俗，出版了一批經過認眞考訂的藏品目錄和考證著作。自然，也有一些人把藏品作爲投資物件，深鎖秘藏，待善價而沽；也有的則成了高級玩家，玩膩了就賣，買進賣出，全憑一時所好，並未留下任何有價值的文字。

中國近百年的收藏史之所以波瀾壯闊，令人玩味不盡，還與本世紀以來地下文物的空前大發現，以及後來的空前大盜掘是分不開的。上蒼及時地「恩賜」、「指點」了幾處藏寶的重要基地，使數千年來的地下古物在短短十幾年之中，集中地來了個大曝光，這就勢必引得人們趨之若鶩，從而震驚中外。

如河南安陽殷墟甲骨的被發現，殷墟遺址的被確定，敦煌莫高窟藏經洞的豁然洞開，「北京人」頭蓋骨的被確認，陝西關中地區周原遺址大批古墓的被盜——從這些地方流向全國各地乃至世界各地的、幾乎無法統計的浩瀚文物，爲考古學者和收藏家帶來了機遇，也爲一些達官貴人、洋行買辦、銀行巨頭、地方軍閥、清末遺老以及古董商販和海外文物大盜，提供了千載難逢的逐鹿之機。

近百年的前半期，中國處在「落後就要挨打」的時代，反映到收藏上，造成了「落後就要遭搶」的事實。抗戰時期，日本帝國主義文化掠奪的野心，不亞於老牌的殖民主義者和帝國主義者。近些年各地出版的文史資料，或多或少地都反映過一些驚心動魄的事實。

有掠奪就有反掠奪，無論是在辛亥革命前後還是抗日戰爭期間，北京、上海、天津等地均湧現了一批收藏界的無畏勇士，他們在極爲艱苦的條件下，「以千百就盡之卒，戰百萬日滋之師」，以身家性命來捍衛、保全國寶。他們中有張伯駒、葉恭綽、鄭振鐸、徐森玉……這種文明與野蠻的歷史較量，爲百年收藏史留下了光彩照人的篇章。

一九五〇年代初，中共政府鼓勵捐獻，各地創辦博物館，民間收藏曾大規模地向公庫集中。可惜私人收藏在一九五〇年代至一九七〇年代中，被視爲一種奢侈。十年浩劫給文物收藏帶來的損失，至今尚難確切統計。好在隨著改革開放大潮的湧起，人民生活水準的普遍提高，民間收藏的熱浪終又彙成了巨瀾。近十年拍賣行的木槌聲此落彼起，成了收藏大軍行進的歡慶鑼鼓。

由此可見，百年收藏是隨著百年的政治風雲、戰爭格局、社會變遷、國際商情甚至時尚的變化，而大開大闔、漲落起伏的，中間浸透了不少愛國志士的血淚，記錄了現代考古學、文字學、社會學、民俗學、市場學的屈辱與輝煌，是中國現當代史的一部側影。

記下這些故事，總結這段歷史，吸取個中經驗，當是我們這一代人的責任。

施蟄存　於上海

目次

第一章　收藏——二十世紀中國的一面側影

國寶「發源地」

上世紀末，清帝國的氣數已是奄奄一息，內外交困之中，又撞上了庚子之亂。八國聯軍進京之際，慈禧太后挾持光緒倉皇出逃，朝野上下主戰與主和的爭吵早已悄無聲息，只等著割地賠款了。

然而在文物考古上卻接二連三地發生重大事件。這些重要的發現對於人類的文明進程，客觀上有著劃時代的認識價值，多少給國人尤其是知識份子帶來些喜氣，亦給收藏界和古玩市場注入了極大的「活力」。

或許是天時地利的某種契合，這幾項重大的發現多少都帶些偶然性。

一九〇〇年五月的一個清晨，敦煌莫高窟的住持人王道士（王圓籙）正在一個洞窟裡清掃積沙。當一大堆積沙被清除之後，洞裡發出了一種奇異的聲響，一面洞壁因失去了積沙的支撐，壁土開始層層剝落，牆上出現了裂痕。王道士驚詫之餘用手敲敲，裡面竟是空的！這無意中的叩擊，竟叩開了一座千年秘室——北宋晚期僧人們封掩起來的一個藏經洞！只見裡面從地上層層堆碼著早已發黃的紙卷和絲織物，一直堆到「天花板」。從那時起，邊城敦煌就再也沒有清靜過。人們從這間不足二十平方米的洞窟裡，先後搬出了四萬多件手寫經卷、唐抄古書、唐拓碑片和歷代各類古物！

據說當初藏經洞被挖開之後，王道士確也向地方政府作了彙報，還抽出些卷子呈送到上級衙門。地方政府從敦煌縣令開始一級級地向上稟報，直達天子。可是那個末代封建王朝，剛剛經歷一場性命交關的巨變，傷痕累累，元氣殆盡，何來那些思古之幽情？對那些古紙卷兒根本無興趣，所有的奏件就只能是泥牛入海。

然而事情到了兩個嗅覺靈敏的「老外」那兒，情形就完全顛倒了過來。英籍匈牙利人斯坦因，無意中從一個叫扎伊德·貝格的烏魯木齊商人嘴裡，得知了藏經洞的消息。過了一年，法國人伯希和又在閒聊中，從「老朋友」——清廷貴族蘭公爵那兒，得知了藏經洞的事情。這個蘭公爵據說當年與義和團有舊，庚子之後就被發配到新疆，終身流放烏魯木齊。於是，這兩個「老外」，便先後發瘋似地撲向了敦煌，以種種手段威逼利誘，終於使得那本來就俗不可耐的王道士，打開了那只足有半斤重的鐵鎖……

接下來日本「探險隊」又來了，俄國「考察隊」也來了，美國人也來了，國內大大小小對此有興趣的人物都蜂擁而至。藏經洞裡四萬件千年古物，被一批批地搬出洞外，捆紮起來，扛上駱駝，然後走蘭州，上北京，絕大多數被運到倫敦、巴黎、彼得堡、東京、漢城……散落在全世界共計四五十個地方，而留在國內的僅號稱「八千經卷」。

這塊風水寶地，直到一九六五年，還有新的文獻發現！

其次是河南安陽小屯村。

傳說一八九九年，紫禁城裡的南書房行走、國子監祭酒、金石學家王懿榮生了一場病，命老僕人去中藥鋪抓藥。這個熟諳古文字的王大人，望著五味雜處的藥罐忽發奇想——這「龍骨」上的橫豎道道，會不會是有人故意刻畫的呢？假如刻畫的是一種符號、一種文字，傳遞著一些什麼消息呢？王大人爲自己的聯想而激動萬分，遂命僕人將那家中藥鋪的「龍骨」全部買下，繼而又跑遍全城，收購「龍骨」，有多少買多少……商人們自然聞風而動。關於這個傳說的眞實性，就連王大人的子孫後代亦不能完全確認，但是，王懿榮是揭開「龍骨」眞面目的第一人，即發現甲骨文的第一人，卻是史學界所公認的事實。

於是，「龍骨」的產地就成了一座格外誘人的寶庫。河南商賈起初封鎖消息，大擺迷魂陣，說是在湯陰。大學問家、上虞羅振玉加以考證，一九一五年又親自赴安陽收集甲骨，大破迷魂陣，不僅查實了「龍骨」的出土地是河南安陽小屯村，而且確定了這兒即是史書上記載的殷墟——商朝後期的政治中心。

一向默不爲人知的小屯村空前紅火了起來，而王大人卻在八國聯軍破城之後，率全家人投井殉節了。他何曾想到，他那石破天驚的發現，使人們在一百年間從小屯村及其周圍挖出了多達十五萬片的甲骨龜片，把中國文字的起源，一下子向前推進了上千年，而且這一「富礦」，不知養活了多少當地農民和北京、上海的古玩商人。

據說，先是當地農民來刨坑挖土，把甲骨龜片當中藥賣，後又有古董商販雇人坐莊開挖，而當地軍閥、官僚豪紳、外國傳教士插足，又使得原先才幾分錢一斤的「龍骨」價格扶搖直上，從論筐賣、論車賣、論坑賣，一直賣到了幾兩銀子一個字！使那些頭腦活絡的南北商販，美美地發了一筆，也使中國的古文字訓詁學家們，忙碌了整整一個世紀。

從那時至今，河南安陽不斷有新的窖藏面世，不僅「盛產龍骨」，還出土了大量青銅器、陶器、玉器、骨器，這些文物的發現、收集、流傳和著錄研究，以及出國後的聚散過程，眞不知演繹了多少明裡暗裡的現代神話。

再就是周原。

周原是指西安城以西、渭河以北，沿河一溜拉開的、扶風縣和岐山縣之間的一段黃土原。這片黃土，是西元前一千年左右，周人進入中原地區之前的統治中心區之一；在本世紀初，地表已被歲月的風霜「切割」得條條縷縷、溝溝坎坎了。當地百姓說，每經一場暴雨或是一場洪水，總會有些青銅類的古物遺留在溝邊的土崖上，或是滾落到溝底。有時一座窯洞坍塌，亦會暴露出一座古墓。

這些洪水過後的遺存物，就成了「這裡有寶」的廣告牌，養活了一批陝西省內早期的古董商人。是他們，將從這兒出土的包括毛公鼎、散氏盤、大盂鼎、小盂鼎、天亡簋、何尊、牆盤等在內的標誌著西周王朝社稷的禮器，一批批帶到了北京、上海，有的再轉道歐美，進入大英博物館、大都會博物館等。這個地區早在宋代就出土過著名的「穆公鼎」，宋代薛尙功的《歷代鐘鼎彝器款識》和王俅的《嘯堂集古錄》都有著錄。近百年來更成了一座龐大的文物「礦山」，吸引著一批批前來挖寶的隊伍。

這一帶地下文物之豐富，世所罕見。動輒一窖十幾器、幾十器乃至上百器。扶風縣莊白村微氏世家窖藏，一窖就出土青銅器一百零三件。岐山縣任家村的一處窖藏，亦是一坑達一百二十餘件青銅器。一九〇一年出土的著名的蟬紋柉禁，爲當時出土的唯一的一件青銅柉禁，舉世轟動。著名的盂鼎、大豐毀、毛公鼎、大克鼎均出自這一帶。一九五〇年代後仍不斷有稀世珍寶面世，好像是一座寶山，永遠也開採不完似的。

另外還有河南洛陽北面的邙山，綿延五十多公里的山脈，北臨滔滔黃河，歷來被視爲最標準的葬身之地，偌大個邙山，幾十年間竟出土了近萬方墓誌銘。難怪有墓塚林立，「幾無臥牛之地」之說。京漢鐵路穿山而築時，一路開出去全是古墓！所以著名的盜墓工具被稱爲「洛陽鏟」，眞是意味無窮。

除了以上幾次「天賜」的良機之外，本世紀還有幾次大的人爲造成的國寶「發源地」。

首先是東陵盜寶案。一九二八年軍閥孫殿英爲籌軍火，擴充實力，竟然派工兵用炸藥炸，把慈禧太后和乾隆皇帝的陵墓給炸開了。盜出的珍寶玉器、各式文物不知其數。慈禧的屍體在棺中全用珍珠掩埋，所以挖出的僅珍珠一項就大大小小地堆滿了並排的三張八仙桌面，最大的珍珠直徑有十毫米。後來，這一大宗珍寶就成箱成箱地運到了北京、天津、上海、青島，繼而流向全國各地。除去軍閥們分掉、送掉、賣掉的，還眞的向國外換回了一批軍火。

其次是陝西軍閥黨玉琨鬥雞台盜寶案。鬥雞台在陝西寶雞，盜寶的具體地方叫戴家溝。黨玉琨爲地方一霸，爲籌集軍費擴充實力，於一九二七年至一九二八年間，驅趕了上千名貧苦百姓到戴家溝爲他挖寶。僅僅七八里長、十多丈深的一條山溝，在八個月間被破壞古墓達五十餘座，盜得青銅器等古物一千多件，把個好端端的戴家溝挖了個溝底朝天。黨玉琨後來雖被馮玉祥將軍派兵擊垮了，但這一大批文物，最後仍然未能逃脫民國間出土文物的大致走向——運到北京、上海、天津後，又陸續飛往歐美各國去了。

影響最大、損失最慘、最令國人頓足的，莫過於末代皇帝溥儀當年從天津張園帶去長春僞宮的那一大宗清王室的遺藏。這一大宗寶藏，僅歷代堪稱國寶的法書和古畫就達一千二百餘件，即所謂「賞溥傑單」上記錄的那批文物。後來隨著抗日戰爭的勝利，日本投降，溥儀出逃，被封存在長春僞宮內小白樓的黃條封箱，就成了留守「國兵」們獵取的物件。他們監守自盜，先下手爲強，把從地上堆到天花板的黃條封箱一箱箱挪下，逐個撬開，偷的偷，搶的搶，分不均勻就撕成幾份。著名的《宮中遊樂圖》竟被撕成五塊，現分藏在國外好幾個大型博物館中——這就是幾十年前北京琉璃廠一些老闆們談之色舞的「東北貨」。後來這批「貨」的蹤跡遍佈了沿海各大城市和海外的大型博物館，小白樓就成了又一處人爲的國寶「發源地」。一九五〇年代中共政府爲追蹤這批國寶之鎭庫，組成了以遼寧省博物館館長楊仁凱先生爲首的工作委員會，開展了艱苦卓絕的調查工作，爲之整整忙碌了四十年。

直到最近的一九九七年，神秘的「東北貨」還時有露面。一位東北老漢推開了赫赫有名的北京瀚海拍賣公司的大門，聲稱帶來一幅宋代《十詠圖》，是宮中藏品，要求估價拍賣。工作人員將信將疑，結果在全國最高級、最具權威性的「五老」鑒定會上，「五老」做出了一致認可的鑒定，確屬眞跡無疑。原來，這老漢的父親原爲溥儀的侍衛官，近水樓臺先得月，傳到老漢手上，又經過半個世紀的風雨，現在他要價八百萬，聲稱七個子女，加上他本人，每人要得一百萬。於是在一九九七年的一次文物拍賣會上，北京故宮博物院以一千八百萬的天價把「貨」捧走。「東北貨」在五十年間，價格不知翻了多少個跟斗，亦堪稱收藏史上一絕了。

收藏家的黃金歲月

大約從本世紀初到一九三〇年代抗戰爆發之前，這三十來年的時間，可推爲本世紀收藏家們的黃金歲月。

這個時期，由於辛亥革命帶來的劇烈社會變革，社會結構和上層建築都發生了極大的變化，其「餘震」反映到收藏界，就使得傳統的收藏品以前所未有的速度，加速了聚散和流轉的過程；同時由於中國考古的幾次有劃時代意義的大發現，以及國際文物市場上中國文物的「走俏」等因素，民國時期的收藏家們便占盡天時地利，傳統的收藏家的隊伍也發生了極大的變化。

原先，衣食依附於清廷皇室的滿族皇親國戚，以及近臣太監，他們平素就聚斂了大量的金銀珠寶、古玩字畫，手裡或多或少都有一些皇宮裡流出來的寶貝，或是皇帝賞賜，或是得來不明不白。待末代王朝的大廈一朝傾覆，後臺垮了，在經濟告急的時候，家傳的古董就不再那麼神聖，逐步散了出來。他們中有許多人本是北京琉璃廠的好主顧，辛亥革命後倒了過來，反求琉璃廠老闆們幫他們賣寶解窘。大名鼎鼎的文葵、載潤、載灃、寶熙、溥儒、溥傑等都是這樣。寶熙後來不僅自己賣文物度日，還幫人家賣。他本是清廷宗室後裔，當過學部侍郎，有學問，又跟琉璃廠的掌櫃、夥計個個都熟，那些怕失臉面的貴族就請他代賣。末代皇帝溥儀的兄弟溥傑家中的一個商代古銅尊，就是經他的手賣出的。後來寶熙在東北去世，子女仍繼續出賣他的藏品。溥儀的父親醇親王載灃，爲了巴結張作霖，把家藏的御製題詠董邦達《淡月寒林圖》和一對乾隆款的瓷瓶派人送了去。末代王孫溥儒是議政王奕訢的孫子，民國後一、二十年，不僅偌大的恭王府已抵押出去，就連爲母親辦喪事的錢也拿不出，傳世的第一法書名爲《平復帖》就這樣散了出來。後來，連遜帝溥儀也嫌民國政府給的錢不夠花銷，編造了「賞溥傑單」，偷偷地將一千多件文物帶出紫禁城，運到天津，有不少被抵押在銀行裡。其他舊僚百官，其狀況更可想而知了。

大清王朝的最後一批所謂朝廷命官，從政治舞臺退出之後，有的進入北洋政府繼續當官，也有一部分不願食民國「周粟」的，就躲到上海、天津、大連、青島等地的租界裡當了寓公，或者回家養老，他們中有不少人是靠變賣文物度日的。著名金石學家、藏書家、原甘肅省學政葉昌熾，著名版本目錄學家、收藏家、原天津造幣廠監督劉世珩，原直隸總督陳夔龍等都屬於這種情況。羅振玉則跑到日本，賣掉了不少文物。還有一些晚清老資格的大官僚、大收藏家，本人過世之後，後人多不能守業，也開始靠變賣祖傳文物度日。所謂「君子之澤，五世而斬」，實際上能傳三代的藏家已寥若晨星，多數家庭在第一代人去世之後，藏品就很快地散諸市肆。受知於李鴻章而官至郵傳部大臣的盛宣懷，素以收藏聞名，一九一六年去世後，藏品陸續散出，尤其號稱數十萬冊之巨的「愚齋藏書」，絕大部分在民國年間由其後人「三家分晉」，分成三份，分別贈予上海交通大學、聖約翰大學和山西銘賢學校，而精善古秘之本，則由中國書店整批購下，然後散售而盡。原工部尚書、軍機大臣、蘇州人潘祖蔭，在政事餘暇廣事收羅，金石書畫無所不收，堪稱江南之冠；西周重器大克鼎、大盂鼎曾久居其室，然而他本人去世後，其「攀古樓」藏青銅器除大型器件外，幾爲童僕盜竊一空，李鴻章的侄孫李蔭軒曾購去不少。潘氏著名的「滂喜齋」藏書亦逐漸散盡。浙江杭州以收藏和補輯文瀾閣四庫全書而聞名的丁丙、丁申兄弟，有「八千卷樓」藏書，號稱晚清四大藏書樓之一；然而丁丙去世不久，其後人經商失敗，虧空巨萬，只好由官方主持出賣家產賠償，以七萬五千元的價錢，將「八千卷樓」售與江南圖書館。道光年間的翰林院編修、國史館協修、大收藏家陳介祺，以最早收藏毛公鼎和上萬方古印聞名，一生收藏涉獵古銅器、古印、陶器、封泥、碑版、瓦當、石刻、古錢，大凡古人遺存之物，無所不收，身後藏品於本世紀初亦星散殆盡。還有大名鼎鼎的兩江總督端方，一生聚斂有如山海之富，而一九一一年被四川新軍刺死後，不數年，藏品就陸續散出，連當時最負盛名的陝西寶雞鬥雞台出土的西周柉禁共二十件，也漂洋過海，被美國人福開森轉賣到了美國……在封建王朝，一朝天子一朝臣，豪門貴族是一人得勢，雞犬升天；而一旦失意落拓，或台柱傾覆，整個家族連同所有藏品的敗落星散之速，有時外人竟難以想象。

皇室慶親王一九一七年去世後，三個兒子分家，依仗家底厚，坐吃山空，到了他的孫子溥鈞、溥銘手裡，房產、地產、金銀古玩全部賣光，溥銘最後淪爲揀破爛的了。當時的報紙上常有「世子王孫倒斃城門洞，郡主命婦墜入烟花院」的新聞。一九五〇年代以後有資料證明，清朝第一代王爺多爾袞的後代睿親王中銓，在一九二四年因借錢不還，被法院查封了「一百多間房的古玩陳設動產」，最後因「衣食不周」而去世。試想這許多古玩陳設，該給古玩市場帶來多大的「振興」！

在社會上造成巨大影響的，還有清末四大藏書樓之一、吳興陸氏皕宋樓的整批藏書的東去。陸心源官至福建鹽運使，生平嗜書如命，曾東並「宜稼堂」，南逮周星貽，遠抄近訪，十年中得書十五萬卷，其中僅宋版書即達二百部之多，遂有「皕宋樓」之稱。不想陸氏歿後，其子孫不能守業，未幾，即以十一萬八千元的價錢，被日本岩崎氏「靜嘉堂文庫」囊括而去。其他藏品亦如行雲流水，蹤跡莫辨。此事亦如敦煌卷子的外流一樣，曾大大刺傷了中國知識分子的學術良心，輿論上很是激憤了一陣。

自然，藏品的流轉，有散出者就有收進者。抗戰前的北京和上海，已經形成了南北兩大文物聚散中心。隨著一批老收藏家相繼成爲歷史陳蹟，一批新的官僚、買辦、工商業巨頭、銀行家、傳教士和少數文人學士，他們及時地抓住了清末民初這個政治大動蕩、經濟大改組、文物大聚散的歷史時機，以雄厚的實力和獨特的眼力，一時占盡了收藏的風光。再加上當時幾個「文物發源地」的出現、國內文物市場的成熟、外國傳教士和外國文物商賈的介入、國際文物市場對中國文物的需求和價格的刺激、中國專做「洋莊」生意的文物巨賈的出現等因素，都使得這個時期的收藏活動日趨活躍起來。

這個時期收藏內容最廣泛、成就最顯著者，可能要推安徽盧江人劉體智和廣東番禺人葉恭綽兩位。

劉體智，清末四川總督劉秉璋的第四子，曾在清廷戶部銀行任職，民國後出任中國實業銀行總經理。一生嗜古，收求古物不遺餘力，曾將其藏品印行過十種目錄，其中《善齋吉金錄》二十八冊和《小校經閣金石文字》十八冊最爲著名。其收藏甲骨二萬八千片，青銅器達四百餘件，其中最著名者爲洛陽出土的一套驫氏編鐘。藏書在一九五〇年代後捐入公庫者近七萬冊，另有古墨、古硯、古印、古畫，均成巨觀，還有那兩具自唐代宮中流出後在民間「流浪」了千年的大小忽雷（琵琶），更是令人歎爲奇蹟。

葉恭綽，清末曾任職清廷郵傳部，北洋軍閥時期曾任鐵道部長、交通總長。一生收藏遍涉青銅、古畫、法書、碑刻、藏書各類，二十年間收集明代宣德爐即達三百餘器，著名的西周重器毛公鼎在他家逗留十餘年。傳世法書如《曹娥碑》、《鴨頭丸帖》等均在其櫃中多年。他居滬時還曾設法寶館一處，陳放佛家遺物，數量之多，難以計數。其藏書、碑版一部分毀於廣州沙面之火，一部分在抗戰中捐入上海葉景葵先生主持的合衆圖書館。佛家故物則捐入上海玉佛寺。葉氏所藏，雖未留下完整的目錄，然其晚年所著的《矩園餘墨》，多談其藏品，於其書畫類的收藏說明尤詳，故亦可作其收藏著錄觀。

這個時期在收藏品的多個門類中，湧現出一批「大王」。瓷器收藏方面，北方有袁世凱的紅人郭世五，南方則有梁培和仇炎之。郵票有「集郵大王」周今覺，是爲兩江總督周馥的孫子，曾任中華集郵協會會長多年。錢幣方面南方有丁福保、張叔馴、陳仁濤、羅伯昭；北方有天津的方若（藥雨）。藏畫方面以上海和蘇州爲重鎮，有虛齋主人龐萊臣，過雲樓主人顧鶴逸，梅景書屋主人吳湖帆，還有廣東人譚敬。尤其是過雲樓顧氏，四代遞傳，精心藏護，直至解放後捐獻，實屬不易。藏書方面大家就更多，南方有寧波范氏天一閣，吳興劉氏嘉業堂，常熟瞿氏鐵琴銅劍樓；北方有山東楊氏海源閣，天津傅增湘的藏園、李盛鐸的木齋等。碑版方面有兩位權威人士，一是清末名儒繆荃孫，一是湖北南陵人徐乃昌，都以收藏碑版墨拓逾萬著稱。甲骨龜片的收藏以羅振玉、劉晦之和傳教士、加拿大人明義士爲三大宗。另外還有一個特殊人物，即袁世凱的二公子袁克文，自稱「皇二子」。此人於其父在世時，日斥萬金在所不惜，各類收藏於他是匆匆過眼，來去俱速，收得不少，散去亦如野雲鶴影，杳無蹤跡。唯其藏書差不多算是歸諸一處，即廣東人潘宗周寶禮堂。袁世凱死後，袁克文以出售藏品解窘，最後落得個登報賣字，了其一生。

另外，還有兩個對中國古玩界產生過一定影響的外國人，在這個時期也極爲活躍。一個是美國人福開森，中文名叫福茂生；另一個是日本人山中。福開森旅居中國近六十年，是個中國通，經手並收藏了大量中國文物，編有《歷代吉金目》和《歷代藏畫目》，不知有多少珍貴藏品經他手賣到了美國，其中有天下聞名的宋人摹顧愷之的《洛神圖》卷（摹本之一）等等。日本人山中是個走「國際路線」的大古玩商，在巴黎、紐約、北京均設有商行，名山中商會。該公司的唯一業務，就是把中國的歷代收藏品遠銷歐美。這兩個人尤其是福開森，與各地古玩商販及朝野上下、文人學士頗能打成一片，所以藏品亦能高人一等。抗戰時福開森被日本人遣送回國，他的藏品有一部分現存南京大學。

在收藏活動日趨紅火的時候，古玩商中做「洋莊」生意的也發達起來。其中最大的一家是上海盧芹齋和吳啓周的「盧吳公司」。盧本人坐鎮巴黎銷貨，吳啓周在國內「摟貨」，吳啓周的外甥葉叔重作「空中飛人」，來回送貨、聯絡接應，還曾坐鎮北京收購文物，分工頗具現代化，個中秘聞故實，少有人知。

日寇炮火下的文物大戰

八年抗戰，對中國收藏界來說，是繼一九〇〇年庚子之亂和辛亥革命之後，又一次更大規模、更長時期的大動蕩、大聚散和大劫難，損失的文物無以計數，被日本帝國主義公然破壞和劫掠去的珍貴文物有目共睹，不少收藏家爲保全藏品而受盡磨難。

著名實業家、藏書家張元濟創辦的東方圖書館，在一九三二年「一・二八」事變前，已是藏書五十萬冊和收藏圖片、照片五萬餘幅的東方第一大館，其中經鑒定和整理過的善本書就有三千七百四十五種，共計三千五百八十三冊，加上當時尙未整理的揚州何氏四萬冊藏書中的善本，善本書的總數已逾五萬冊，其中海內孤本和精品約五百種共五千餘冊，還有二千六百四十一種全國各地的地方誌二萬五千六百八十二冊。這些藏書是張元濟先生集幾十年的功力和心血而致，「求之坊肆，丐之藏家。近走兩京、遠馳域外」（《張元濟傅增湘論書尺牘》），先後收購了紹興徐氏熔經鑄史齋的全部藏書、長洲蔣氏十印齋藏書、廣東豐順丁日昌持靜齋藏書、清宗室盛氏意園部分藏書，以及太倉顧氏謏聞齋的藏書……可是「一·二八」戰事一起，日本人轟炸上海閘北，整個商務印書館廠區，連同東方圖書館藏書，即刻化爲灰燼。幸虧在敵機轟炸之前，已有五百多種善本書搶先運到租界內的金城銀行保險庫，否則將是片紙不留！

在「一·二八」戰火中遭受滅頂之災的還有吳興人周越然的言言齋。周氏曾任商務印書館函授學社副社長，兼英文科科長。言言齋是一幢西式二層樓房，藏有線裝書一百七十八箱，內中以宋元舊版、明清精鈔聞名於世，還有西書整整十大櫥。「一·二八」戰火一起，周氏幾十年的心血即刻化爲灰燼。

著名學者、藏書家鄭振鐸，初在「一·二八」中被毀書數十箱，繼而在一九三七年「八·一三」戰事中，其存於上海市區東部之書，又悉數付之一炬，所藏又去其半數。鄭先生爲述其時情景：「於時，日聽隆隆炮聲，地震山崩，心肺爲裂。機槍啪啪，若燃爆竹萬萬串於空甕中，無瞬息停。午夜佇立小庭，輒睹光鞭掠空而過，炸裂聲隨即轟發，震耳欲聾。晝時，天空營營如巨蠅者，盤旋頂上，此去彼來。每一彈下擲，窗戶簌簌搖撼，移時方已，對語聲爲所喑啞不相聞。東北角終日夜火光熊熊。燼餘焦紙，遍天空飛舞如墨蝶。數十百片隨風墜庭前，拾之，猶微溫，隱隱有字跡。此皆先民之文獻也。余所藏竟亦同此蝶化矣。然處此凄厲之修羅場，直不知人間何世，亦未省何時更將有何變故突生……通衢之間，殘書布地，不擇價而售。亦有以雙籃盛書，肩挑而趨，沿街叫賣者……戰事西移，日月失光，公私藏本被劫者漸出於市。」（《劫中得書記》）其情景之慘烈，可想而知。

安徽貴池劉世珩之子劉公魯，三代人均爲收藏家，其祖父劉瑞棻曾官上海道台，藏品山堆海積。其家藏兩部《玉海》，一部爲宋版，一部爲元版；唐代宮中樂器大小忽雷二具也曾在家多年，所以其門楹有「古今雙玉海，大小兩忽雷」的對聯。抗戰中劉公魯爲避戰火移家蘇州，不久蘇州又淪陷，家人均往鄉間避難。劉公魯不忍丟下此累世收藏，誓與藏品共存亡。果然鬼子打進城來，燒殺劫掠，太平巷內一片狼藉，劉家被搶去文物不知其數。劉公魯本人驚嚇成疾，不久便逝去。

鄭振鐸先生

「江南三大名儒」之一的高吹萬老人，家住金山張堰鎮，所居有花木迴廊之勝，占地十畝，取《詩經》「桑者閑閑」之意，取名爲「閑閑山莊」，其收藏名動一時。抗日戰爭中，日軍從金山衛登陸，張堰鎮首當要衝，「閑閑山莊」頓成廢墟。其藏書藏畫二百七十多箱，大半毀於此時。高吹萬攜家人深夜乘舟逃命，由呂巷至虹橋，船居半月，食物斷絕，饑寒交迫，極盡流離顛沛之苦。待戰事稍停，其家人於廢墟中零星收撿，僅得書畫碑帖二箱，殘書二十四箱，其餘全部付諸蕩然。

上海工部局總辦潘宗周收書唯宋元舊版是嗜，一九三九年去世後，一百零七部宋元版書由其子潘世茲先生繼藏。爲避戰火，潘先生只好請英國人幫忙，將其藏書運抵香港，寄存在滙豐銀行保險庫，直至一九五〇年代才取回。

葉恭綽在抗戰中不願去重慶，只得避之香港。臨行大批藏品無法安置，只得分成數份，贈送親友。隨身不便多帶，只能精簡再精簡，將字畫去掉卷軸，甚至截去題識。香港天氣陰濕，所存文物大多受潮至損，苦不堪言！

清末京師大學堂總辦李盛鐸的木樨軒藏書，已是四代累積。先是「兼併」湘潭袁芳瑛的「臥雪樓」，後又購進不少山東聊城楊氏海源閣散出之書，僅宋元古版即達三百餘部，被倫明稱之爲「吾國今日唯一大藏家」，也在抗戰中全部散盡。數百卷敦煌卷子被日本人「買」去，其餘藏書於一九三九年由北京僞臨時政府整批購去。

抗戰中國民政府遷往重慶，一大批機關、學校、研究單位隨之西去，一些不願留在淪陷區的工商界人士亦紛紛打包入蜀入滇，一向珍愛的古玩、字畫、碑刻之類，能帶走的就帶走，不能帶走的就只好忍痛賣掉，市面上文物價格一時大跌。亂世人心惶恐，不知何時命將不保，又何來玩古雅興！一時流向市場的文物不知有多少。一些不願跟國民政府走的人，就走香港、澳門，或是把藏品存入租界內的外國銀行，以求保護。而到達內地的一些機關、學校的人員，生活上一時無法安定下來的，仍是解開行囊，打藏品的主意，無非是抛向市場，以求柴米之資。先期到達昆明西南聯大的沈從文、施蟄存等，屬於已經安頓下來的人員，已開始在黃昏時逛「鬼市」了。沈從文那時從地攤上「淘」來的古代服裝和飾品，後來在研究撰寫中國古代服飾史時，居然就派上了用場。

至於中國政府官方所藏文物，主要是故宮文物和原南京中央研究院各個研究所的藏品，在華北吃緊之後，只得作大規模的戰略轉移。故宮文物被裝入一萬四千多隻箱子，從北京城一路南下，先到南京，再送貴州遵義、四川重慶。把藏品裡三層外三層包裹停當，再次裝箱，馬拉車載，一路上費盡周折才到達大西南。一部分先是安頓在貴州遵義，再轉道四川重慶。重慶又遭轟炸，再運到宜賓和峨眉山區，抗戰勝利後這批寶貝才又運抵南京。一九四九年間，原屬故宮文物大都未能夠再返回故宮，而是隨國民政府運到臺灣去了。這就是現存臺灣故宮的大宗藏品。當初，由原故宮博物館古物館館長徐森玉押送的文物車隊到達遵義時，日本人派飛機尾隨其後進行轟炸，炸彈爆炸處距文物車隊停車點僅差兩條馬路，其驚險場面，今人聞之，尤覺膽寒！

在抗戰中民間珍藏大量散出的時候，一些外國收藏家和文物大盜尤其是一些日本人，瞅準了這個機會，紛紛來中國「摟貨」。他們各有各的胃口。美國人喜歡中國古瓷器和青銅器；日本人喜歡中國的古代石雕和木雕藝術品；法國人喜歡色彩和紋飾優美的陶瓷工藝品；而英國人和德國人則喜歡有歷史價值的、收藏意義久遠的物品。

日本侵略者對中國文物進行掠奪的急先鋒，首推日本的山中商會。

這個山中商會，是個國際古玩市場上的大戶頭，總部原設在巴黎和倫敦，第二次世界大戰中移到紐約，在北京設山中商會北京分會。從民國初年直到一九四五年日本投降，它的業務未斷過，專門從事中國文物銷往歐美的國際販賣，其北京分會經理叫高田。山中本人每年春秋兩次到北京，視察業務，這時琉璃廠的古玩老闆們就會帶來各式各樣的古玩珠寶，雲集麻紗胡同的盛家花園。山中挑足寶物後就攜往歐美，轉手銷售。山中和高田做下的其中一宗「買賣」，就是破壞我國北齊時代至唐代的石雕藝術群址——山西太原天龍山佛教石窟造像群。

天龍山石窟造像群，在今山西太原天龍山的山腰，共二十一個洞窟。一至八窟在東峰，九至二十一窟在西峰。一至三窟始鑿於北齊文宣帝高洋經營太原陪都時，餘皆隋唐開鑿之物。其中第八窟建於隋開皇四年（五八四年），是唯一的一座紀年窟。第十、十六窟前有仿木構窟廊，是研究隋代建築的實物。第九窟爲唐代開鑿，是二層階級的摩崖造像，上層倚坐大佛高達七米餘，面相秀美，比例準確，衣紋寫實；佛前一尊觀音菩薩，形體飽滿，衣紋、瓔珞的裝飾感極強；窟前原有三層木構建築。第十四、十八窟是平面方形的小型窟，有唐代最精美的石刻造像，坐式突破了造像傳統規格的束縛，極似眞實的人體，安然閉目，是唐代最具寫實風格的典型之作。

這批一千五百年前的精美藝術品，被山中商會「相」中了。他們買通了北京的古玩商人倪某，把這些菩薩頭一個個地砍了下來，裝進木箱帶到北京，再從北京飛往世界各地。這批佛頭，現在美國哈佛大學的福格博物宮所藏最多，紐約大都會博物館次之。以至於現在人們來到天龍山，滿目皆是斷頭殘臂。據統計，他們當時共砍去三百多個佛頭！高田爲「安全」起見，以防走漏風聲，據說還買通了山西的「佛爺」閻錫山。

中國猿人化石在北京協和醫院「失蹤」的故事，也同樣是日軍佔領北平之後耍的陰謀。

一九二九年，科學工作者在北京周口店地區發現中國猿人的頭蓋骨後，當時就引起了國際學術界的注意。這些化石存放在北京協和醫院B樓魏敦瑞研究室的兩個大保險櫃中。一九四一年十一月日美關係緊張後，爲了安全起見，就從保險櫃中取出裝箱，送到美國大使館，準備運往美國暫存，同時裝箱的還有從雲南、廣西等地發現的各種化石，除了頭蓋骨，還有中國猿人的股骨、上臂骨、上顎骨、鎖骨、肩股等等，總共一百多件。誰知前來接應的船隻由馬尼拉開往秦皇島的途中，被日艦追擊而沈沒於長江口。不久，十二月八日日美戰起，美國大使館及各地軍事倉庫均被日軍佔領，這兩箱珍貴的北京人化石就告「失蹤」了。直到一九四五年十二月，天津大公報刊發了中央社駐東京的消息，才把這事捅出來，說是這批化石在東京被發現！

當時新生代研究所的其他標本，損失達六十七箱之巨，連同圖書資料、出版物、研究報告又三十餘箱，均在日寇佔領北平之後，被拉到東城根，一把火燒掉了！

日本侵略者對東北地區的文化掠奪更是令人觸目驚心。在掠奪文物、毀滅歷史遺跡之外，他們甚至不惜編造歷史，抹殺史實，用來麻痺東北人民的民族意識和國家意識，從而服從於他們的歷史觀。

原在旅順口以東金山後的唐代碑刻，是存於東北地區的唯一唐碑，上刻「敕持節宣勞靺羯使鴻臚卿崔忻井兩口永爲記台驗，開元二年五月十八日」。碑的背面刻有清人建設旅順口海防，抵禦英法侵略軍的題記兩大段，最後又有光緒乙未兵備道貴池人劉含芳作石亭，保護此石的題記。崔忻是唐開元中出使靺羯（渤海）的使臣，在此地鑿井題名以作紀念。此碑在地理交通史上有極重要的文物價值。日軍佔領旅順口後就將其盜運東去，獻給了他們的天皇。此事連日本侵略者所著的書裡也有記載。

後金天命年間遼陽新城老滿文城門石額，刻著不加圈點的老滿洲文字，有大金天命年間年號月日款，是研究清初歷史語言的重要材料，而且是現存天命年款的唯一碑刻，竟被日本侵略者敲下來運到大阪，而國內連拓片也不易找到。

在日軍佔領東北十周年的時候，曾在東京舉辦過一個所謂的展覽會，其展品就是從僞滿奉天博物館裡精選出來而「借」去的珍貴文物，包括書畫、陶瓷、絲繡等共計二百多件，放在東京以炫耀他們對中國的精神佔領。可是到了歸還的時候，箱內卻變成了海產魚類的標本，「借」去的珍貴文物大半不見了！

存素堂的宋元明清四代的緙絲繡品亦被日本人騙去不少。存素堂收藏的緙絲是北洋軍閥時期的首腦人物之一朱啓鈐先生的舊藏，後來賣給了張學良將軍，「九·一八」以後歸入僞滿奉天博物館。這批緙絲繡品許多是從恭王府裡散出的，是皇帝御賜之物，不少歷經內府著錄和歷代名人遞藏，流傳有緒，總共七九種一百多件。日本人久已垂涎，後來就以必須由日本專家來裝裱爲理由，選取其中精品緙絲二十一種，刺繡十三種，共三十四種盜運而去！

一九三五年和一九三九年，日本侵略者還對我國遼代遺產和文物進行了大規模的搜刮。祖州是遼祖阿保機寢陵所在地，日本人在那兒作了三個多月的大挖掘，出土文物全部盜運東京，存於當時的東方文化研究所，其中有阿保機夫婦的玉冊殘簡，極爲珍貴，其餘遼墓被盜被毀棄的無以計數。

另外，美國國會圖書館和哈佛大學燕京圖書館，都有代理機構坐鎮北京，專撿世家舊族後人手裡流出的古籍線裝書。一九三八年江南各地相繼淪陷之後，各地藏書彙集在上海市肆，日本、僞滿和美國各大學都派人來購書，北平的書賈亦南下收購，不僅是善本，連普通本也在網羅之列。

有掠奪就有反掠奪。在淪陷區的一些有民族責任感的志士仁人，不忍見大批的文物珍寶流落他鄉，他們不顧個人安危，憑藉個人的能力和財力，想方設法與敵人周旋，力求把那些行將流散出國的珍品買下來，在國內由子孫後代傳下去。

蘇州著名收藏世家顧氏過雲樓，祖孫五代都是畫家、收藏家，以收藏歷代書畫爲主，藏有巨然、倪雲林、趙孟頫、沈石田、文徵明等人的作品總計四五百幅。日寇打進蘇州時，他們家的院子裡落下一顆炸彈，房間一面牆上的門窗全被炸飛了，而窗下的兩隻畫箱卻意外地無恙。然而躲過了初一躲不過十五，顧家第四代主人顧公雄毅然把兒子安置到鄉

葉景葵先生

下，自己帶了兩大包字畫進入上海租界。日本人和漢奸到處打聽他的住所，目的是要得到這批字畫，顧氏家人和親屬個個嚴守秘密，結果一張畫也未遭損失，直到抗戰勝利。即使在最困難的時候，他們寧肯生活清苦一些也不賣一張畫，眞正實現了顧氏祖先的遺願。

我國商周時期最重要的幾件青銅禮器，如毛公鼎、虢季子白盤、大盂鼎等，抗戰中亦成爲日本人到處搜覓的物件。蘇州名門望族潘祖蔭的後代潘達于女士，將家傳的大克鼎和大盂鼎抬到後院裡挖土深埋，再在上面種一棵樹，使得日本人始終不能發現。安徽肥西地區劉銘傳的後代劉肅曾等人，將家傳的虢季子白盤安置在一道貌似斷垣殘壁的夾牆下，躲過了日本人一次次的追查。抗戰中著名的毛公鼎在葉恭綽手裡，他本人避之香港，毛公鼎體大無法攜帶，就留在上海寓所。時逢鬧家庭糾紛，一個姨太太走漏了風聲，引來日本憲兵前來抄家。葉恭綽的侄子葉公超爲此被日本人抓去坐牢，最後經多方營救，才巧妙地對付過去了。

浙江興業銀行董事長葉景葵，眼看在日軍的鐵蹄下，諸多親朋好友的藏書無法保存，日益淪爲紙灰，毅然出資五萬元，在租界內購地造屋，又聯絡了實業界巨擘張元濟、陳叔通，創辦了合衆圖書館，並從北京聘請燕京大學國學研究院的顧廷龍掌管館務，爲抗戰中無法保存的世家藏書，創建一個容身之地。自一九三九年至一九四九年十年間，該館積書二十萬冊，吸納了江南一帶名流的書藏，至今仍是上海圖書館的一大特藏。

在敵後有組織地搶救珍貴古籍的，是以鄭振鐸爲首的「文獻保存同志會」。這個「同志會」在重慶的領導是蔣復璁，所用的基金是原中英庚款理事會本來決定用於建造中央圖書館的費用，在面臨中華典籍大量外流的形勢下，決定先用於搶救古籍，主要地區一是上海，二是香港。上海方面由鄭振鐸負責，香港方面由葉恭綽負責，另有徐森玉和張壽鏞、何炳松協助工作。「同志會」先後收集了安徽劉世珩玉海堂、廣東莫伯驥五十萬卷樓、常熟瞿氏鐵琴銅劍樓、江甯鄧氏群碧樓、嘉興沈氏海日樓、廬江劉氏遠碧樓、順德李氏泰華樓，以及浙江吳興劉氏嘉業堂和張氏適園的大批善本，總共有四千八百六十四部，四萬八千多冊，普通線裝書一萬一千多部。收購過程中，不斷有日本人通過書肆賈人橫加干擾，要麼哄抬書價，要麼就搶先購下，再以高價與「同志會」講條件。這批珍籍先後存放上海、香港和重慶三處，存放香港的還未及運往重慶，香港淪陷了，就被日軍劫走，直至抗戰勝利後方才追回。

大落大起的收藏潮

一九五〇年代初期，百廢待興。在文博事業方面，大陸中央人民政府和各省市都在籌

前排左起第一人徐森玉先生，第三人劉晦之先生，第四人潘達于先生，中排右起第一人羅伯昭先生，第二人葉叔重先生，後排右起第三人譚敬先生。

備建立博物館。那時，故宮內一般文物尚有一百五十餘萬件，然而精品已不多，宋元時代的法書名畫尚不足二十件。這樣，新生的文博事業就急需得到民間珍藏的支援。國家鼓勵捐獻，對捐獻者實行獎勵的政策，使民間的收藏品大批地進入了公庫。

在各地的文物捐獻工作中，不少地方組織偏重於精神鼓勵，如頒發一紙獎狀。只有上海市政府，不僅頒發獎狀，而且給予獎金，這使收藏家及其後代得到了很大的安慰，願意捐獻給上海市政府。上海市文管會第一任副主任委員徐森玉先生向陳毅市長建議實行物質獎勵時，陳市長當即拍板同意撥款。這使得江南一帶的民間珍藏源源不斷地被帶到了上海。

大陸全國政協副主席陳叔通，原爲上海著名實業家，他把幾十年間收集珍藏的「百家畫梅」藏畫，全部捐獻給了國家。梅花一向是文人雅士們吟詠和繪畫的題材，自從宋朝楊補之、元末王冕專畫梅花自成一家之後，歷代畫家擅畫梅花的不乏其人。陳叔通費盡心血，彙集、精選了歷代一百零二家共計一百零九幅梅花圖，其中有楊補之、王冕、唐寅、陳錄、王綦、邵彌、道濟、弘仁、胡玉昆、揚州八怪等人的傑作。陳錄專畫梅花凡三十年；弘仁的別號就叫梅花古衲；揚州八怪的八幅梅花，件件都是精品；鄭板橋的那幅，他自己的題詞是：「一生從不畫梅花」，可見彌足珍貴，收集起來談何容易！陳豪是陳叔通的父親，他的梅花圖自有獨特的風骨。這一個系列，可稱之爲集明清兩代梅花圖之大成了。

天津市人民政府周叔弢副市長，與其周氏家族「孝友堂」人員公議，將其家在小孫莊的祠堂及三十餘畝地捐獻給國家，同時將其祖上歷經三代人收藏的古籍三百八十餘箱、共計六萬餘冊捐贈給南開大學文學院，其中包括一冊《永樂大典》、一部明版南藏以及百餘種叢書均極爲珍貴；還有其他文物，捐獻共計一千二百六十件。

大陸中央人民政府教育部部長馬敘倫，將其儲存於杭州的藏書捐給浙江大學，共一九四四冊，內中稿本、鈔本、批校本及明代刊本九十餘種。

大陸中央人民政府委員柳亞子，於一九五〇年十月，將其故鄉吳江縣黎裡鎮舊宅中的藏書全部捐獻國家，計有大小書箱三百餘隻，書籍四萬四千餘冊，還有柳亞子私人信劄四百餘包，其中有許多是革命文物和珍貴的現代史料。

杭州錢塘「六唐人家」後人朱家溍、朱家濂兄弟，先後向國家捐獻了家藏古書畫、碑帖、藏書、明清紫檀家具等文物數萬件，以目前拍賣行情估算，價值數億元。

金山姚石子捐書五萬餘冊，內中有崇禎本《松江府志》，爲海內孤本；他如康熙本《吳江縣誌》、乾隆原刻本《震澤志》等，均爲不易購求的珍本。

寧波萱蔭樓的最後一位主人李慶城，將家藏古籍二千八百餘種、三萬零四百三十一冊，分裝二百三十六只書箱內，全部捐獻國家。萱蔭樓藏書爲天一閣、大梅山館、抱經樓、墨海樓等江南著名藏書樓流出的，其中有《明實錄》、《國榷》、方志和詞曲等，版本有宋元明刻本、精抄本、名人稿本等，以明刻海內孤本《天工開物》最爲著名。

晉江陳盛明、陳盛智兄弟，將私立「海疆學術資料館」全部捐獻國家，改屬廈門大學。該館擁有圖書七千二百六十二冊、雜誌四千六百五十四冊、剪報一萬五千份、圖片六千張、地圖三百零二幅、文物標本一百二十一件。地處峰巢山的土地十一點六畝，也一併捐獻了。

著名陶瓷學專家陳萬里，將其歷年來收集的一批青釉陶瓷，捐獻給故宮博物院，一共五十五件。這批陶瓷是漢晉至唐宋的，其中有精品青釉陶樓，是漢代永康二年墓中文物；黃釉大陶盤和陶壺，是不多見的漢晉六朝時期的精品。

現代著名實業家吳蘊初的家屬袁友文、吳志超、吳志進、吳志迪、吳志逵等，遵照吳先生的遺囑，將家藏文物一百三十二件捐獻給國家，其中有戰國時代的銅鏡、乾隆時代的廬鈞釉瓷器，以及近代工藝品翡翠荷花插等等。

著名收藏家顧麗江夫婦，將四十餘年來收集的文物珍品二千四百四十一件，全部捐獻給國家，其中有彩陶罐、青銅器、唐三色釉陶瓷器、宋代龍泉窯、越窯和元明清各代的瓷器，以及象牙、犀牛角、竹刻、玉雕等工藝品。

浙江吳興著名藏書家陸心源的後代陸思安，將祖上多年收集的各種古磚共八百多塊，全部捐獻給浙江省文管會，撥交浙江省博物館收藏。

上海古玩界的知名人士錢鏡塘，將三十年來收集的其家鄉浙江海寧的地方文獻，共計九百五十五件，全部捐獻國家，其中有書籍、手卷、冊頁、書畫、拓本、楹聯，及有關清初文字獄的第一手材料。

冒廣生病逝後，其家人遵照先生遺願，將珍藏了三百多年的先祖(冒襄辟疆）的遺存文物共九百多件，全部捐贈給上海博物館，其中有書畫、印章、硯臺、師友信劄等等。

孫煜峰從一九三〇年代起收藏文物，對字畫有較高的鑒賞能力。一九六一年起他先後五次向上海博物館捐獻了書畫、青銅器、陶瓷器等文物六百五十六件，其中宋人《五老圖》題跋冊、清康熙窯豇豆紅刻花菊瓣瓶和寶石紅瓶，均爲稀世珍品。此外，他還向故宮博物院、南京博物院、廣東省博物館、遼寧省博物館捐贈過文物，其捐入故宮博物院的藏品如元王蒙《葛稚川移居圖》，極爲名貴。

徐夢華生平喜愛文物收藏，曾任上海大德五金號經理，閒暇之餘出入古玩市場，收藏古玩、書畫達二萬餘件。一九五八年至一九六四年先後五次向中國歷史博物館、上海博物館捐贈其藏品，其中青銅器、陶瓷器、硯臺等文物數百件，圖書近五千冊。

現任上海文物商店經理顧問的薛貴笙，當年是「薛貴記文玩號」的老闆，擅長瓷器鑒定，被聘爲國家文物鑒定委員會委員、上海市文管會委員，在五〇年代初和一九七九年，先後將個人珍藏的「西周恭王效卣」等八十件珍貴文物捐贈給上海博物館。

陳器成收藏頗豐，於青銅器、瓷器、甲骨、石刻造像的收藏均具規模。一九六二年，他將八十八件珍貴文物捐贈給上海博物館。其餘收藏在「文化大革命」中被抄走，一九八〇年落實政策發還後，他主動將其中重要文物一百三十件捐獻給上海市文管會，其中有商代甲骨一百片，有些是從未著錄過的，還有五代白釉梅花罐、宋定窯刻花大盤、明宣德白釉蓮瓣暗花碗等，均屬罕見之物。

經濟界人士胡筆江的兒子胡惠春捐獻歷代名瓷二百八十餘件，件件都有特殊的來歷。錦州市中學教員王正旭，將其先人、著名的遼瓷專家王璞全的遺藏文物捐獻給東北博物館，計有歷代名瓷七百餘件，古錢二千五百餘枚，書畫八百餘軸，其他雜器五十七件，總計各類文物達四千餘件。

著名的國之重寶大克鼎、大盂鼎、虢季子白盤等等，亦在這時重新「出土」，由其最後一代遞藏者，捐獻給了國家。

著名錢幣收藏家羅伯昭捐獻歷代古錢一萬五千枚，內中不少是罕見的珍品。

蘇州過雲樓顧氏五代藏畫，一九五〇年代初一次就捐獻了二百多幅。在藏書的捐獻上，還有幾位大手筆。

第一位潘世茲，將其抗戰中存於香港匯豐銀行的宋元古本，共計一百零七部，全部捐獻給北京圖書館。

第二位劉晦之，家在上海新閘路上，有一幢八角飛簷式的二層藏書樓，藏書近八萬，全部捐獻，是一九五〇年代初捐書數量最多的人之一。內中屬於善本的即達一千九百二十八冊，不乏宋元古本。他先後捐獻公庫的還有一百三十件古兵器、二萬八千片龜甲骨片、一大批古墨古硯……。

第三位是傅增湘先生的兒子傅忠謨，將先人遺書全部捐獻，宋元古版達三百餘部，包括百衲本《資治通鑒》，極其名貴。

各地捐入公庫的文物無以數計，僅上海一地，在一九五一年二月底以前，就收到了圖書二十五萬一千餘冊、陶器四百件、瓷器九百八十四件、銅器二百四十五件、書畫六百零七件。

山東省文管會在一九五四年就收到捐獻文物一千七百餘件。南京博物院在一九五三年至一九五四年，收到私人和單位的捐獻文物達數千件，其中包括王慰曾及其母親汪鏡芙捐獻的清代刺繡服飾四百零三件，江蘇省教育廳廳長吳貽芳捐獻的清代刺繡二百八十餘件，上海鄭家相捐獻的梁五銖泉範一百十九件，沈子槎捐獻的古錢九百零七件，羅伯昭捐獻的錢幣一千四百二十二件，南京市委幹部周邨捐獻的漢碑拓片，南京于去疾捐獻的字畫、瓷器一百七十件等等。全國最大的文物寶庫北京故宮博物院，僅一九五六年就收到各地捐贈文物三千八百五十五件。

在陶類文物中，最有價值的，一是瑞典考古學家安特生在甘肅和青海兩省發掘及收購的一批彩陶，代表了齊家、仰韶、馬廠、辛店、寺洼等期的中國史前文化；二是歷代墓葬出土的明器，如戰國的彩畫、陶俑、鼎鴞，漢代的銀泑象生新畫、鼎、尊、壺、龕、朱書粟倉，以及漢、魏、六朝、隋、唐各代的各式陶俑、陶馬等；三是史前黑陶和殷代灰陶、白陶等。

瓷器方面，有晉代的甌窯，隋瓷，唐代的越窯、卬窯、鉅鹿窯、三色泑等，宋代的越窯、麗水窯、鈞窯、龍泉窯、吉州窯、磁州窯、修內司官窯、郊壇下官窯、德清後窯、建窯等，以及元、明、清等代瓷器與近代仿古之品。

書畫方面更是蔚爲大觀，一部分是民間收藏家捐獻的，一部分是接收得來，還有一部分是收購來的，包括江南書畫收藏大家龐萊臣的藏品。其中至精者有：宋代李嵩《西湖圖》卷，馬遠《樂志論圖》卷；元代錢選《浮玉山居圖》卷，倪雲林《贈周伯昂山水》直幅、《漁莊秋霽》直幅、《吳淞春水》直幅，王冕《墨梅》直幅，柯敬仲《墨竹》直幅，任仁發《花鳥》直幅；明代沈周《雲岡小隱圖》卷，文徵明《石湖清勝圖》卷，唐寅《春山伴侶》直幅，仇英《柳下眠琴》直幅，董其昌《煙江疊嶂圖》卷，陳繼儒《霧林圖》卷等。其他如郭清狂、張大風、邵瓜疇、李檀園，以及清初四王、吳歷、惲格、石濤、石溪、金農、羅聘、郎世寧的卷冊、掛幅等等，琳琅滿目，令人目不暇接。

一九五〇年代初期的經濟建設高潮，還給了文物部門不少意外的驚喜——從廢銅和廢紙堆中，搶救出了不少有相當價值的文物。一九五二年，華東文化部遵照政府保護文物的指示，派出專人向各廢銅收購店聯繫，僅在滬、寧兩地，就選出了三千五百餘件文物，其中歷代銅鏡一百七十餘面，青銅器二百餘件；在三千餘枚歷代貨幣中，還發現了古代農民運動時期所用的錢幣，如韓林兒、李自成、太平天國時代的大錢等等，又發現了中國工農紅軍在四川發行的幾種銅元；青銅器中，有楚國銅鍑、周代銅爵、春秋時代的斧等。有些大的銅塊上明顯地有紋飾，經過工作人員細心地篩選、拼合，居然是一尊大型的方鼎，這顯然是被砸壞了當廢銅賣掉的。

古代老祖宗遺留下來的東西，再多也畢竟是有限的。公藏興起，成爲時代主潮流，私藏就必然成爲支流。有財力玩古玩的工商界和國民黨政界、軍界人士，很多在一九四九年到了香港和臺灣等地。同時，國家制訂了一系列的文物保護法規，要求規範地進行古玩商業，乾隆六十年之前的古董一律不准出口。這樣，那些走「洋莊」生意的就垮了台。更重要的是時代的主旋律和社會時尚變了，有錢有勢有收藏，不再成爲一件光榮的事情，而是把文物捐獻給國家的人無上光榮，所以這個時期的私藏低潮亦是自然的事了。

私藏低潮的谷底是十年「文化大革命」。席捲全國的抄家風、打砸搶風，把人們殘留在家中的最後一部分收藏品，全都掃地出門。那時家有收藏，幾可與犯罪同列。於是，時可聽說某某街道、某某清掃馬路和公共場所的清潔工，某日清晨撿到了多少金條、多少名瓷之類。

這些事實也證明，在「文化大革命」之前，雖然經過一九五〇年代的大捐獻運動，民間收藏仍有相當的規模。如上海烏魯木齊路上的李蔭軒先生、嵩山路上的吳湖帆先生，造反派從他們家中抄出的文物、藏品，都是以多少卡車來計算的。現在成爲上海博物館鎮庫之寶的王羲之《上虞帖》（唐摹本），當初也是抄家物資，被造反派當作產品，打入可以出口的文物之列，結果被上海海關文物查檢部門的萬育仁先生攔截下來，認爲此件有可能是眞品，送回上海博物館要求鑒定。待書畫鑒定大師謝稚柳從「牛棚」中「解放」出來，已是五年之後了，經老先生反覆鑒定，認出了南唐宮中的一枚收藏印，果眞鑒定爲千古名跡。

「文化大革命」被造反派抄出來的文物、藏品多得簡直無以計數，僅上海一地，安放這些藏品的所謂文物倉庫，前後就達十餘處。最初是集中在河南路原上海博物館的大廳裡，後來堆不下了就借了北京東路的一些大樓房子的頂層，這些大樓一九五〇年代前是銀行，頂層有些是閒置不用的。後來又堆不下了，就佔用了玉佛寺的庫房和殿堂，再不夠用了就運到徐家滙的一個倉庫裡。再後又集中在郊區大場鎮的一個巨大的倉庫裡，仍放不下的就運到外地存放，蘇州和寧波都租了一些房子，從地上一直碼到天花板，遇到陰天下雨，字畫書籍極易受潮，壓在最底下的就黴爛掉不少。經抽出辨認，中有唐伯虎、齊白石等人的手跡。至於那些被「小將」們投入火海或就地糟蹋的文物，更不計其數！

歷史走到一九八〇年代，改革開放的春風終於吹綠了文物收藏這一片土地。隨著人們生活質量的提高，政治氛圍的寬鬆，人們對於收藏的熱望一再被熊熊燃起。

各地大小城市不僅成立了多種門類的收藏組織，出版了多種門類的收藏雜誌，而且古玩市場和藝術品拍賣行也如雨後春筍般地建立起來，各種民間的收藏館所、收藏沙龍、收藏展覽，紅紅火火，爭奇鬥妍。尤其是嘉德、榮寶齋、朵雲軒、瀚海等文化藝術品拍賣市場的槌聲，更把海外的收藏家也吸引了過來，使得全國的收藏隊伍一下子猛增到了上百萬人。當然，收藏的門類已不再局限於文物，現代名人字畫、近現代鐘錶、老式照相機、收錄機、香煙牌子、月份牌子，甚至紐扣、火花、鑰匙、算盤、筷子、易拉罐、火柴盒子、汽水瓶等，都成了收藏品。還湧現了一批新的「大王」，如收藏算具的陳寶定，收藏古瓷的梁志偉，收藏古墨的王毅，收藏古錢的孫仲滙、余榴梁，收藏筷子的藍翔，收藏盂盆的陳玉堂，收藏蝴蝶的陳寶財，收藏鑰匙的趙金志，收藏鐘錶的王安堅、劉國鼎，收藏紫砂茶具的許四海，收藏扇子的黃國棟，收藏鞋的駱崇騏，收藏筆的何欣欣，收藏古籍的田遨等，均以「一絕」著稱於世。近年來「郵幣卡」市場也是「潮漲潮落」，形成了收藏界一道新的風景線。

第二章　甲骨——詮釋遠古的神秘符號

一項偉業，兩個冤魂

在我國龜甲骨片的收集和研究上最先建立功勳的，是清末的王懿榮和劉鶚。王懿榮最先發現「龍骨」上刻畫的印痕是文字，並確定是殷商時代的文字；劉鶚繼王懿榮之後不僅繼續收集龜甲骨片，而且是第一個將龜甲骨片摹拓刊印成書的人。可惜這兩個人最後的結局都很慘，一個是投井殉節，而且是全家殉節；另一個則遠謫邊地，客死烏魯木齊。

王懿榮（一八四五—一九〇〇），山東福山人，晚清歷任翰林院編修、國史館協修、南書房行走、國子監祭酒、賞戴二品頂戴、會典館纂修幫總纂官等職。一生「好古成

王懿榮畫像

魔」，尤其酷愛金石文字，又有書、墨癖。凡是古籍、字畫和三代以來的銅器、印章、錢幣、殘石、瓦當，無不精心收集珍藏。在中進士之前，已經名滿京都，「鑒別宋元舊版，考釋商周彝器，得公一言，引爲定論」（吳正鑒《王文敏公遺集・序》）。京城裡的收藏大家，如太傅常熟翁同龢、工部尚書吳縣潘祖蔭、翰林院編修、山東濰縣陳介祺等，均常與之相切磋。中進士之後，王懿榮「既回翰三館，綿歷十年，中朝言學者，自吳縣常熟外，惟公中采隱然，負時重望」。京城內外的古董商知其好古物，一遇有罕見之品，輒登門求售，以獲善價。

一八九九年秋，山東濰縣的古董商范維卿，攜帶刻有文字的甲骨十二片進京，拜見王懿榮。王懿榮視爲珍寶，儘管每板索銀二兩，王氏亦如數收購。一九〇〇年春，范氏又帶來了八百餘片甲骨，其中有一片是全甲的上半，刻了五十二個字，王大人照例全數購下。後又有一個叫趙執齋的古董商攜來數百片，模樣不一，但片片有字，王懿榮亦全數購下。於是古董商知此骨可以賺錢，每有所得，便攜之登門，時不多久，王大人府上已收甲骨達一千五百餘片。

劉鶚在後來印的《鐵雲藏龜・自序》中說到這一過程：「龜板己亥歲出土在河南湯陰（注：當時古董商故意把安陽說成湯陰，以圖掩蓋和壟斷甲骨眞正的出土地）。屬之古庸裡城，傳聞土人見地墳起掘之，得骨片，與泥粘結成團，浸水中或數日，或月餘，始漸離晰，然後置盆盎以水蕩滌之，約兩三月，文字方得畢現。」又說：「既出土後，爲山左賈所得，咸寶藏之，冀獲善價。庚子歲，有范姓客挾百餘片走京師，福山王文敏公懿榮見之狂喜，以厚值留之，後有濰縣趙君執齋得數百片，亦售歸文敏。」

王懿榮好古成癖，他把買下的龜甲骨片逐一攤開來，在家裡反覆推敲、排比、拼合，最後確認這些甲骨上所刻的符號確屬一種文字，是我們祖先創造的早期的，而且是早於篆籀的文字，也就是說，是早於先秦時代的青銅器上的文字。《尙書・多士》篇有「惟殷先人，有典有冊」的記載，但到了孔子，又發出「殷禮不足徵」的感歎。他帶著這樣的疑問對龜甲骨片進行了研究，最後確認，這不僅是祖先創造的早期漢字，而且是商代後期用來占卜的卜骨，是商代的占卜檔案記錄，也就是史籍上講的「殷人典冊」！這一驚人的發現，使河南安陽一下子熱鬧起來，古董商趨之若鶩，大家專找有字甲骨，而被挖出的無字甲骨卻被扔得遍野皆是。

王懿榮對甲骨文字最初的判斷，被後來的研究證實是完全正確的，他成了揭開甲骨之謎的第一人，中國文字史由此向前推進了一千年。正如後來的著名甲骨文專家胡厚宣所說：「殷商甲骨和西域漢簡、內閣大庫並稱爲本世紀中國學術史的三大發現。正是甲骨文的發現，直接導致了對安陽殷墟的發掘，取得中國考古學震驚中外的成就，其重要性可以同古希臘的特洛伊遺址的發現相媲美，它使古希臘神話中的人物由虛構變爲事實。甲骨文的發現將古史料和地下出土物相結合，把中國信史提早了一千多年。」

遺憾的是王懿榮這位著名學者，未能和他的同輩與後人一同分享殷墟開發的喜悅，他發現甲骨文的第二年，在庚子之亂中投井殉國了。

王懿榮死後，清王朝贈其諡號「文敏」。他留下的龜甲骨片，大部分由其兒子賣給了他生前好友劉鶚，計一千餘片；贈送給天津新學書院二十五片，由美國人方法斂摹寫，編入《甲骨卜辭七集》，一九三八年出版；另一小部分，在王氏後人手中，計一百零三片，一九三九年由唐蘭先生編爲《天壤閣甲骨文存》一書。

繼王懿榮之後，又一位大量收藏龜甲骨片的，是《老殘遊記》的作者、江蘇丹徒人劉鶚。

劉鶚（一八五七－一九〇九），字鐵雲，又字蝶雲，又字公約，原名孟鵬，號老殘，別署鴻都百煉生。他聰穎過人，一生中做過許多事情，精於數學、醫學和水利學，曾在各地行醫，對於文物考古及收藏亦極有興趣。曾投於金石學家吳大澂門下。光緒十四年（一八八八年）黃河在鄭州決口，劉鶚治河有功而聲譽鵲起，曾任黃河下游提調，一八九三年任知府。他辦過許多實業，經營過紳興織布廠、海北精鹽公司等，是個很開明的、有著深厚古文化底子的「複合型」人才。劉鶚除了從王懿榮後代手裡買得甲骨文一千餘片外，自己也通過多種渠道大量收購，先是委託賈人趙執齋「奔走齊魯趙魏之地，凡一年，前後收得三千餘片」，後又從定海方若（藥雨）處收得范姓所藏的三百餘片。劉鶚還曾派自己的兒子去河南收集甲骨，前後加起來，總共已逾五千片。他宣稱：「己亥一坑所出，雖不敢云盡在於此，其遺亦僅矣。」

一九〇三年，劉鶚從已獲得的五千片甲骨中，精選出一千零八十八片，精心墨拓，編輯並出版了我國第一部著錄甲骨文的著作——《鐵雲藏龜》（抱殘守缺齋石印本）。著名學者羅振玉和吳昌綬爲之作序，劉本人亦撰序一篇。羅序和劉序已屬考證文字，此爲甲骨學研究之始。

其後，原先曾在劉家任過家塾先生的上虞羅振玉，又從劉氏贈送他的未曾著錄過的甲骨中精選數十板，爲之影印，定名爲《鐵雲藏龜之餘》。

幾十年後，上海的孔德圖書館獲得一批會稽吳振平舊藏甲骨龜片，沈尹默、金祖同、李旦丘考證爲劉鶚舊物，雖有一部分爲《鐵雲藏龜》著錄，但大多數未經著錄，於是選其九十三板，略加按語，並著釋文於後，遂成《鐵雲藏龜拾零》一書。

劉鶚先生

又有劉鶚同鄉人葉玉森氏，在劉鶚身後得其遺藏甲骨一千三百板，從中精選二百四十板，爲之墨拓石印，並附考釋文字，書名《鐵雲藏龜拾遺》。

另外，猶太人哈同所藏七百四十一片、前中央大學所獲二百七十七片、前中央研究院歷史語言研究所所獲五百零九片、陳鍾凡所獲二百零一片等等，均爲劉鶚舊藏散出者。以上幾部著錄之書，大體可體現劉鶚收藏甲骨之規模及流散的情況。

劉鶚除收藏甲骨龜片之外，還收藏古陶、古印、古封泥、古錢幣、碑帖和青銅器，分別輯爲《鐵雲藏陶》（著錄陶印四十五方、古封泥七百五十二塊）、《鐵雲藏印》（共十冊，著錄古印三百九十一方）、《鐵雲藏貨》（著錄古錢一百八十五品）、《鐵雲碑帖題跋》、《抱殘守缺齋藏器目》等等。其中《鐵雲碑帖題跋》和《抱殘守缺齋藏器目》爲後人所輯。他爲了這些收藏，動輒千金，逐年蔚成大觀。可是他畢竟一生沒當過大官，收入有限，嗜古之癖又終身不改，終於落到了常有債權人，夜間來敲門的境地。

關於《鐵雲藏貨》，劉鶚生前就已親手編訂，共計一百一十六頁，彙集了鮑康、胡義贊、潘祖蔭、王錫棨、楊繼振、王懿榮的部分舊藏，其中有不少是從未著錄過的珍品。這部著作直到一九八六年，距劉鶚逝世七十七年之後，方才由中華書局刊印傳世。原來劉鶚去世後他的藏品和手稿均已失散。著名古文字學家郭若愚從舊書鋪中「抓」到了這部稿本，保存幾十年後，在千家駒先生的幫助下才得以刊行。

劉鶚極有個性，身處封建科舉時代卻不喜歡科場文字，而是縱覽百家之書，致力於經世之學，所以在史地方面亦卓有建樹。曾著有《歷代黃河變遷圖考》，數學方面有《勾股天雲草》，醫學方面有《溫病條辨歌訣》；此外，尚有大量經濟、政務、時評類文字，涉獵面極廣。

可惜這樣一個有責任心的大收藏家，在庚子之亂後，被人指控發國難財，說他趁亂開倉放糧給外國人，而實際上劉鶚是從外國人手裡買了太倉之米，低價散給亂世中貧苦無靠的窮人，可是官場之黑暗哪容劉鶚置辯？劉鶚終被遣送流放新疆，住在烏魯木齊一座寺廟的戲臺底下，靠爲人治病度日。到新疆僅一年，於一九〇九年客死烏魯木齊。

馬背上的傳教士

說來令人氣憤，本世紀初中國考古界幾次重大的發現，都有外國人跑來染指，而且每次都是他們收穫最豐。敦煌卷子、流沙墜簡、殷墟甲骨、北京人化石等等，無一例外。那時弱國無外交，反映在文物收藏上就成了「落後就要遭搶」。好在外國人研究中國甲骨文的畢竟少，最終流到海外的龜甲骨片只占出土總數的十分之一二，這十分之一二中，加拿大傳教士明義士收藏的是一大宗。

明義士一九一〇年來中國傳教，是長老會駐河南彰德府的牧師，先在河南武安，後在安陽。一九三二年曾應聘到濟南齊魯大學任教授，後來在北京也教過書。他一九二〇年代在河南安陽傳教時，殷墟的歷史地位已確定，龜甲骨片成了可賺錢的寶貝。他經常騎一匹馬，徘徊於河南安陽洹河南岸，逐一查看古物出土的情況，進而就設法與當地人聯繫收購。一九一七年，他把所收藏的龜甲骨片加以精選，選出二千三百六十九片，摹寫後印成

《殷墟卜辭》一書，在該書的序言裡，他宣佈自己的收藏已達五萬片！從這以後，又陸續有所購進。一九三三年他在齊魯大學講授《甲骨研究》一課時，其講義上說明：「一九二四年，小屯人打牆，發現一坑甲骨，爲余所得，其中有大的。一九二七、一九二八年拓成，即《殷墟卜辭後編》中的內容。」可見他先後所得，已遠遠超過了五萬片。

有趣的是明義士所收藏的龜甲骨片並沒有全部帶去加拿大，由於種種原因，留在我們國內的是大多數。現存加拿大皇家安大略博物館的有五千一百片，差不多僅占他收藏全數的十分之一。這些甲骨，後由加拿大籍華裔學者許進雄博士整理研究，從中選出綴合後的三千一百七十六片，編爲《殷墟卜辭續篇第一集》，一九七〇年在加拿大出版。

明義士所藏甲骨留在我國國內的共有三批，情況十分有趣。

一九五一年二月，南京有一位叫楊憲益的先生交到南京博物院一隻箱子，同時還有一把鑰匙和一封信。博物院的職員打開箱子一看，是滿滿一箱龜甲骨片，信是楊先生寫的，信中說：「這批甲骨是前幾天加拿大外僑穰傑德（前加拿大大使館代辦）交給我的，他並且說他要離開南京了，他在整理前大使館私人物品時，發現了這只箱子，內有甲骨文，是以前的朋友留下的。我就請他讓我來處理。現在送到貴院，請妥善處理。」沒過幾天，這位楊先生又致南京博物院一信，大意是說，這批甲骨，是加拿大傳教士明義士在中國收集的，原先是交加拿大駐中國大使館暫存的，明義士回國時已老病半身不遂，這批東西就留在了中國。現在大使館的代辦穰傑德也要走了，我就勸他把東西交給你們吧。

南京博物院的研究人員清點了一下，與明義士所著《殷墟卜辭》一書相對照，恰好相符，共計二千三百九十片，證明確是明義士所著《殷墟卜辭》的實物。其中最大字骨長二十八公分，最小的和人的手指頭一般大。這是明義士收藏甲骨的第一部分。

明義士收藏甲骨的第二部分，現在北京故宮博物院。這部分又可分爲前後兩個部分，前者爲三匣十七屜，除一屜爲陶丸、陶餅、小螺貝殼等一百六十六件之外，龜甲骨片共八百七十片。一九六五年著名學者胡厚宣進故宮選拓甲骨，見到這批甲骨中夾著一九二四年二月十八日從天津寄往北京明義士的一個信封，地址是北京華語學校。據此可知當時明義士或許在該校教書，或許是暫住。總之，這批甲骨是屬於明義士的，並且與該校有著聯繫。

明義士所藏甲骨存在故宮的後期一批，是直到一九七四年才從故宮的一個倉庫裡清出來的（故宮之大，邊角旮旯裡隱藏的寶物之多，可以想見）。共有十匣二十五屜又一百六十七包，共計甲骨一萬九千四百九十四片！而且每只箱子上都有當年明義士親手寫下的封條。這部分甲骨，原來也存在北京華語學校圖書館內，一九五〇年代由中央文化部清出後，交由故宮博物院保存。誰知此「保存」竟成了「封存」，幾十年間無人動過。這兩部分甲骨原來都存在華語學校，應屬一批東西，不知爲什麼被分在兩處，成了兩批。八百七十片加上一萬九千四百九十四片，合計共達二萬零三百六十四片之巨。關於這一批甲骨，前些年海外學者有種種傳聞，有的說是「原骨早已被毀」，有的說「埋在山東某地下」等等，其實都沒說對，關於「埋於山東某地下」的，是另外一批。

明義士一九三二年曾應齊魯大學之聘，在濟南任教。一九三七年抗戰爆發後，他把所藏之物委託他的同事、英國人林森（字仰山），埋藏在一個教師住宅的地下室裡。這就是明義士所藏甲骨的第三部分。一九五二年「三反」運動的時候，林仰山把這批古物交代出來了，人們按林的指點，從那個地下室裡挖出古物一百四十多箱，當即交到濟南上新街的山東省古代文物管理委員會。該會於一九五二年五月十六日召開「濟南高等學校『三反』及思想問題展覽會」，展出明義士舊藏古物二萬九千四百五十七件，其中甲骨八千零八十片。展覽會結束之後，這些東西全部歸入山東省博物館。一九六五年胡厚宣編《甲骨文合集》，特去山東博物館選拓甲骨，查明在這一批甲骨中，有字者爲三千六百六十八片，很重要的和比較重要的約三百片，全都未見過著錄。

由此可知，明義士留在我國國內的龜甲骨片共有三萬零八百三十四片，加上加拿大安大略博物館中所存，現在可數的總共三萬五千九百三十四片。據早期在安陽參加過發掘的吳金鼎說，明義士所藏甲骨，在軍閥混戰時期被毀掉一部分，但究竟毀掉多少，已無從查實了。

除了明義士之外，美國駐山東濰縣的傳教士方法斂和英國浸禮會駐青州的傳教士庫壽齡也大肆收集過中國甲骨。他們早在一九〇四年就插手殷墟的發掘，是最早從事此收集的歐美人。他們曾把從古董商手中收購的四百多片甲骨，轉賣給上海英國人創辦的亞洲文會博物館。

一九〇四年冬，河南安陽小屯村的地主朱坤，挖到數車龜甲骨片，被古董商轉賣到山東後，就被方、庫兩人收購了。一九〇六年以後，他們又陸續運出中國，轉賣給美國普林斯頓大學、卡內基博物院、蘇格蘭皇家博物院、不列顛博物館、美國斐樂德博物院等機構。他們把這批甲骨摹寫，印爲《庫、方二氏藏甲骨卜辭》，一九三五年在中國出版，但其中有許多是古玩商僞刻的文字。方氏還著有《中國原始文字考》，出版於一九〇六年，是最早用英文寫成的研究中國古文字的著作。後來，步他們後塵的英國人金璋、德國人威爾茨和王禮賢，在一九〇八年和一九一一年前後，也搜集了不少甲骨，並轉賣給了德國和瑞士的博物館。

除此之外，日本人西村博、三井源右衛門、林泰輔等也從中國搜去了不少甲骨。郭沫若一九三〇年代旅居日本時，曾訪日本公、私多家所藏甲骨，並選其重要者編成《日本所藏甲骨擇尤》，並收入其《卜辭通纂》一書，一九三三年在日本出版。繼郭老之後，著名學者金祖同又訪問了日本收藏中國甲骨有名的六個人，即：河井荃廬、中村不折、堂野前種松、中島蠔叟、田中敕堂、三井源右衛門，並親自摹拓，將他們的藏品去粗存精，選其共一千五百片作考證，付印成《殷契遺珠》一書，郭沫若、羅振玉爲序，一九三九年出版。一九三一年「九・一八」後，日軍利用在中國華北的實力，大肆搶劫中國文物，據統計，散在日本的中國甲骨總數在一萬片以上。

上述這些外國人中，明義士所得最多，好在他離開中國時已「老病半身不遂」，想必拿不動多少東西，否則流落海外的甲骨恐怕遠不止這個數吧。

雪堂春秋

甲骨文被確認是殷商文字之後，京城內外學界和古玩界一片轟動，紛紛要去甲骨出土地作進一步考查和收購。古玩商們爲了壟斷新出土的甲骨，哄抬價格，謊稱出土地爲河南湯陰和衛輝，學者們跟著兜圈子，並未發現眞正的線索，連劉鶚出版《鐵雲藏龜》時也誤認爲出土地是河南湯陰。後來經過八年的輾轉尋訪，最後才弄清楚眞正的出土地是在河南安陽西北洹水南岸的小屯村。

這個出土地址的確定，意義極其重大，因爲據此進一步作考古研究，才有了後來的殷墟遺址的確定，也才有了甲骨文形成的年代的確定，以及與史籍上種種記載有關的印證和研究。這個打破古玩商布下的「迷魂陣」的人，就是清末民初著名學者、浙江上虞人羅振玉。

羅振玉（一八六六－一九四〇）字叔言，又字叔蘊，號雪堂，自署守殘老人，晚號貞松老人。歷官學部二等咨議官、兼京師大學堂農科監督。辛亥革命爆發後流亡日本，一九一九年春回國，住天津，當遺老。一九二四春奉清廢帝溥儀之召，入直南書房，與王國維一起檢點宮中古器物。溥儀被馮玉祥將軍驅逐出宮後，在天津住日租界「張園」，羅亦同趨，被任命爲「顧問」。「九・一八」事變後，他積極參與僞滿洲國的活動，曾任僞滿「監察院院長」等職。他的一生，是晚清一代政治上堅持頑固立場的知識份子的悲劇，然而他在學術上的貢獻，歷數本世紀以來國學類的學者專家，卻又罕有其比，一個人的多面性，竟至如此。

一八九四年，他在大收藏家劉鶚家當家庭教師，教劉的四個兒子讀書，後來又把長女羅孝則嫁給了劉的第四個兒子大紳爲妻，與劉成了兒女親家。可是羅與劉並非一般意義上的兒女親家，他們在甲骨學的研究上亦是志同道合的開拓者。劉鶚在王懿榮去世後，從王懿榮兒子手裡買下一千餘片甲骨，並繼續收購，羅就催促劉將其摹拓並印出來流傳，供士林研討。劉的《鐵雲藏龜》一九〇三年出版時，羅爲之作序，在序中，羅對劉與王沒有一句奉承話，滿篇都是考據文字。那時他已認爲，龜甲骨片上的文字屬於古代的占卜文字，並具體闡明了古人灼龜與鑽龜的區別和做法，以及鑽、灼之處的講究。只是那時僅能初步考證「其文字之締造與篆書大異，其爲史籀以前之古文無疑，爲此龜與骨乃夏商而非周之確證，且證之經史亦有定其爲夏商而非周者。因出土所見尚少，且出土地址未詳，尚不能斷定爲殷墟之物耳。」羅振玉後來謂劉鶚「鐵雲振奇人也」，「放曠不守繩墨」（《五十日夢痕錄》）。儘管兩人性格不完全相同，但用功於世的志趣卻是相投的。

劉鶚客死新疆之後，甲骨學上的研究，羅振玉成了主帥。他先前在一九〇六年到清廷學部作官後，就開始留意搜求甲骨，一九〇九年委託琉璃廠古董商人祝繼先、秋良臣、范子衡以及弟弟羅振常，四次赴河南收購甲骨，先後所得二萬餘枚。羅振常後來曾撰有《洹洛訪古記》，詳細記錄當時的收購情況和當地甲骨的出土情況。一九一五年，羅振玉又親自前往安陽實地考查，從刻辭中認出殷帝王名謚，恍然悟出它確爲殷王朝遺物，沿這一思路繼續深究，果然殷太卜所典藏均深埋於此。這一石破天驚的發現，令整個學術界爲之一震。

對於羅振玉鑽研國故的「牛勁」，郭沫若曾稱讚道：「這種熱心，這種識見，可以說是從來的考古家所未有。」又說：「甲骨自出土後，其搜集、保存、傳播之功，羅氏當據第一，而考釋之功亦深賴羅氏。」（郭沫若《中國古代社會研究》）他的好朋友又是親家的王國維先生也說：「審釋文字，自以羅氏爲第一。其考定小屯爲故殷墟，及審釋殷帝王名號，皆由羅氏發之。」這些評價並無過譽之處，羅氏在學問上求實、深究、重考據的作風，亦爲乾嘉以來的學界之餘緒。

關於羅振玉收藏甲骨的規模，一九一二年他在所著《殷墟書契前編》十七卷本的自序中說：「因遣山左及廠肆估人至中州，瘁吾力以購之，一歲所獲殆逾萬。意不自歉，復命家弟子敬振常，婦弟范恒齋兆昌，至洹陽採掘之，所得則又再倍焉。」一九一六年他在所著《殷墟書契後編》自序中又說：「歸而發篋，盡出所藏甲骨數萬。」王國維說：「參事所藏凡二三萬片，印於《殷墟書契》前後編者，皆其選也。」又說：「丙午（一九〇六）上虞羅叔言參事始官京師，復令估人大搜之，於是丙（一九〇六）丁（一九〇七）以後，所出多歸羅氏，自丙午至辛亥（一九一一）所得約二三萬片。」（王國維《最近二三十年中中國新發現之學問》）可見其藏甲骨在當時，僅次於加拿大傳教士明義士。

可惜這些甲骨在羅振玉避居日本時散去許多。據著名學者胡厚宣考證，其有記錄說明的，歸京都大學人文科學研究所三千五百九十九片，天理大學參考館八百零九片，東京國立博物館二二五片、東京大學考古研究室一百十三片、富岡謙藏八百片……總計達五千七百四十五片。

羅氏舊藏甲骨，據說在東北政治局勢改變時頗有損失。其殘存的甲骨，現在收藏在國內各單位者尚有五千八百八十三片。其中山東省圖書館八十四盒，一千二百三十四片；北京圖書館三十二盒，四百六十一片；吉林省博物館十一盒，二百零六片；吉林大學八盒，一百零七片；故宮博物院一盒，十五片。另外零散沒有裝盒的在旅順博物館有二千九百二十五片，遼寧省博物館三百九十四片，吉林大學三百七十七片……。

以上這些數位都是一九五〇年代以後胡厚宣在編《甲骨文合集》時，仔細統計、查對、考證過的，而且發現，凡是羅氏木盒原裝甲骨，都是選出的精品，沒有盒裝的零散甲骨中，也有很多精品。與羅氏《殷墟書契前編》、《殷墟書契後編》和《殷墟書契著華》三書核校起來，著錄過的材料只不過三分之一，未經著錄過的甲骨，仍有很多極爲重要的材料。

龜甲骨片的收藏，僅僅是羅氏收藏的一部分，他收藏的書畫、青銅器、古籍、簡牘、明器、清宮檔案等等，亦稱山海之富。這些藏品曾編成《三代吉金文存》、《明吳門四君子法書》、《貞松堂歷代名人法書》、《高昌壁畫精華》等。他在國內有重大影響的學術活動，除了甲骨的收藏和研究，尚有搶救大內明清檔案（所謂「八千麻袋檔案」），搶救、刊行敦煌卷子，考證居延漢簡等壯舉。

羅振玉的嫡孫、現吉林大學古籍研究所的羅繼祖，在談到他祖父的收藏時曾說：「十五歲買漢印爲有印癖之始；十六歲摩挲西湖諸山銘刻不肯去，爲癖金石銘刻之始；十八歲買淮安欽工鎮出土的古鏡爲搜集文物之始；二十歲著《讀碑小箋》爲著書之始；三十八歲到廣東收買南海孔氏岳雪樓藏書爲藏書之始。今更加補充，十六歲手拓「石鼓文」爲肄習篆籀之始；二十三歲得山陽阮葵生《風邪蒙束》稿本，授人印行爲謀傳刻前人遺著之始……。」並談及羅氏一生不蓄田產，中共建國時除了長春和旅順兩處住房外，就是一大堆古董。這些古董在羅氏生前曾賣給僞滿政府一部分古物書畫，還有一批是在一九一七年河北、山東、河南鬧水災的時候賣掉助賑了。一九二〇年又在北京舉辦「雪堂金石書畫京旗義賑即賣會」，這是爲辛亥革命後北京滿族旗人生計不振者舉辦的義賣，所得二萬元全部充賑。他早期的藏品，幾乎都在日本散去，如羅繼祖說：「在海東八年，全家生活就是靠出賣長物度日的」，其晚年到了東北，「在祖父生前賣給僞滿的一部分古物書畫的代價爲僞幣，如扔下水一樣……。」（羅繼祖《庭聞憶舊》）

羅振玉兩次公開義賣藏品賑災、救窮，目前幸有記錄在世，從中可窺見其收藏的規模與質量。

一九三一年，羅振玉在北京舉辦的「雪堂所藏金石書畫珍品義賣」會上，義賣的歷代法書、名畫目錄爲：宋范文正公致尹師魯二劄卷（紙本）、明宋仲溫草書《進學解》卷（紙本）、明祝允明楷書《飯苓賦》軸（紙本）、鄧頑伯篆書立軸（紙本）、明吳文定書巨然洽平山寺詩文衡山補圖卷、趙撝叔隸書立軸（紙本）、吳漁山楷書六言聯、黃小松隸書五言聯、唐顏魯公眞跡冊（價六千四百元）、宋孝宗法書贊冊（價一千四百元）、明李文正行書詩卷（紙本）、明姚雲東行書（唐鷦安舊藏，紙本）、陳老蓮行書五言聯、翁方綱書黃山谷七佛偈、《樂毅論》稿冊（紙本）、劉石庵臨古冊（紙本）。其中更爲引人注目的是一批宋拓古碑孤本：唐沈傳師《柳州羅池廟碑》（羅注：葉石君舊藏，近得之道州何氏，傳師書跡人間僅存此一本，價六千元）、隋《舍利塔銘》（張叔未題字）、《祀府君碑》（臨川李氏藏）、雁塔唐賢題名二卷（羅注：王壯愍端忠敏公故物，覃溪題字數千，價三千元）。另有宋拓本：漢王稚子闕、漢石經、三段碑、《九成宮醴泉銘》、《皇甫公碑》、《溫彥博碑》、《聖教序碑》、《伊闕佛龕碑》、《麓山寺碑》、《李思訓碑》、《中興頌》、《八關齋記》殘本、小字《麻姑仙壇記》、《干祿字書》、《宋廣平碑》殘本、《段行琛碑》、宋拓《袁州學記》殘本、《醉翁亭記》、《豐樂亭記》、游丞相本《蘭亭》卷、開皇本《蘭亭》卷、晉唐小楷、東庫本《閣帖》卷六、《汝帖》。另又有「孤本與佚石」類、「明拓及舊拓善本」類四十六品，皆爲王懿榮、張叔未、阮文達、汪容甫等名流舊藏。

羅振玉收藏的歷代名人法書，至精者曾影印行世，書名爲《貞松堂藏歷代名人法書》三巨冊，卷上爲晉大令（王獻之）《鵝群帖》、晉人尺牘（出敦煌石室）、宋吳衛王書《大佛頂首楞嚴神咒》、元俞紫芝臨《樂毅論》、明楊升庵詩稿、明吳文定公詩稿、明文徵明草書《赤壁賦》；卷中爲明王雅宜書《史記刺客傳》、明董其昌《陳于廷告身》、又行書秦淮海詞、又臨《郎官石柱記》、又《阿房宮賦》、明黃忠端公詩稿；卷下爲清王文簡公書陶詩及臨古七種、清姜西溟《聖駕巡行頌》、清阮玉勾詩評、清張文敏公《千字文》、又詩稿、又書宋人詞、清劉文清公書《秋陽賦》三種。其中王獻之的《鵝群帖》，共四十九字，有歷朝歷代的鑒賞章八十二方，又題跋多通，足見其流傳之跡。羅振玉去世後，一九四二年他的孫子羅繼祖翻檢家中遺藏字畫，錄其題識，略加考訂，遂成《雪堂書畫記略》。

羅氏另有《貞松堂吉金圖》影印本三巨冊，著錄其收藏青銅器物，卷上爲五十八品，卷中爲七十七品，卷下爲六十三品；附錄有四個，著錄三代石刻、唐代封泥等古物。

羅氏的藏書，其生前未見有目錄。一九五〇年代後，羅繼祖與其從弟承祖，稟承祖母命全部捐給國家，共計九萬冊，存旅大圖書館；歸遼寧省圖書館的亦不在少數，未計入九萬冊之內。

小校經閣

小校經閣傳奇

上海新閘路上有一處中西合璧的院落——一幢四層西式鋼筋水泥結構的住宅大樓，坐落在一個中式花園裡。花園由一道月門和花牆隔成內外院，內院盡頭，矗立著一幢兩層飛簷式八角閣樓。這個閣樓由琉璃瓦鋪頂，一蹲石獅高踞其上，八隻角上飾以各種吉祥動物。這是上海灘現存唯一的一幢近代舊式私家藏書樓舊址：小校經閣。它的主人是現代大收藏家、原中國實業銀行總經理劉晦之先生。

劉晦之（一八七九—一九六二）名體智，晚號善齋老人，安徽廬江人，出身於一個晚清重臣之家。他的父親是清末淮軍的重要將領、李鴻章的心腹之臣、四川總督劉秉璋。

劉秉璋在浙江巡撫任上時，正值中法戰爭爆發。他率軍坐鎮杭州。在戰爭的關鍵時刻，他對家人說：「萬一戰場失利，吾得對國盡忠，夫人要盡節，三個兒子（指老大劉體仁、老二劉體乾、老三劉體信）要盡孝，小四、小五尚小，送給李鴻章了。」此言一出，軍中將士無不鐵心報國。中法之戰鎮海一役歷時一百零三天，空前酷烈，全憑浙江一省的財力和兵力支援，最終戰勝法軍。法軍艦隊司令孤拔受重傷，不久死在澎湖群島。劉秉璋因此戰獲勝而擢升爲四川總督。

劉晦之正是劉秉璋的「小四」，自幼聰慧好讀。因劉秉璋是李鴻章的心腹，兩家又是姻親，故劉晦之從小就得以進入天津李鴻章的家塾，與李氏諸子弟一起讀書，中西文俱佳，又得以與李氏門生故吏及其子弟朝夕相處，過從無間，還飽覽了故家舊族多年秘不示人的典籍和收藏，這都爲他後來從事銀行業和收藏事業打下了基礎。

劉晦之的文物收藏堪稱海內一流，尤其是龜甲骨片和青銅器的收藏，世間罕有其比。其甲骨文的收藏在戰前就達二萬八千餘片，一九五三年全部出讓給國家。據文物部門統計，現存我國大陸的龜甲骨片，總共九萬餘片，分佈在九十五個機關單位和四十四位私人藏家手裡，而劉晦之的二萬八千片，差不多就占了三分之一，是私人收藏甲骨的最大一宗。

一九三六年郭沫若亡命日本時，日子過得很困窘，有時連毛筆也買不起。劉晦之知其博學多才，就將自己歷年所收集的龜甲骨片，請人拓出文字，集爲《書契叢編》，分裝成二十冊，托中國書店的金祖同帶到日本，親手交給郭沫若，供其研究、著書。郭沫若見後歎爲觀止，從中挑選了一千五百九十五片，先期研讀考釋，並據此著成了甲骨學上具有重要意義的巨著《殷契粹編》，在日本出版。郭沫若在書序中一再感歎道：「劉氏體智所藏甲骨之多而未見，殆爲海內外之冠。已盡拓出其文字，集爲《書契叢編》，冊凡二十，去歲夏間，蒙托金祖同君遠道見示，更允其選輯若干，先行景布，如此高誼，世所罕遘。餘即深受感發，爰不揣譾陋，取其一千五百九十五片而成茲編，視諸原著雖僅略當十之一，然其精華大率已萃於是矣。」「……然此均賴劉氏搜集椎拓之力，得以幸存。余僅坐享其成者，自無待論。」（郭沫若《殷契粹編．序》）感激之情，溢於言表。

抗日戰爭結束後，復旦大學胡厚宣教授從大後方復員回滬，即常往市區新聞路上的小校經閣拜訪劉晦之先生，與之訂交，參觀過他的藏品，並專門安排了學生們前去參觀他收藏的甲骨。那是用楠木盒子規規整整分裝起來的一百盒甲骨，打開盒蓋，滿目粲然。另有甲骨拓本《書契叢編》二十冊，每冊後附簡單釋文。這套拓本，與盒內的甲骨實物先後次序正相對照。胡厚宣曾查其甲骨實數，實爲二萬八千一百九十二片。著名學者陳夢家還考證過，其中有三百餘片爲徐乃昌隨庵的舊藏。

一九五三年，劉氏甲骨出讓國家，由中央文化部文物局接收。中國科學院考古研究所將其又重新墨拓了一遍，拓本題名《善齋所藏甲骨拓本》。

對於劉氏所藏甲骨，前些年中國臺灣學者董作賓不知何故，認爲「劉晦之所藏甲骨號稱二萬片，但大者多是僞刻」（《甲骨五十年》）。一九五〇年代後，中科院考古所主持甲骨學史上最權威的著錄《甲骨文合集》時，認眞考證過一遍，認爲劉氏所捐獻的甲骨中，僞刻只有一百十二片，還不到二百五十分之一，這就不能算是「多」。董作賓還說：「他（劉氏）的精品，已選入《殷契粹編》，共一千五百九十五片，眞是其餘不足觀也已。」而事實是，郭沫若、胡厚宣在編《甲骨文合集》時，經詳加考證，證明郭氏當年編的《殷契粹編》所收，固然都是精品，但精品並沒有收完，如四方風名刻辭和一些特大的牛胛骨卜辭，就沒有收進。而《甲骨文合集》在編輯過程中，就從善齋拓本中又選錄了不少精品，而且有的還很重要，並非「其餘不足觀也已」。董氏所說，不知何據？

除去甲骨和青銅器的收藏之外，小校經閣內還以藏書著名。劉氏藏書達十萬冊之巨。一九三四年他的住宅裡實在容納不下日益增多的藏書了，只好專門造一藏書樓，取名小校經閣。他的藏書以明清精刻爲主，亦不乏宋元古本。至一九五〇年代時，尚有宋版九部、各地方誌一千餘部，善本達一千九百二十八冊。這些書籍分裝在五百只特製的書箱裡，打開書箱箱蓋，上面罩了一層細細的鐵絲網，這是爲了在曝曬時防止老鼠鑽進去而特設的。

劉氏藏書還有一個與衆不同的特點，就是《四庫全書》中被當時四庫館臣們刪改過的書，他必須收得原來的舊本。他立志要把《四庫》中「存目」之書，依目統統收齊，收不齊就借來抄錄副本。他要以一己之力，收齊《四庫全書》所收書的原刻本，統統恢復舊貌，因此這小校經閣，長年雇著十幾名抄書、校書的工匠，書山書海，忙得不停。

一九五〇年代後，劉氏所有的藏書連同那五百只箱子，全部捐給上海市文管會，後又轉入上海圖書館。第一批捐書三百二十六箱，六萬七千八百七十三冊；第二批捐歷代碑刻拓本二百八十二種，共四百三十六冊，其中有漢魏名碑五十種，晉至隋七十九種、唐一百八十五種、宋金元明一百二十二種、雜帖三十六種；第三批捐書三十四箱。一九五一年九月，還捐獻了上古三代及秦漢時期的兵器一百三十件，分裝二十幾個箱子裡，後由上海市文管會轉交上海博物館保存。

劉晦之逝於一九六二年，在生前已把所有藏品捐獻殆盡（還有一大批古墨古硯捐獻給安徽省博物館，該館爲之特闢「中國歷代古墨陳列室」），身後不留一石一木，這在私家收藏史上，亦是爲數不多的。

近十幾年來，劉家孫子輩中又出現一位著名人物——香港億利達工業發展集團董事長劉永齡，他在國內知識界，是「吳健雄物理獎」、「陳省身數學獎」、「億利達科技獎」、「億利達青少年發明獎」等獎項的全額贊助人。劉永齡當年是赤手空拳來到香港，祖輩和父輩並未爲他留下財富。他的事業大獲成功之後，一方面潛心高科技研究，同時又不忘桑梓之情，熱心公益文化事業的發展。

第三章　青銅——祭壇上的輝煌

鐘鼎之國

一九四二年夏天，陝西省扶風縣任家村的一個徐姓農民，正在自家的麥收場上碾麥子，碾著碾著，場上的地面突然陷下去一大塊，徐氏向前探看，發現下面像座地窖，隱隱約約堆放著不少東西，於是趕緊將洞口遮蔽，到了夜裡才陸續把東西一件件取出來。原來這是一窖西周時代的排列在架子上的青銅器，排在中間的由於未沾黃土，偶有幾點銅綠，居然仍燦然如新，其中大鼎三十四件，重者達百餘斤，經細細清點，竟有一百二十餘件。徐氏將其陸續賣出後，收藏界爲之轟動。經專家考證，著名的禹鼎亦在其中。

類似這種青銅器集中出土的事情，從上世紀末以來並不少見，有的是因年深月久，土層剝蝕，自然暴露的，有的是人工挖掘，蓄意破壞的。

一九二〇年代到一九三〇年代，洛陽古墓陸續被盜，其中有一個墓群共八座古墓，出土一大批青銅器。當事人諱莫如深，守口如瓶，究竟出土多少古物，局外少有人知。後來從當時一位加拿大傳教士懷履光的著述（《洛陽故城古墓考》）中透出消息說，那次出土古物起碼有五十餘件，其中大量的是青銅兵器、食器、樂器和酒器，最著名的是一套戰國樂器：驫氏編鐘，大小二十二件。

一九三〇年代初，安徽壽縣東南朱家集一帶洪水泛濫，地面塌陷，千年古墓遂暴露於世，鄉民們紛紛前去挖寶。後因出售這批青銅器引起了矛盾，甚至發生械鬥，當地政府索性命令全部收繳。僅那一次收繳的青銅器和各類古物就達七百十八件。而據當時參加挖寶的人說，他們看見地下有個五丈多長的木架上，層層疊疊地堆放著各式銅器，估計總有三四千件！

一九四九年前幾年，著名歷史學家陳夢家曾遊歷歐美各國，考查我國文物流失海外的情況，結果僅從歐美各大博物館和藝術館的收藏來看，中國青銅器就達近一千件。

一九五〇年代，考古工作者在河南安陽小屯西北發掘婦好墓，墓主婦好是商朝第二三代君主武丁的配偶，隨葬品既多又精，各式青銅器具齊全，共挖出了四百六十件。

據陝西省文物部門統計，僅從一九四九年到一九七九年這三十年間，陝西省一地出土的商周青銅器就達三千多件……。

如此衆多的古代青銅器具，是我國民族文化遺產的重要組成部分。青銅，在我國原始社會時期，就作爲稱量貨幣使用了，同時也作爲財富貯藏。進入階級社會之後，青銅被鑄成各種器皿，如食器、酒器、水器、兵器等，並且作爲祭祀的禮器，有的重器還刻上精美的花紋和具有相當歷史價值的銘文。統治者死後，青銅器帶入地下，深藏厚埋，以求永久占有。

我國黃河中下游厚厚的黃土地，爲我們祖先掩埋和保存青銅器，提供了得天獨厚的條件。從夏代晚期（考古上稱爲二里頭文化）開始，歷經商、西周、春秋、戰國及秦、漢這二千多年中，一代代君主重臣、皇親國戚，眞不知往地下埋了多少東西。他們或是壽終正寢帶入墓室，或是兵火相逼，倉皇中來不及帶走就埋入地下。他們總希望這些寶貝能夠永久流傳下去，所以青銅器銘刻上常常有「子子孫孫永保用」、「子孫享用」、「萬年無疆」等語。

青銅器時代剛剛一過，漢代就有人開始挖掘盜取。一九三〇年代，前中央研究院與河南省聯合清理河南濬縣的古墓群，六個月清理古墓八十八座，其中被古人挖掘過的竟占三分之二。漢代以來總共挖出多少，近百年學術界費了不少勁，但至今仍沒有個確切的說法。有的說「見諸著錄的作爲禮器的食器、酒器、水器和樂器總數達二萬件以上」，有的說：「從漢代出土青銅器至今，僅僅有銘文的青銅器就達一萬件以上，當然有銘文的青銅器畢竟是少數。」事實上，目前青銅器仍在不斷地出土。儘管國家已經決定，爲保護地下文物，不再對尚未挖開的古墓進行考古性的挖掘，而我們從媒體不斷披露的走私案件，以及海外愛國華僑在海外重金購下青銅器捐獻國家的情況看，可知古代青銅器的數量遠大於上述的估計。

青銅器最早的出土記載源於漢代，封建王朝視爲爲瑞祥之物，將其載入史冊，「元鼎元年五月五日，得鼎汾水上」，「四年夏六月，得寶鼎后土祠旁」（《漢書・武帝記》）。和帝永元年間，「南單于於漢北遺憲古鼎，容五斗，其傍銘曰：『仲山甫鼎，其萬年子子孫孫永保用』，憲乃上之」（《後漢書・竇憲傳》）。

上有所好，下必甚焉。「城中好高髻，四方高數尺。」不論何物只要皇帝一感興趣，此物便値了錢。到了宋代，有的青銅器物價格已高達數十萬錢。大批的青銅器出土以後，不斷地湧到了皇帝的身邊。兩宋時期以「郁郁乎文哉」著稱，上自皇帝下至文人，重文輕武，嗜古器成風。宋徽宗趙佶，不僅是書畫方面的行家裡手，而且嗜好金石，驅使天下臣民，爲其搜羅銅器。大觀初年，宣和殿收藏大小青銅器僅五百多件；到了政和年間，皇宮裡的收藏已達六千餘件。除宋王室收藏外，達官貴人、文人學士亦無不以收藏是嗜。據北宋《考古圖》和南宋《續考古圖》稱，北宋有藏家四十多家，南宋有三十多家，而不見著錄者則應更多。著名者諸如寇準、文彥博、劉敞、蘇軾、李公麟、歐陽修、呂大臨、趙明誠等等，無不以收藏青銅器爲無上榮耀。蘇軾的書房裡就「清供」著鼎鼎大名的楚王鐘。劉敞是集賢院學士，收藏宏富，著有《先秦古器記》，開兩宋時期青銅器專書的著錄先河。他最爲珍視爲的十一件有銘文的青銅器，平生把玩，至死不忘，告誡後輩：「我死之後，不要忘記用它們來祭祀我。」可見一代文人學士之風尚。

宋代學者呂大臨著的《考古圖》，是我國第一部系統的青銅器圖錄，成書於一〇九二年，共收公私三十七家的藏器二百二十四件，其中殷周銅器一百四十八件。後有王黼的

《宣和博古圖》，記錄了宋徽宗內府藏品凡二十類，著錄銅器八百三十九件，集宋代出土和流傳銅器之大成。後又有薛尚功的《歷代鐘鼎彝器款識法帖》，收錄上古至漢代彝器五百十一件。王俅的《嘯堂集古錄》，收錄商周彝器二百七十五件，漢唐雜器七十件，共計三百四十五器。

兩宋時期，是我國文人學士及達官貴人收藏和鑒賞青銅器的第一個高峰期，當然盜墓之風亦愈趨愈烈，青銅器的收藏價格亦自然「水漲船高」了。銘文越多，價格越貴，金石文字的考證之學愈加成爲學界一門博大精深的學問。後世王國維就稱讚宋代學者的成就爲「鑿空之功」，清代研究銘文之學只是「奉爲準則」而「不能出其範圍」。

元朝人與宋人相反，尙武輕文，「只識彎弓射大雕」。對青銅器的興趣大減。明代統治者對知識份子嚴加防範，學者只有高談性學哲理，加之社會相對安定，市民文學興起，需要相當考證功夫的青銅器鑒賞之學，自然也不成氣候了。

但是到了清代乾嘉時代，由於乾隆皇帝的親自倡導，青銅器的收藏和鑒賞又空前火熱了起來。除了宮廷收藏，官僚士大夫中普遍形成了嗜古收藏的風尙，出現了一批卓有成就的收藏大家和古文字學家。他們不僅親自鑒定考證，而且還著錄摹拓，著書立說，相互辯駁，於是隨之而來的考據之學又大行其道。此風一起，就影響了差不多將近二百年的收藏界和知識界。

直到本世紀初一九〇〇年庚子之變後，八國聯軍從劫掠的中國文物中，初識了青銅爲器的奪目輝煌，致使青銅器價格扶搖直上。從北京、上海、武漢開出的通往歐美、日本的販運文物的「秘密通道」，亦四通八達起來。同時，爲造古銅器業已成爲一門專門的行當。再往後，不僅是皇宮內廷遺老遺少和達官貴人、文人學士，就連一些太監、富商、銀行家以及一些靠外國人吃飯的買辦，也成了收藏界有名有姓的人物了。

乾隆帝在世的一七四九年，曾指使廷臣梁詩正仿照宋朝《宣和博古圖》的式樣，編撰了一部《西清古鑑》，甲乙編各二十卷，著錄淸宮所藏銅器一千四百三十六件，摹繪形制，記錄款識，雖收僞器不少，但畢竟是皇家專藏，對後世有著標榜旗幟的作用，故影響很大。後來又有王傑等編撰《西淸續鑒》，甲乙又是各編二十卷，共著錄宮廷藏器一千六百四十二件。後來又將甯壽宮裡的古物統計彙編，成《甯壽鑒古》十六卷，體例與《西淸古鑒》同，共收青銅器六百件，銅鏡一百零一面。此先後三部大書，大體反映了乾隆時代的宮廷銅器類藏品。

達官貴人和文人學士的收藏則更具考據意味。錢坫（一七四一——一八〇六）嘉定人，著有《十六長樂堂古器款識考》四卷，收錄商周青銅器二五件，總共四九件，爲摹銘文，圖像考釋並舉，被認爲是考證金文較有成就的一部書。

阮元（一七六四——一八四九），乾隆進士，嘉道時曾任戶、兵、工部侍郎、雲貴總督、體仁閣大學士。他的收藏編入《積古齋藏器目》和《積古齋鐘鼎彝器款識》兩書，前者收錄鐘、鼎、卣、敦、彝、簋等青銅器共七十四件，後者收錄商周青銅器達四百四十六件，其他古物一百零五件，共五百五十一件，其收藏之富，民間罕有可比。其中齊侯罍大小兩具，後歸吳縣吳雲，吳雲因此稱其居「二罍軒」，歷來被視爲爲珍品。阮元告老隱退揚州後，專事整理和研究古書古物，其《商周銅器論》和《商周兵器說》兩文，爲後世研究彝器者視爲同工具書。

陳介祺（一八一三—一八八四），字壽卿，號簠齋，山東濰縣人，也是上個世紀最著名的收藏家之一。他官至翰林院編修，一生唯古物是嗜，收藏宏富，又精墨拓，著有《簠齋吉金錄》、《十鐘山房印舉》、《簠齋藏古目》、《簠齋藏古玉印譜》、《簠齋藏鏡全目》、《簠齋藏古冊目》、《封泥考略》（與吳式芬合輯）、《簠齋金石文考釋》等，還以最早收藏毛公鼎及一大批商周青銅器及秦漢古印名播天下。

後來，又有吳式芬撰《捃古錄金文》三卷，著錄商周銅器及其銘文一千三百三十四件。吳大澂撰《愙齋集古錄》二十六冊，著錄商周青銅器一千零四十八件，另有《吳愙齋藏器目》著錄青銅器二百十一件。潘祖蔭《攀古樓彝器款識》著錄青銅器四十七件。曹載奎《懷米山房吉金圖》著錄六〇件。吳雲《兩罍軒藏器目》著錄六十件；《兩罍軒彝器圖釋》著錄一百零三件。丁彥臣《梅花草盦藏器目》著錄三十七件。葉志詵《平安館藏器目》著錄一百六十一件。張廷濟《清儀閣藏器目》著錄六十四件。程振甲《木庵藏器目》著錄五十四件。劉喜海《長安獲古編》著錄商周秦漢禮樂兵器七十九件。方濬益撰的《綴遺齋彝器款識考釋》三十卷尤其詳細，不僅著錄商周青銅器達一千餘件，而且其中重要銘文都附有考釋，卷首有《彝器說》三篇，上篇考器，中篇考文，下篇考藏；尤其是下篇，對前代重要的彝器收藏和流傳情況，均作了珍貴的記錄。

從上述上個世紀的收藏家的籍貫來看，江蘇吳縣（今蘇州市）籍或在吳縣久居的人士，幾乎占了一半，有如吳大澂、曹載奎、吳雲、潘祖蔭，後來還有葉昌熾、劉公魯等人。蘇州一地本不出土商周銅器，卻在一段時間內，集中湧現了這麼多收藏大家，這在中國收藏史上是不多見的有趣現象，值得後世研究。

十九世紀末二十世紀初，中國文化史上出現了三件大事——西部邊陲居延漢簡的發現、敦煌石窟藏經洞的洞開、河南安陽小屯村甲骨文的發現及其殷墟遺址的確定。這極大地刺激了收藏界和考古界，湧現了一批卓有成就的收藏家和專家學者。他們大都是高官和富商，很能說明這一時期收藏界的特點。其中有兩江總督端方、駐日公使李經方、中國實業銀行總經理劉晦之、上海房地產巨商周湘雲、山東實業家丁幹圃、交通總長葉恭綽，還有考古學家羅振玉、容庚、商承祚、周季木、于省吾，琉璃廠古玩店老闆黃伯川、孫秋帆等。他們的收藏，動輒數十器、幾百器，有不少是承繼前輩的遺藏，而更多的是出自新出土的「新坑」。他們之間常常互通聲息，贈送藏器拓片，切磋考證，著錄結集成書，互相作序、題跋，形成一個不大的卻高深莫測的收藏圈子。

這期間還有一個特殊人物，即美國傳教士福開森（一八六六—一九四五），中國名福茂生，在華居留近六十年，參與過中國近代史上許多重大事件。他曾任故宮博物院的鑒定委員，利用「庚子賠款基金」和「哈佛、燕京學社基金」編著了《歷代著錄吉金目》、《歷代著錄畫目》、《藝術綜覽》等書，被學術界視爲爲工具書。他在收藏界廣交朋友，稱爲「中國通」。他將別人的不少青銅器珍品賣到美國，自己的藏品卻有不少留在了中國，現歸南京大學收藏。

二十世紀上半葉在私人手裡的青銅器，後來有不少流入了海外各地的博物館和藝術館。如一八九〇年在陝西扶風縣法門寺出土的一組青銅器，包括大克鼎、小克鼎、克盨、克鐘等共計一百二十餘件，其中克鐘共有五件。克鐘出土一個世紀下來，最後歸入上海博物館二件，天津藝術博物館一件，流入日本奈良甯樂美術館一件，日本藤井有鄰館一件。然而此套克鐘上的銘文共七十九字，是分刻在各鐘上的。上海博物館所藏和日本奈良甯樂美術館所藏器爲上半篇銘文，而天津藝術博物館和日本藤井有鄰館所藏器爲下半篇銘文，這就爲研究工作帶來了極大不便。類似這樣的情況還有很多，如器物本身與器蓋分離兩處，同屬一組的器物分散在多處。

一九五〇年代初，國家鼓勵收藏家捐獻文物，各地建立歷史博物館和藝術博物館，於是青銅器湧向國家和地方的各級博物館，私人收藏青銅器者成了鳳毛麟角。最著名者爲李鴻章五弟的一個孫子，名叫李蔭軒，藏器百餘件，然而「文化大革命」中全部送入了上海博物館。

一九八〇年代國內收藏熱再度興起的時候，熱的是字畫、古錢、瓷器和紫砂壺，而青銅彝器卻沒有恢復昔日的輝煌。海外文物市場上，常有綠繡斑駁的「新坑」出現，國家不得不花大價錢再買回來。本世紀初的北京琉璃廠，一件周代銅鼎可以換一堆乾隆官窯瓷器，而現在甚至一件料器鼻煙壺的價格也要高於一件周代青銅器爵杯。究其原因，可能與世界流行的「速食文化」有關。青銅文化，不是任何人想「玩」就能「玩」得起來的，花錢、費力、占地方不說，就是考辨眞僞這一方面，又有多少人能眞正「拿」得起來？同樣昂貴的價格，誰不願意把玩小小的雞缸杯，而去購買一件搬運費力的銅器？儘管罕見的三代（即夏商周）銅器乃稀世之寶，但其售價還趕不上一件清代官窯瓷器，實在可悲可歎！這或許就是青銅器的「世紀末現象」吧。

西周三器之謎

我國傳世的青銅器虢季子白盤、散氏盤和毛公鼎，向被譽爲西周王朝的三大重器。出土百餘年來，各自有著一段曲折離奇的經歷。

劉銘傳馬廄識寶

虢季子白盤，乍一看上去，像是一口精心雕製的大浴缸。在它的眞面目尙未被揭示之前，人們不是把它當作馬槽，就是當作洗澡盆子。

這只「洗澡盆子」高三九・五釐米，盤口長一三七・二釐米。盤口呈圓角長方形，四隻腳處理爲曲尺足形，口沿下的飾紋中，隱含著重重綠鏽，整個造型給人以端莊、凝重的淳樸感。最爲稀罕的是盤內底部，刻有一百十一字的長篇銘文，四字一句，句式極工整。

銘文的大致內容是說，虢季子白受周王之命，去征伐玁狁（古匈奴族），大獲全勝，斬敵首級五百，俘虜五十，周王非常讚賞虢季子白的大智大勇，於是在宣榭設宴爲他慶功，並賜給他乘馬、彤弓、彤矢、斧鉞，以示嘉勉。虢季子獲此殊榮，非常感激，特鑄此盤以志紀念。整篇銘文語言洗煉，富有韻律，不僅是西周史上的重要文獻，而且還是一首優美的英雄史詩。學者們根據銘文中「唯十有二年」的記載，斷定它的製造年代爲西周宣王十二年，即西元前八一六年間。

這個體重二百三十公斤的大傢伙，相傳於道光年間從陝西寶雞虢川司出土。西周時，這一帶正是西虢的封地（至今有的老地圖上，仍在寶雞地名的後面標個括弧，括弧裡注明「虢鎭」）。這一帶屬於西周統治時的中心地區，與東面鄰近的扶風縣和岐山縣一起，史書上稱爲「周原」，百餘年來不知出土了多少珍貴的文物。

虢季子白顯然是周宣王的近臣，此盤造型之大，冶鑄之精，字體之優美、工整，儼然一副皇家氣派。可是不知道什麼時候被人從地下挖出來了，或許是因爲它太大、太重，盜墓人無法將它帶走，又不具備「鼎足三立」的心理「規範」，反而被扔在野地裡，被當地農民搬去盛水飲馬了。

道光年間，此盤爲寶雞虢川司劉燕庭所得，劉雲「出郿縣禮村田間溝岸中」，輾轉又爲當時陝西郿縣的縣官、江蘇常州人徐傳兼（燮鈞）所得，徐氏卸任返鄉時就帶回了常州老家（福開森《歷代著錄吉金目》）。徐氏得到此盤，起初並不以之爲國寶，只是見其花紋繁縟可喜，獸頭獰厲有趣。不久太平天國軍起，天下大亂之中人們自顧不暇，更無心顧及一隻「洗澡盤子」。太平軍的護王陳坤書打下常州後，此盤就成了護王府的鎭府之寶。

有趣的是過了不久此盤又被拿去飲馬了。一八六四年四月，淮軍著名將領劉銘傳隨李鴻章參與鎭壓太平天國，攻下了常州城，進駐護王府。一天夜間，劉銘傳聽到院子傳來金屬的撞擊聲，憑軍人對兵戈鐵馬的警覺，他轉身出來查尋，愈發聽得那聲音鏗鏘有力，如兵刃相擊，且時斷時續。結果循聲找到了馬廄，發現是馬在吃草時，籠頭的鐵環撞在馬槽壁上發出的聲響。他仔細察看此「馬槽」，發現是件不同凡響的古物，遂命馬伕將「槽」洗刷乾淨，那一排排精美而整齊的銘文即刻顯露了出來。劉銘傳畢竟見識多廣，請文人學士考證後，證明是舉世罕見的西周之重器，遂視爲爲珍寶，帶回了安徽肥西老家，並築一亭臺樓閣曰「盤亭」，專門安置此盤。

劉銘傳（一八三六—一八九五）字省三，號大潛山人，一八六二年編爲李鴻章的淮軍開至上海，此後長期在蘇南、浙江等地與太平軍作戰，所部號曰「銘軍」，爲淮軍主力之一。一八八四年督辦臺灣軍務，爲抗法名將，並出任臺灣省第一任巡撫，一八九一年病歸老家安徽肥西劉家圩。

「盤亭」成了肥西當地的新鮮事。平時劉家用紅綢緞包裹著此盤，不輕易開啓，每逢過年，才在亭內張燈結綵，鋪以絨墊，供親友們欣賞。同治十年（一八七一年），劉氏聘請了金石學家吳雲，將銘文詮釋出來並撰出考訂文字，又由英翰、徐子苓及劉銘傳本人相繼作序，遂成《盤亭小錄》一書。劉氏還將盤底的銘文拓出多份，分贈密友，而能目睹實物者極少。據說就連光緒的老師翁同龢也未能見到。翁同龢亦嗜古成癖，爲此耿耿於懷，在慈禧太后面前講劉銘傳據國寶爲己有，想通過慈禧之口，令劉將盤交出來。劉銘傳祈於李鴻章，李上奏慈禧太后，太后以劉有戰功，下了懿旨作爲御賜，從此無人再敢覬覦。

一八九五年劉氏去世後，此盤由劉氏的子孫繼藏，可是漸漸失去了大清王朝的庇護，此盤就始終處在「性命交關」之中。民國之後，政局動蕩，軍閥劉鎮華曾派人來搜，美國人、英國人、法國人、日本人都從中插手，企圖收買，劉家子孫始終不爲所動。抗戰時期，肥西淪陷，日本人又來搜查，劉家後人只好掘地一丈，上面造一間廁所，把此盤再次埋入地下，舉家遷居他鄉避禍，劉家圩子裡，只剩劉銘傳的第四代孫劉肅曾一家。

抗戰勝利後，安徽省主席李品仙又派人找上門來，武力脅迫劉家交出此盤。肥西縣長隆武功索性把縣政府設於劉家大院，爲尋此盤曾撬開地板，掘土三尺，費盡心機。劉家子孫因此而受盡了磨難。

一九四九年十二月間，安徽皖北區黨委接到國家政務院電報，要求在肥西縣查找國寶「虢季子白盤」。於是，鄉幹部們找到了劉肅曾。劉系一介文弱書生，開始推說已運上海、天津保存了，後經幹部們的說服，終於決定捐獻國家。他把鄉幹部領到一處四面無門的夾牆外面，洞開夾牆，再往下挖，虢季子白盤終於第二次出土了。

一九五〇年一月，劉肅曾親自護送此盤到北京，臨行前曾在合肥市公開展出，安徽的老百姓終於也有緣目睹了久已傳說中的劉家「大洗澡盆子」。到北京後，文化部舉辦了特展，董必武、郭沫若及許多知名學者都來參觀，並表彰了劉肅曾的愛國行爲。此盤歷盡百餘年滄桑後，終歸中國歷史博物館收藏。

毛公鼎之波

現存臺灣故宮博物院的西周重器毛公鼎，以三十二行四百九十七字的最長銘文著稱於世，號爲青銅器的天下第一銘文。

大凡世間越是珍稀的東西，在人間麻煩事就越多，兵荒馬亂之中尤爲如此。

毛公鼎有一百多斤重，口大腹圓，半球狀深腹，口沿上聳立著兩隻高大的耳朵，腹下三隻獸蹄形足敦實有力，整個造型地正規圓，風格渾厚而凝重，就連飾紋也十分簡潔有力、古雅樸素，標誌了西周晚期時尚的變化。人們已從濃重的神秘色彩中擺脫了出來，淡化了宗教意識而增強了生活氣息，與此同時，銘文增多了，對事件的記錄更爲具體了。

毛公鼎是西周晚期周宣王時的器物，郭沫若稱其「銘全體氣勢頗宏大，泱泱然存宗周宗主之風烈，此於宣王之時爲宜」。周宣王爲周厲王之子，即位於周室衰敝之時。他力挽狂瀾，孜孜圖治，有中興之主的盛譽。毛公鼎腹內的這篇銘文，是一篇完整的「冊命」，記述了周宣王給他的近臣毛公厝的任命和勉勵。

銘文首先記述了周初文、武二王開國之初，君臣相得的太平盛世；接著指出，眼下國勢不夠景氣了；進而說明，在這種危急關頭，宣王宣佈了委以毛公厝安國定邦以及管理周天子家事和內外大事的重任，並授予他宣示王命的專權，又特別申明，凡未經毛公同意的王命，毛公可以預告臣工們不予執行；繼而又告誡、勉勵毛公，不要怠惰，不要壅塞民意，不要魚肉鰥寡，要忠心輔佐王室；最後爲確立毛公的權威，重賞以儀仗、車馬、兵器等器物。毛公對此感恩戴德，故鑄此鼎以資紀念，並囑咐後世百代、子子孫孫永寶之。

這篇煌煌巨製，郭沫若先生稱之爲「抵得上一篇《尙書》」。它不僅在內容上是重要的史料，在藝術上亦極具美學價値。該銘文筆法端嚴，線條質感飽滿，結體莊重，以至於出土以來，清末的書法家們無不為之傾倒。清末著名書法家李瑞清就曾說：「毛公鼎為周廟堂文字，其文則《尚書》也；學書不學毛公鼎，猶儒生不讀《尚書》也。」

毛公鼎於道光末年（一八五〇年）在陝西岐山出土，於咸豐二年（一八五二年）被陝西古董商蘇億年運到北京，由翰林院編修、國史館協修、著名金石學家陳介祺用重金買下來。陳介祺與當時的收藏大家王懿榮、潘祖蔭、吳大澂、吳雲等常相過從，共同考辨古物，研究文字。陳氏於青銅器、陶器、古錢、古印璽、石刻造像等收藏既多且精，並且精於考釋。他於咸豐四年（一八五四年）借奔母喪回歸鄉里，從此不再為官，專心致力於古物的收藏與考證。他的兩句詩：「熱鬧場中良友少，巧機關內禍根蟠」，很能說明其鄉居不仕的眞實心理。他的衆多的考證著作如《吉金文釋》、《簠齋吉金錄》、《傳古別錄》、《十鐘山房印舉》等，都是依據他的收藏而為。後人又據其與時人討論古物的書信，輯成《陳簠齋尺牘》，更是具體說明了他鄉居後的學問所在。他的「萬印樓」現被山東省人民政府公佈為省級重點文物保護單位，他的故居陳列館也在他誕生一百八十周年時正式開放，被公推為上世紀末最有成就的收藏家之一。

毛公鼎在陳氏手上收藏了三十年。陳氏對其他收藏都樂於公諸於世，印成目錄，昭示天下，唯有對毛公鼎，深鎖密藏，秘不示人。陳氏病故後，陳氏後人又繼藏了二十年。到本世紀初，兩江總督端方依仗權勢派人至陳家，限三日交鼎，強行買走。毛公鼎到端府後沒幾年，端方即在四川被保路運動中的新軍刺死。後來，端方的女兒出嫁河南項城袁氏，端府欲以毛公鼎作為陪嫁，而袁家卻不敢接受，端氏後裔遂將鼎抵押在天津的華俄道勝銀行。可是後來其家道中落，端氏所收的許多青銅器均經過端氏的把兄弟、美國人福開森賣了出去，此鼎在抵押中自然亦無力贖回了。

一九一九年、一九二〇年間，有個美國商人欲出資五萬美元把毛公鼎買走。消息傳出，國內輿論譁然。民國間曾任財政總長、交通總長的大收藏家葉恭綽知道了，決意與美國人角逐，想方設法將鼎留在國內。葉氏本來力勸國內有實力者買下，後來卻不意傳來流言蜚語，說葉氏想在內中撈取什麼好處。葉氏一氣之下，變賣了其他一些文物，索性自己買了下來。於是毛公鼎又來到葉家，一待又是十幾年，先是放在其天津家中，後又移至上海。

葉恭綽（一八八〇—一九六八）廣東番禺人，字譽虎，號遐庵、矩園，清朝末年曾任職郵傳部，民國後歷任交通總長兼交通銀行經理，在一九二〇至一九二四年北洋軍閥時期，曾連任靳雲鵬、梁士詒、顏惠慶、段祺瑞內閣的交通總長，系舊交通系的骨幹之一，財力深厚、又嗜收古物，是民國年間最著名的收藏家和書法家之一。葉氏買下毛公鼎後，曾拓下銘文，分送親友，圈內人均知鼎已移至上海的葉氏寓所懿園。抗戰中葉避之香港，香港淪陷後，日本人脅迫他出任爲交通總長，被他稱病拒絕，整日臥床休息，足不出戶。誰知時間一長，關節疏鬆，倒眞的落下了病根。

葉恭綽在香港的日子過不安寧，整日在日本人監視之中，誰知上海方面又後院起火。原來葉氏在上海的一個姨太太，因財產問題鬧糾紛，竟把毛公鼎藏於懿園的消息捅給了日本人，鬧得日寇三番五次前來搜查。葉氏得知後萬分焦急，即刻發電報到昆明，叫他的侄子葉公超（西南聯大教授）來港晤商。葉公超遂赴上海，爲保護寶鼎與敵人周旋。葉公超到上海剛把毛公鼎安頓好就遭到日寇的拘捕，在獄中受刑七次，苦不堪言，差點喪命，後囑家人趕快設法請人仿造一鼎交出去了事。後經葉恭綽在香港遙控指揮，多方托人設法營救，好歹總算保住葉公超的性命，毛公鼎遂得以轉移香港，面交葉恭綽。

抗戰勝利前，葉恭綽被日軍押解回滬，仍是稱病不出。然而此時葉家一個龐大的家族，全仰仗他一人養活，實力已大不如前。他抗戰之前就已退出政界隱居不仕了，十餘年下來全家人坐吃山空，還要撫養好幾個子侄在外國留學，逐漸覺力不能支，只好靠變賣文物度日。到實在無奈之時，毛公鼎也保不住了。

其時抗戰勝利在即，日軍已節節敗退，抗戰勝利的大勢已定。上海一個大奸商陳詠仁爲給自己留條後路，表示願買此鼎，並約法三章，勝利之後一定捐獻國家。於是，寶鼎又轉到了陳氏手中。抗戰勝利後的一九四六年，陳氏如約將寶鼎捐獻給當時的國民政府，歸原中央博物院籌備處收藏，現藏臺灣故宮博物院。

一代國寶毛公鼎問世以來歷來爲學界所重，不斷有人對其銘文考釋研究，《捃古錄金文》、《奇觚室吉金文存》、《愙齋集古錄》、《周金文存》、《三代吉金文存》、《兩周金文辭大系圖錄考釋》等均作了著錄和研究。

散氏盤「失」而復得

現藏臺灣故宮博物院的西周重器散氏盤，與毛公鼎一樣，均以其長篇銘文和精美的書法著稱於世。散氏盤的銘文共十九行，每行十九字，其中除有幾個字已銹蝕不可辨以外，實能認出者爲三百五十七字。內容是一篇涉及西周中晚期，諸侯國之間圍繞土地分配問題發生的一場公案，十分有意思。

銘文上說，關中畿內的夨、散二國，邊界相連，夨人屢次侵犯散國的邊界，掠奪土地和財物。散人向周王告狀，後來在周王的調解下，夨人不得已，同意以田園二區作爲對散人的賠償，並且發誓將田交付散人後，永不毀約，否則就照田價付罰金，並通知其他各國與夨人斷絕交往。這場官司中還具體規定了這兩塊賠田的區域、疆界，並由兩國共同派官吏勘定後交接。周王還派一個叫仲農的史正（官名）到場作證，仲農完成使命後，遂將新界地圖交與夨人，並留下左券。在這種情況下，散人鑒於夨人平素的行爲，仍是不放心，怕他們毀約，於是就把這場官司的全過程及夨人的誓約鑄在銅盤上，作爲永久的證據，以防不測。

這場有趣的官司，不知事後夨人踐約了沒有，重要的是被後人看出了歷史的破綻——你周王室不是實行井田制嗎？不是「普天之下，莫非王土；率土之濱，莫非王臣」嗎？那麼爲什麼現在可以實行有條件的轉讓了呢？這說明西周晚期井田制度的動搖及其王室權力的削弱，是整個社會制度開始動搖的重要信號。這就是今天看散氏盤的歷史價值所在，十分難能可貴。

據後來的學者們考證，散氏盤爲周厲王時物。近代著名學者王國維又進一步考證，夨國疆界相當於現在陝西盩厔及武功一帶，散國的疆界相當於大散關、大散嶺以東陳倉一帶。散氏盤的出土地點當在散國地界之內。

散氏盤於乾隆中葉出土，爲江南一位收藏家購得，長期存放在揚州。著名學者阮元考證後，將其定名爲「散氏盤」，「散氏盤」遂名揚天下。當時的拓本價格已十分高昂，官府中達官貴人及外國人一直垂涎不止。後來藏家又將其翻砂複製兩件，其中一件賣給了日本人，眞器仍在揚州。

嘉慶十五年（一八一〇年）冬，當時的兩江總督阿毓寶從一個鹽商手裡購得此盤，作爲嘉慶皇帝五十生辰的禮品，入貢紫禁城。散氏盤入駐皇宮之後，一直被閒置於深宮，歷經道光、咸豐、同治、光緒、宣統諸朝，因宮中貢品實在太多，又加上管理不善，後來竟無人知道它的下落，以至於傳出此盤已毀於圓明園大火的說法，遂宣告「失蹤」。直到一九二四年三月，遜清內務府爲核查養心殿的陳設，才意外地發現了它！起初還以爲是贗品，後以舊拓本相對照，方知確屬眞品無疑。溥儀知道此事後，立即令人拓出五十份，分贈臣屬。後來溥儀被趕出皇宮，此盤與其他文物一起歸故宮博物院珍藏，現藏臺灣故宮博物院。

總督軼事

清末兩江總督端方，是一位傳奇式人物。他的許多故事早被歷史的煙雲淹沒了，只留下慈禧太后葬禮上的那一幕——他跑去東陵爲慈禧送葬的隊伍拍照片，觸怒了監國攝政王

端方，托忒克氏，字午橋，號匋齋。

載灃，認爲不合章法，遂落了個免職的下場。一九一一年四川保路風潮漸起，他在這個多事之秋，被任命爲川漢、粵漢鐵路督辦大臣，並由湖北率新軍一標前去鎮壓已經如火如荼的保路風潮，在資州（今資中）被起義新軍所殺。

現在眞正使人們想起他的，倒是他的收藏，他是本世紀初最負盛名的收藏家之一。

端方（一八六一——一九一一）滿族正白旗人，托忒克氏，字午橋，號匋齋，一八八二年壬午科舉人，捐員外郎，遷郎中，曆官陝西按察使、布政使、護陝西巡撫。一九〇〇年慈禧太后與光緒皇帝逃到西安避庚子之亂時，他拱衛周圍，鞍前馬後，奔忙不迭，遂深得寵信，出入左右，不久就升爲湖北巡撫、湖廣總督、江蘇巡撫，繼而又任兩江總督、直隸總督，端方兼通商事務大臣，成爲權傾朝野的一員封疆大吏。

北京琉璃廠的老人們傳說他原先並不懂得收藏，在一次非正式的官僚們聚會的場合，人們談論古董時他也湊熱鬧，被人譏爲「你懂什麼！」奇恥大辱，不雪不足以爲人生，於是他發憤研究漢民族傳統文化，尤其在陝西任上，大肆收集古董，終於嗜古成癖，一發而不可收，不數年，海內果眞刮目相看。

端方聰穎，悟性極高，加上有權、有勢、有錢，又處在陝西，這個號稱「一鐝頭下去，准能刨出件文物來」的地方，天時地利占盡，藏品很快蔚爲大觀。他收藏的面很廣，中國傳統士大夫收藏的各種門類，諸如青銅器、碑刻、古印、古磚、泉範，甚至井欄、田券、墳券，只要有文字、飾紋、有考訂價値者，皆兼收並蓄。

《匋齋吉金錄》是他收藏青銅器的著錄，共計四百四十八器。其最負盛名的青銅藏品，是一組於一九〇一年從陝西鳳翔府出土的商代酒器，共十九件（後來也有人考證，其並非全屬一組）。這十九件寶貝經考證確定爲：父甲觶，父乙盉（有蓋），鼎卣（有蓋），青銅禁，妣巳觶，祖癸角，銅勺（六柄，每柄近尺長，勺頭爲橄欖形，柄上有精美圖案），妣巳觚，觶，子執拂斝，鼎尊，鼎卣（有蓋，高二尺許，方底圓身，有提梁，紋飾極精），父巳尊和犧形爵（有立柱，紋飾極精美）。其中最爲稀罕的是那只足有三四尺長的長方形青銅禁。禁，形制和作用極似一張長方形的茶几，古人在上面再置放其他各式青銅酒器。這套酒器中的青銅禁出土，爲有史以來首次發現之禁，舉世爲之轟動，被端方捷足先登，收爲己有，著錄於其《匋齋吉金錄》首卷。出土地點爲寶雞縣的三十里關鬥雞台。鬥雞台這個地方，歷朝歷代不知出土了多少文物，是華夏祖先曾經集中居住過的一方寶地。

可惜這組寶貝在端方死後流入美國，入藏紐約中央博物館，這是端方的好朋友、拜把子兄弟、美國傳教士福開森幹的「好事」。福開森在《匋齋舊藏古酒器考》中說：「一九一一年秋革命軍起，端方死於四川，遺產皆在北京，其後人以貧故，不能守，稍稍貨其古器物以自給。近年貧益甚，遂以此二十器（後又加入一件觶，計爲二十件），歸於我國紐約中央博物館，此一九二四年春事也。端方所著《匋齋吉金錄》於器之形制、尺寸記之特詳，而於其名物，未有詳確之記載，猶不免有遺憾……」在運往美國之前，福開森將這組器件逐一摹拓列印，據器之大小而定紙之長短，一套十五幅圖，輯成《匋齋舊藏古禁全器》，鄭孝胥題鑒，影印出版。於是國內大家能見到的，僅此影印紙本而已。後來有人傳出，此套古禁器物，賣了二十餘萬美元，無論在當時或是當今，都不能不算一筆鉅額。

端方藏石達六百四十三件之巨。年代自漢至元，範圍廣於全國各地，形式不僅有古碑、造像、石經、墓誌銘，還有泉範、塔記、井欄、田券、造像記等等，並且逐一請人錄其碑文、刻記，他本人親撰考釋文字，編爲《匋齋藏石記》十六冊。幫他從事這一工程的，是當時知名學者況周頤、李明經和龔錫齡等人。「所錄碑文一點半畫悉依原字摹擬」，「良宵雅坐，時亦商榷，是非稽合同異，凡二三月輒自爲一跋令錄文後，或易舊稿，或出新製，走伻授簡，喘汗相屬，蓋公政事之餘，勤勤著述概如此爾」，當事人龔錫齡如實道出了當時的合作情景。

據其考證，古之著錄金石者，始於歐陽修，繼而有洪適，「爰及近代作者益衆矣，然據原石者，僅志郡邑，限於方隅，私家收藏，則皆僅據通行拓本，人間習見，複出蓋多，其以一人藏石，都錄成書者，實自公是編始」。於是端方被推爲以私家藏石著錄碑文的第一人。其所收之古碑、殘經，大都爲前人所未見，未曾著錄者，其史料意義尤爲重大。當時端方曾感嘆前人所著錄之古碑石刻，今已不爲多見，而現時審視端方所集石刻六七百件，今亦不知存者幾何，百年風雲，是可懼也。

端方自稱：「余少嗜此業，自爲京朝官，及杖節方州，蓋嘗物色夐求，自詭以實驗爲準，因此，金石之新出者，爭以購歸余。其舊者藏於世家右族，余亦次第蒐羅。」可見其意氣風發，大有不可一日不言石之意味。

端方藏石中，有漢代按照日影來測定時間的測景日晷、延熹土圭，井欄如天監井、湧金井，墓誌如皇甫粼、司馬景和，古碑如《曹眞碑》、《郛休碑》……洋洋灑灑，如山海巨觀。

還有《匋齋藏印》，集歷代古印一千八百九十六方，大者盈寸，小者如豆，或篆或隸，陰陽交錯，亦令人目不暇接。

端方尚有兩卷藏磚記，收入的皆爲漢代罪人墓地的磚銘。端氏據此考證，墓誌銘在漢代就有了，從而否定了那種認爲墓誌起源於顏延之之說，批駁了顧亭林源於南朝之說。他認爲，漢代連罪人都有了墓誌，況無罪之人乎？

這批漢代罪人墓誌，均刻於磚上，如「漢蕭延死磚，章和二年」。端氏著錄了該磚的高、寬、厚度，字體大小；又如「漢左章死磚，和元□年九月二十七日，京兆長安左章鉗□死在此下」，等等，共計一百十七磚。每磚均附有考釋文字。端氏還從磚文的刻寫法，論證了古文字的演變，可見其用功之深。

古鼎沈浮記

一九五一年十月九日，上海西區天平路四十號一幢小院裡異常熱鬧。這兒原是著名收藏家張叔馴的住宅，一九四〇年代末張氏去美國了，上海市文管館會最初就租用了這套房子（現在爲文藝醫院）。這一天對文管會來說是個值得紀念的日子——清末著名大收藏家潘祖蔭的後代，向國家捐獻兩件西周時期的國之重器——大克鼎和大盂鼎。

潘達于女士

捐獻者是一位典型的江南女子，薄薄的身板，秀氣的臉龐，一身潔淨略帶古意的裝束。就是這薄薄的身板，將一個歷史使命擔在了肩頭——她十八歲嫁到蘇州名門潘祖蔭家族，幾十年間，孤兒寡母爲了守住潘家百餘年來的收藏品，機智地闖過了亂世災年，最後終於將這批國寶完好地交給國家！

她叫潘達于，原姓丁，家藏舊物都是潘家祖傳的，她在捐獻儀式上說：「我是代表潘家捐獻的，所以改姓了潘。」她把家中所藏文物全部捐獻了，自己的丁氏之姓也隨之消失了。

捐獻儀式由時任華東文化部文物處副處長的唐弢主持，上海市文管會副主任、文物界一代宗師徐森玉先生報告了潘氏捐獻經過。接著由華東文化部部長陳望道致表揚詞，並頒發了中央文化部的褒獎狀，上面寫著：

> 達于先生家藏周代盂鼎、克鼎，爲祖國歷史名器，六十年來迭經兵火，保存無恙，今舉以捐獻政府，公諸人民，其愛護民族文化遺產及發揚新愛國主義之精神，至堪嘉尚，特予褒揚，此狀。
>
> 中央人民政府文化部部長沈雁冰

潘達于的同族堂弟潘景鄭（著名版本目錄學家、現爲上海圖書館研究員）代表潘達于在會上發言，表示將古鼎捐獻國家的心願。從此，潘達于的名字就與大克鼎、大盂鼎聯在了一起。人們只要一提起這兩尊古鼎，甚至只要提起西周重器，就會想起她的名字。這兩尊古鼎對於研究中國歷史太重要了，正如徐森玉先生所說：「這是研究中國古代史和美術考古學的珍貴資料。它們在學術上的價值，堪與毛公鼎、散氏盤和虢季子白盤媲美的……。」

大克鼎，外形是立耳獸蹄，寬寬的口沿下飾以變形的獸面紋，獸面紋中間又飾以小獸面，還有凸起的觚棱，顯得十分端莊、凝重。鼎的腹內壁上鑄有二百九十字的長篇銘文，銘文行間又有線條相隔，使得銘文十分整齊、華美，這在西周青銅器中是很罕見的。銘文的內容是說，克的祖父名叫師華父，是周天子的重臣，輔佐王室，德厚功高。他有謙遜的品質、寧靜的性格和美好的德性，幫助王室把國家管理得非常好。鑒於他的功績，明智的周懿王就提拔他的孫子克爲近臣，擔任了出傳王命、入達下情的重要職務，並且賜給禮服、土地和奴隸。這些官職爵祿將世代襲承，單傳嫡長子。克知道自己的一切都是得之於祖父的餘蔭，所以造了這只大鼎，用來祭祀祖父師華父。這篇銘文反映了周天子賞賜大臣的情況，是對當時的賞賜制度、土地制度和社會制度的具體反映，所以歷來被作爲研究西周歷史的重要資料。

大克鼎是在一八九〇年從陝西省扶風縣法門寺任村的一個窖藏點出土的，同時出土的還有小克鼎七器，以及克鐘、克盨和仲父鑐等一百二十餘件青銅器。大克鼎被帶到北京、天津後，被清廷工部尚書、蘇州人潘祖蔭重金購得，安置在北京的家中。時人曾記敘說：「文勤公生平所藏之器以此爲最，曾鐫印章曰：寶藏第一，求拓本者踵至，應接不暇，多以翻本報之。」足見其對大克鼎的珍視。

關於大盂鼎，來歷就更複雜一些。鼎身爲立耳、圓腹、三柱足、腹下略鼓，口沿下飾以饕餮紋帶，三足上飾以獸面紋，並飾以扉棱，下加兩道弦紋，使整個造型顯得雄偉凝重，威儀萬端。

與大克鼎一樣，大盂鼎腹內亦有精美的長篇銘文。大意是說，周康王對貴族盂講述了西周開國的經驗，追述了祖先文王、武王滅商而有天命的原因，是因爲辦事和祭祀的時候都不敢酗酒，始終恭敬而認眞；殷商之所以滅國，在於他們飲酒太多的緣故。所以他自己願以文王爲榜樣，同時告誡盂，也要以祖父南公爲榜樣。周康王命令盂幫助他掌管國家的軍政大事，賞賜給盂香酒、禮服、車馬、儀仗和一千七百二十六個奴隸，並叮囑盂，要恭敬效力，不違王命。銘文最後指出，盂製作這尊寶鼎，是用來祭祀他的祖父南公的。這篇有趣的銘文，除了告知人們當時的朝廷的賞賜制度、世襲制度以外，還介紹了周初開國的經驗，尤其是把商朝的滅亡歸爲飲酒過度，這就對研究商代的社會情況提供了重要的資訊，非常難得。與此鼎同時出土的還有小盂鼎，可惜久已失傳，今人未能獲見。

大盂鼎爲清道光初年（一八二一年），在陝西岐山縣禮村出土的。出土後，爲當地豪紳宋金鑒所有，後來又被岐山縣令周庚盛奪得。道光三十年（一八五〇年），宋金鑒赴京趕考，得點翰林，時值大盂鼎又從周家流出，在琉璃廠善價而沽，宋金鑒又出銀三千兩，把此鼎再次買來，運回岐山。同治年間，宋家家道中落，其後代將鼎運到西安，以七百兩銀子轉讓他人，後來又歸鎮守西陲的一代名將左宗棠所有。數年後，左氏在湖北受人陷害，清廷以爲眞，要召左進京問罪，幸虧工部尚書潘祖蔭從旁說合疏救，才得倖免。左宗棠深知潘氏的嗜古癖，遂以大盂鼎相贈，以示感激之情。於是，大盂鼎又有了二次進京的機會。

潘祖蔭收藏青銅器的處所號稱「攀古樓」。攀古樓歷年所儲，除大克鼎、大盂鼎之外，林林總總凡數百器，據潘氏《攀古樓彝器款識》記載，尚有著名的史頌鼎、郘鐘四、鄦侯鼎、𦍩鼎、季念鼎、至鼎、齊鎛、伯矩彝、季保彝、父辛卣、祖乙卣、休敦、季良父簠等等，可謂壯觀。抗戰之前，潘達于爲留下藏器資料，曾請可靠的攝影師，對全部家藏青銅器逐個拍照，共得三百八十塊玻璃底片。從中可知，潘家在抗戰前青銅留存尚有三百八十器。

關於潘氏所藏的史頌鼎，亦是一尊具有相當歷史研究價值的、不可多得的寶鼎。鼎的腹內有十五行、一百十五字的銘文，是記錄西周冊命制度最完善的文件之一，是周宣王時代的叫頌的史官製作的。全文大意是：三年五月甲戌之晨，周王在卲宮的太室即位，受命者頌在宰的引導下入門立於中廷，尹氏將周王的冊命書授予史虢生宣讀，內容是命令頌掌管成周市廛二十家，監管新造，積貯貨稅用於宮御，爲此，又賜頌命服、䜌旗和馬具攸勤等。頌拜叩受命，帶著有王命的簡冊退出中廷。最後，頌宣揚周王的冊命，並爲先祖作此寶鼎，表示自己將對先人行孝道，祈求康福、長命，永遠效忠於天子。這樣完整地記敘周天子冊命儀禮的文件，在西周青銅器中是不多見的，歷史學家們認爲，這對於研究西周時代的冊封制度具有重要價值。

當初潘氏每得一器，就與同好者切磋研究，圖狀釋文，以傳後世。常與商榷者，有萊陽周孟伯、南皮張之洞、福山王懿榮、吳縣吳大澂等，皆清廷末年有金石癖的一代大吏。

潘祖蔭於一八九〇年去世，生前曾任工部尚書、大理寺卿、軍機大臣。身後無子，所遺大批文物，就由其弟潘祖年赴京押運回鄉，存放在蘇州南石子街的舊宅中，僅青銅器就堆放了滿滿一大房間，另有一大間專放古籍和字畫卷軸。潘祖蔭的藏書樓稱「滂喜齋」，亦爲江南一大書藏。

潘達于嫁到潘家是一九二三年，丈夫潘承鏡，本是乾隆年間宰相潘世恩第三個兒子的後代，世稱「老三房」的後代，後來因爲潘祖蔭無後，而潘祖年的兩個兒子過繼給祖蔭後均早夭，剩下兩個女兒，大女兒嫁吳江同里徐氏，二女兒潘靜淑嫁給著名畫家吳湖帆，家中仍是無人繼承香火，於是就將「老三房」的後代潘承鏡過繼過來，成爲潘祖蔭和潘祖年兩家的孫子，兼祧兩家香火，而潘達于就是兩位大人的孫媳婦。

潘達于何其不幸，結婚剛剛三個月，丈夫就故世了，沒有留下子息。這在潘家氏族中亦是一件怪事，好像潘祖蔭的命中就沒有後代，過繼過來一個死一個，都是未成年或是沒有子息就亡故了。有人認爲這是家中收藏的青銅器太多，陰氣太重所致。果然，潘承鏡過繼給潘祖蔭、祖年當孫子，亦是白髮人送黑髮人一場。

孩子是可以過繼的，潘達于的姐姐丁燮柔和姐夫潘博山將女兒家華過繼給了她，在此之前，還過繼了一個兒子家懋。可是收藏和保護潘家山海般的文物的責任，是無法過繼的。結婚後第二年，祖父潘祖年也去世了，就剩下孤兒寡母過日子，上有老祖母，下有一雙兒女，而中間扛大梁的正是瘦瘦小小的潘達于。

潘祖年去世後，外界都知道偌大的潘府中藏寶無數，盜賊就常來光臨。又有各種人士前來打探，勸其出讓寶鼎。有個外國人願出六百兩黃金再加一幢洋房作交換，而潘達于堅不爲動。她懂的道理很簡單，然而卻非常堅定，此鼎是幾百年、幾千年前世世代代傳下來的國寶，不能出賣，只能保護好繼續傳下去。

抗戰時期，蘇州淪陷，八月中旬日本飛機轟炸，全家人逃到太湖邊上光福山區避難。戰火稍停後，潘達于即叫家中木匠趕製了一個非常結實的大木箱，將兩個寶鼎裝入木箱，深埋於庭院之中。其他文物，連夜請姐夫潘博山幫忙，藏入一條沒有門窗的夾弄裡，門裡堆放些破爛雜物，不引人注意。隱蔽的藏書就有十幾個大櫃，分裝三十來隻箱子，還有數百卷歷代字畫卷軸。等一切安排妥當後，日軍進城搶劫開始了。潘家曾先後闖進七批日本兵，其他財物損失無以計數，唯獨潘家的收藏品未被發現。據說日軍司令松井還親自查問過潘家的收藏，可是他們除了金錢財物，什麼文物也沒搶到手。

一九四四年，裝有大克鼎、大盂鼎的木箱在地下腐爛，地表的泥土和方磚開始下塌，這時潘博山已過世，就由家懋和幾個叔伯子兄弟與一個木匠，把寶鼎挖了出來，安放在老屋一角隱蔽的地方，裡裡外外堆些破衣雜物遮擋，再用舊家具遮擋，外面再把這一進房屋用釘子釘死，不住人也不走人，成了一個死角，就這樣一直保存到了中共建政。

兩隻寶鼎捐獻國家後，大盂鼎被北調支援新成立的中國歷史博物館，大克鼎存上海博物館。此後，潘氏又有幾次驚人之舉——一九五六年捐獻歷代書畫九九件，一九五七年捐獻歷代字畫一百五十件，一九五九年又捐獻文物一百六十一件。

一九五〇年代的潘家已不是富戶，兩個兒女都是小學教員，孫輩也小，生活並不寬裕，而潘達于面對國家發給的二千元獎金，態度仍是一樣，捐獻給了國家。

潘氏家族，本是晚清江南的一個大家族。往上可上溯到乾隆年間的大學士潘世恩，往下可追尋到當代文化和科技界的一代精英——潘景鄭、顧廷龍、顧誦芬……清代中葉以後，潘家不僅是當地最顯赫的門第，也是全國最著名的家族之一。從乾隆中至光緒末的一百二十年中，以鄉會試科而言，潘家先後約有三十五人金榜題名，包括一甲一名的狀元和兩位一甲三名的探花；以服官從政而言，二品以上的有尚書侍郎三人、巡撫一人，中下級官員則數不勝數了。

現已九十多歲的潘達于，一生做了這件轟轟烈烈的大事情，晚年卻十分平靜地與兒孫們生活在一起。高安路一處高層建築中，她家已是五世同堂。站在頂樓的高處，天晴的時候，可以遠眺位於市中心的上海博物館——那兒是她精心保護過的大克鼎的新家。

「善齋善哉」

原中國實業銀行總經理劉晦之（體智）收藏青銅器等古物是十分著名的。「中國通」福開森在《歷代吉金目》中說：「劉體智是民國以來收藏青銅器最多的人。」著名歷史學家容庚也說過：「廬江劉體智先生收藏經籍書畫金石之富，海內矚望久矣。」這些說法是有根據的。

劉氏曾在一九三五年石印刊行的藏品目錄《善齋吉金錄・序》中說：「金文集錄始於宋之《宣和博古圖》。一家所藏纂爲專書者，最先則有錢氏十六長樂堂，然僅四十九器，秦漢以後器居其少半。繼起而藏器較富者，推《兩罍軒彝器圖釋》及《匋齋吉金錄》。兩罍軒一百十器，其中三代器爲數五十有九；匋齋四百四十八器，其中三代器爲數二百十有六。蓋以一人之力欲集其大成甚矣，其行之艱也！」同時他又自稱：「予自幼至京，嗜金石之學。適關隴河朔之間，古器物日出不已，自龜甲、鐘鎛、鼎彝、戈戟、權量、符鉥、

劉晦之先生

泉鏡、以及碑誌、磚瓦、泥封，上起三代，下逮朱明，凡屬古物，縻不寶愛，耳目所及，既擇其可喜者留之，即遠至千里之外，亦必多方羅致。左右其間，寢饋不厭，三十年藏弆，粗有可觀矣。摩挲之餘，不欲自秘，因先就吉金一類，繪其形制，拓其文字，記其度數，次爲十錄，付諸影印，用質當世。雖計其總數所得，遠逾前人，顧有時見新器出，無力致之，則以此而易彼。錄中所載，今日亦不盡在寒齋，特存其目而已……」。這就等於宣告善齋的吉金收藏乃當世第一，不信，請看收藏目錄。時在一九三五年抗戰之前，能有這番魄力說此話的，恐怕也只有劉晦之。

一九三一年春，劉氏《善齋吉金十錄》已積稿成冊。其中未經著錄者，也就是屬於新出土的「生坑」者，有二三百件。容庚在安徽東至人周明泰家獲見此編，驚爲「睹此異文，振蕩眙愕」。八月，乃約徐中舒、商承祚，專程赴上海造訪善齋，得見劉氏所藏曆代出土青銅器四五百件，並攝影、研讀，大家在一起「晤談如故」。臨走，劉氏還贈送全形拓本三百餘紙，容庚「整裝歸來，不啻貧兒暴富矣」。後來，容庚選取所攝照片一百七十五幅，先期進行詮釋、考證，由哈佛燕京學社結集出版，此即爲《善齋彝器圖錄》，可與劉氏《善齋吉金錄》相參證。

善齋的青銅器收藏中確有驚世之品，觀其目錄《善齋吉金錄》（亦是圖錄），可知福開森「民國以來收藏青銅器最多者」並非信口之言。該目錄煌煌二十八巨冊，著錄的第一件即是一套盛名遠揚的十二件驫氏編鐘。

這套驫氏編鐘，著錄驫鐘八件、驫羌鐘四件，據著名考古學家容庚考證，系出土於河南洛陽故城遺址北部的邙山。「其地有古塚八，六塚自爲一列，二塚平居其南，皆位於故李密城之東北隅，與故城遺址相平行。距洛陽城東約三十五里。歷年既久，丘墓盡平，略無封樹跡，但有沙丘起伏，自邙山迤南，毗連不絕而已。」

一九二八年一場暴雨之後，其中一座古墓塌陷，有人懷疑這兒是古墓，鑽進去打探，發現覆在上面的地層是由木炭和小石塊間積而成，木炭和小石層下面才是墓穴。於是先將這一墓挖掘，其他七墓亦部分挖掘。這八座古墓的挖掘，前後歷時三年，始終非常秘密，外界少有人知，共出土多少東西，誰也講不清楚。這套驫鐘，就出自這組古墓。同時出土的，還有其他祭器、明器、車飾、玉佩及日常用品。經加拿大傳教士懷履光著錄的，就有五百餘件。這套驫鐘十二件於一九三一年被劉晦之重價購得。另外還有一件驫羌鐘和一件驫氏鐘，爲懷履光弄去。懷履光時任開封地區聖公會的主教，對洛陽一帶古墓的發掘甚爲上心，多次親往發掘現場查看，曾於一九三四年出版《洛陽古城古墓考》，詳細記敘了這一階段的奇遇，他後來將其中一部分出土文物盜運到了加拿大。

戰國屭主的出土及收藏，驚動了考古界。當時學者對屭鐘上六十一個字進行了反覆考證，未取得一致的意見。劉節、吳其昌、唐蘭、徐中舒、于省吾、郭沫若、溫廷敬、容庚以及瑞典著名漢學家高本漢，均先後撰出考證文字，僅就年代問題也爭論不休，何況其他內容，幾乎可集成一冊《屭鐘學研究》。高本漢曾作《屭羌鐘之年代》，綜合各家之說。日本著名考古學家梅原末治在《洛陽金村古墓聚英》一書中，還登出了器物圖片。可惜這套尚未完全破譯的戰國屭鐘，後來從劉氏手中散出後，據說被賣到外國去了，中國人尚且未考證清楚，外國人又能做些什麼呢？

劉氏藏品中亦有不少是名家舊藏，如「者減鐘」係劉鶚舊藏；「奇字鐘」是陸心源舊藏；「武生鼎」是盛昱鬱華閣舊藏；「師湯父鼎」是東武劉喜海舊藏；「友簋」原爲清內府舊物，後屬潘祖蔭攀古樓舊藏；「伯孝盨」是嘉興張廷濟舊藏；「歸父盤」是陳介祺舊藏；「亞獸雙尊」是王懿榮舊藏，後均歸入善齋之庫。

關於「儀楚鍴」，原是嘉興張鳴珂舊藏，張氏曾有跋文，說是光緒十四年夏四月，江西高安熊姓農民在城西四十里地的清泉市附近，一處人稱漢建成侯墓地的田中，掘得古鐘鐸大小九器，鍴三器，被鄒殿書購歸。尤其三個鍴，「銅質湛碧，瑩澤如玉」。考其銘文，知是楚公子儀楚之器。張氏去世後，其子以此器售給河間龐澤鑾，一九一七年龐氏去世，一九一八年爲鄒壽祺所得，後又歸於劉晦之。同墓出土的鐸歸於潘祖蔭，其他兩隻？（酒杯），曾歸安徽東至周志輔，後又歸上虞羅振玉。

劉氏收藏青銅器連同古錢，共計四五千件（見《善齋吉金錄》及《小校經閣金文拓本》），另有藏書十萬冊，歷代古墨一大宗，歷代印璽千數百鈕（見《善齋璽印錄》），黃賓虹序），歷代古碑拓本近千件（見《善齋墨本錄》）。這些藏品，在一九五〇年代前賣給中央研究院一批（據臺灣人士說，係傅斯年經手。現存該院一百零三件青銅器，臺灣故宮博物院還藏有，具體數字不詳）。劉氏還與李經方合夥，賣給瑞典太子一批，其餘部分均在一九五〇年代捐獻或出讓給了國家。十萬冊藏書和古碑拓本捐獻給上海市文管會，後轉歸上海圖書館；一大宗歷代古墨古硯，捐獻給安徽省博物館；一百三十件古兵器捐獻給上海博物館；二萬八千片甲骨龜片和兩具唐代樂器大小忽雷，捐獻給國家文物局，後轉藏故宮博物院。

關於大小忽雷，也是非常有來歷的無上珍品。這是一種二弦的琵琶，製於西元七八一年，是有文獻可考的唐代宮中舊物。它們在唐末天下大亂之時流落民間，直到清康熙年間，曲阜的孔尚任偶然在北京的集市上發現了其中一把，一眼認出是文獻中記載過的小忽雷。據一九三〇年代知名作家瞿蛻園考證，此小忽雷在孔家未待多久，就轉入了一個滿族人手裡，後來又歸華陽卓氏。光緒末年，安徽貴池收藏家劉世珩又從卓氏手裡買下來。劉世珩收得小忽雷後，又起收購大忽雷之念，四處尋覓大忽雷的蹤跡。一日他與一位琴師閒聊，那琴師說，他於三十年前在滬市上購得一把古琴，項間刻「大忽雷」三字！劉氏急急請其取來，一看果真「鑒龍其首，螳螂其腹，形與小忽雷同」。於是大小忽雷又得以歸於一處矣。又過了幾十年，貴池劉家家道中落，就將此千年古物賣給了廬江劉晦之。

一九五三年，劉晦之作爲此大小忽雷千餘年來的最後一位收藏人，又將它們送回了宮中，不過不是唐宮，而是北京故宮。

劉晦之的孫子輩中能繼承家學的不少，其中劉耋齡（上海大學教授、上海市第八屆政協委員）除了收藏字畫、瓷器以外，還特別喜歡收藏佛像。劉耋齡收藏各式佛像，有重要的家族淵源。其祖父爲中國第一流的大收藏家，他本人從小在小校經閣的院子裡長大。另外還有他外祖父一家的重要影響。劉耋齡的外祖父周紫珊（清末民初江南首富周扶九的長孫）、外祖母梅懿輝、舅公梅光羲等，在民國期間均爲極負名望的慈善家和佛學家。他的外祖母與圓瑛大和尚、虛雲大和尚是老朋友，與趙樸初先生爲忘年交。他母親周式如也是佛教徒，是圓瑛法師的入室弟子。他家親戚黃念祖又是當代著名佛學家。他們一家曾向玉佛寺、龍華寺、靜安寺捐過大筆錢財，至今仍保持經常聯繫。劉耋齡生活在這樣一個既有收藏傳統又有佛學傳統的家族，就爲他的收藏提供了良好的基礎。收藏界和文物界的專家們參觀他的藏品後，給予極高的評價。

最後一滴青銅淚

過去有許多大戶人家，世稱名門望族的，其中也有些是大收藏家家族。他們有錢有勢自不待說，更重要的是具備了作爲收藏家必備的膽識和眼光，而且一個家族中互相影響，往往好幾個人或好幾代人共有同好，這一點，他們自己往往比旁觀者更清楚。清末民初以來，比較典型的有安徽東至兩江總督周馥家族、江蘇吳縣工部尚書潘祖蔭家族、山東黃縣丁幹圃家族，還有大名鼎鼎的安徽合肥李鴻章家族。李鴻章家族的收藏癖好，延續了好幾代人。

李鴻章本人及其小兒子李經邁的藏書，在一九四〇年代由其孫李國超捐入了震旦大學，震旦大學名之爲「李氏文庫」，還特地製做了精美的雕花書櫥專門陳列，一九五〇年代以後並入復旦大學圖書館。李家在合肥的故居中，還有一幢全部用紅木雕成的藏書樓。李鴻章的兒子李經方，從政之餘大力收求青銅器和古代字畫。一九二〇年代，瑞典太子到上海，爲籌備博物館而收購中國古物，李經方就與劉晦之合作，經過古董商李文卿，賣給瑞典一大批青銅器，據說當時售價爲二十八萬美元，兩家各分一半。後來李經邁又以不甚光彩的手法，獲得滬上耆老廉南湖小萬柳堂的藏畫，價值三千元。李經邁，亦是有名的藏書家，其藏宋元古本常被時人提起。李國傑是李鴻章的嫡孫，繼承了李鴻章的伯爵爵位，抗戰中因與汪僞有勾結，被國民黨軍統人員擊斃。他在出任比利時大使時，整船載去的家具全是明代之物。

李氏家族中眞正值得一書的收藏家，是本世紀李家最後一位收藏家，李鴻章的一個侄孫（李鴻章五弟的孫子）李蔭軒。

李蔭軒一九一一年生於上海，自幼喜好文物古玩，常年究心於考古學、掌故學、鑒賞學，精通中外歷史。他從十幾歲就開始收藏中國歷代錢幣，從收得鄧秋枚的藏幣開始，一發而不可收。幾十年下來，不僅中國古幣，而且歐洲或美洲等地的外國古幣也兼收並蓄，繼而又從古幣發展到歷代中外徽章，前後共達三萬餘枚之巨。其珍品如南宋「大宋通寶當拾」、「臨安府行二百文、三百文、五百文」、元代「至正權鈔伍分」等等。歷朝歷代各種類型泉幣已收齊備，構成系統。在外幣收藏上，最古老的有古希臘、古羅馬的錢幣，其珍貴程度幾乎無法以金錢來計算。他在錢幣收藏中，自號「選青草堂」。

李蔭軒、邱輝夫婦。

李先生約從一九三〇年開始著手中國青銅器的收藏，一生共收藏品達二百餘件，其中不少是從蘇州潘氏攀古樓中散出來的藏品，而且是流傳有緒的精品。上海的古玩市場、寄售商店是他常去之處。每到一處，從來沒有多餘的話，看好了就買，買好了就走，人們甚至稱其爲「神秘人物」。他對青銅器的鑒賞自有獨到之處。有一次在一個破殘的古屋牆根處發現一個吳方彝蓋，別人都認爲是贋品，他卻堅持認爲是眞的，經考證發現，上面的種種痕跡，是因後來火燒所造成的。他收藏的二百餘件青銅器中，極爲重要的有數十件，尤其是小臣單觶、紀侯簋、魯侯尊、翏生盨、厚趠方鼎等。在青銅器收藏方面，李先生又自號爲「郘齋」。

他收藏的翏生盨，是在他之前從未有過著錄的「生坑」出土物品，內有一大篇銘文，記載西周周厲王率軍隊東征淮夷的事，參加征伐的器主名叫翏生，所以就稱之爲翏生盨。

它是一件極有歷史價值的、印證了一場戰爭的文物。

關於魯侯尊，是一口圓口方底的尊。頸部兩側有虎頭形雙耳，耳下有寬闊的幾乎垂地的兩翼，形體極爲精美、莊重，爲尊器中所僅見。腹內底部有二十二字銘文，記載周公之子明公奉命率領三族之人征伐東夷的故事。魯侯參加了這次戰役，作戰有功，於是將這一光輝的業績鑄於尊上以傳後代，世世爲榮。從銘文看，此尊爲西周康王時器，而現有的書面史料中，卻沒有康王征伐東夷的記載，這件地下出土的青銅器，可補上這一時期史料之不足，足見其珍貴！

關於厚趠方鼎，這是件宋代就出土了的「熟坑」。一一四四年，宮廷官吏薛尚功在《歷代鐘鼎彝器款識法帖》一書中就有著錄。當時所著錄的器物，經過近一千年的歲月，大都已不見蹤跡，而此鼎至今保存完整，極爲難得。此方鼎腹部四壁飾以大獸面紋，獸面雙角彎曲下垂，角的尖端作爲狀曲形，這種角型獸面紋在已出土的青銅器中極少見。鼎腹內壁有三十三字銘文，是說周王來到成周這一年，厚趠受到溓公的饋贈，因而鑄此方鼎，作爲父辛的祭器。鑄鼎時間是西周昭王年間，即西元前十一世紀晚期。」

類似這種有重要的歷史價值和藝術價值的青銅器，李蔭軒的藏品中有數十件，並且均經李先生反覆考證過，寫下了考證文章。這些考證文章在「文化大革命」之前，他拿給上海博物館的馬承源（現爲上海博物館館長）看過，馬先生認爲「那的確是下了功夫的」。儘管如此，李先生只是關起門來做自己的收藏和學問，一切都不聲張。他一生淡泊名利，與外界不多接觸，考據文字也不曾發表過。

除了錢幣和青銅器，李先生對其他各類文物的收藏都有一定的規模，如秦漢銅鏡、古錢範、秦漢磚瓦、歷代印璽、元代銅權、明清符牌以及古版秘籍等。其中值得重視爲的有漢印「居巢侯相」、「樂昌侯印」，有堪稱鴉片戰爭時期的重要文物——清代「廣東水師提督」銀幣，明代建文款的「吏部稽勳司郎中朝參牙牌」，明代正德款的「養鷹營」銅牌，以及清乾隆年間的「太上皇帝御賜養老銀牌」等，均爲世所罕見之珍品。

李蔭軒的這批收藏，「文化大革命」前的幾十年間一直保存完好。抗日戰爭期間，爲了免遭日本侵略者的掠奪，他花費了很大的精力。「文化大革命」開始後，上海西區那一片花園洋房集中的住宅，被挨個兒地抄了家，李先生家裡自然也逃不過。一天，一隊紅衛兵闖進了烏魯木齊南路衡山路的李家花園，看到滿屋是古董，紛紛嚷道：「四舊！四舊！砸掉！砸掉！」又摔又砸，把那些珍貴的西洋瓷器一件件從陽臺上扔下去，摔個粉碎；年代久遠的古代錢幣，在他們手裡一掰就是兩瓣！李先生氣得臉上紅一陣白一陣。幸虧這一次紅衛兵未發現他收藏的青銅器，但誰也不能保證下一隊紅衛兵會不會大搜查呢？

李先生終於拿起了電話，向上海博物館的馬承源宣佈了自己的決定——將所有藏品全部捐獻國家！博物館的負責人急急趕到李家，只見房間裡一片狼藉，地上堆滿了各式青銅器，都是流傳有緒的名品。因爲當時處於「特殊時期」，博物館無法接受捐獻，只能代爲保管，於是大家一齊動手，造清單、數藏品、裝卡車、運上博。

整整兩天一夜，上海博物館的十幾位同志忙得滿頭大汗，六輪大卡車來回跑了六趟！等到最後一車裝車完畢，把一份份藏品明細清單交到李先生手上時，同志們個個早已饑腸咕咕，頭腦昏昏了。正當卡車要啓動了，大家向李先生道別時，李先生突然想起來，有一間房間裡還藏有十四箱明版書，他連忙對博物館的汪慶正講：「小汪，還有十四箱明版書，你們也一起搬去吧！」汪慶正此時已疲憊不堪，而且已經講好這是最後一趟，十四箱書，沒有車子怎麼弄啊？於是就說，博物館只收藏品，書是圖書館的事，請圖書館來接收吧。後來這十四箱書不知如何處理的。再後來，李先生夫妻被趕到花園旁邊的一間原來屬於園丁住的房間裡住，整幢洋房被房管所接收。

一九七二年李蔭軒逝世前，還念叨他那些藏品，對夫人邱輝講：「東西放在博物館，我頂頂放心！」

一九七九年，落實政策的春風吹到上海。一天，邱輝來博物館找到馬承源，告知李蔭軒臨終前，鄭重地考慮過他的藏品問題，囑託若有歸還之日，除了保留幾件一般藏品作爲家中紀念外，其餘全都捐獻上海博物館，並徵得了他們兒子的同意。她來博物館就是來實現李先生的這一遺願的。

一九七九年六月三十日，上海市人民政府舉行了隆重的捐獻儀式，向邱輝女士頒發了市政府的褒獎狀。

現在人們走進上海博物館的青銅器館，可以看到許多展品介紹的牌子上，都註明了「李蔭軒邱輝捐獻」的字樣。這些銅綠斑駁的古物，上面不僅凝聚了幾千年前祖先們的智慧，還有著這些令人尊敬的收藏家的滴滴心血。

青銅作坊裡的秘密

一位老古玩商曾說：「什麼東西賺錢，什麼東西就假的多。」這話道出了古玩商最爲隱秘的一面。

據張光裕《僞作先秦彝器銘文疏要》一書統計，歷代僞造的青銅器或疑僞之器多達一千六百餘件，其中清代乾嘉以來的僞作就超過一千件，而且流到了國外不少。

關於僞造的青銅器，從春秋時期就有了。宋代仿造的僞器不僅數量多，而且質量也較高。清代晚期至民國年間，可稱得上是青銅僞造史上的極盛時期。不僅作僞已形成了專門的行業，而且還形成了地區性的特色和優勢。他們有的是用失蠟法整器僞造，有的是僞造、拼湊銘文、有的是把「熟坑」僞造銅銹冒充「生坑」，五花八門，品種繁多，常常令那些眞心好古的文人學士們大上其當，甚至古玩商同行中也大有「看走眼」的沈痛教訓，就連皇宮裡也收了不少這種「傑作」。據容庚《西清金文眞僞佚存表》統計，在清廷《西清古鑒》、《甯壽鑒古》和《西清續鑒》一千一百七十六件有銘銅器中，僞器竟達三百十七件，存疑僞造器爲一百七十三件。僞器中銘文最長的爲晉侯盤，五百五十字，大大超過了現存最長銘文的毛公鼎，而且字體仿散氏盤，文詞則仿《尙書》，單看文詞並不失古雅，可算是僞作中的上品。

清末有個大收藏家劉喜海，曾任陝西巡撫，喜歡收藏有銘文的青銅器。他在陝西任上收購，自然得天時地利之助，收穫頗豐，輯爲《長安獲古編》。他的脾氣是凡是無銘文者，一概不收；有銘文者，來者不拒。此風一開，作僞者聞風而動。他們或者在無銘文的「熟坑」器上加刻銘文，或者把沒有幾個字的銘文再加刻幾行，變成長篇銘文；在銘文的字體上也動足腦筋。

最出名的一件事是「遂啓祺鼎」銘文的加刻。此鼎原銘文僅九個字，作爲者增刻至一百三十餘字。道光二十四年（一八四四年）五月，收藏名流葉志詵獲得此鼎，大喜過望，判爲周宣王時器，寶貝得不得了，還專門約了三十幾位名士高人，吟唱記事，並結集出版，名曰《遂鼎圖題詠》，鬧了個大笑話，後來懊惱不已。

民國年間，各地作僞的水平空前提高，連羅振玉這樣的大學問家、大金石考古專家竟也被他們騙過。他的《貞松堂集古遺文》中就收了「郜史碩父鼎」、「仲龔父甗」等僞器，直到後來編《三代吉金文存》時才將其刪除。

這種技術高超的僞器，也曾使一些大古玩商上當受騙，有些古玩商本身就善於弄假，可是撞上那些專門製作爲器的行家裡手，還是小巫見大巫，可謂一報還一報，有趣得很。上海過去古玩行中名氣最大的是做「洋莊」生意的「盧吳公司」，老闆是盧芹齋和吳啓周。盧芹齋坐鎮法國，後來又到了美國，只管銷售，吳啓周和外甥葉叔重在上海和內地各處負責「攬貨」。葉叔重見假貨好銷，就與蘇州的古銅匠劉俊卿合夥開了一家古銅作坊，曾僞造過幾件殷墟銅器，如觥、卣等。一九三七年前後，這幾件僞器居然把葉的舅父吳啓周也給蒙了。吳在上海以五萬美元（當時合銀十二萬兩），錯將僞器當眞器購下。後來被葉發現，是自己作坊裡出的僞器竟騙到自己頭上了，也只好啞巴吃黃連，有苦說不出。吳鹵周幹了這麼多年古玩生意，如今反被自家貨騙了，自覺臉上無光，從此發誓再也不買銅器。可見作僞技術之「賊」。

北京琉璃廠的老古玩鋪中，也有「栽」在這幫僞器高手中的。式古齋古玩鋪以二萬元的價格買進一件虎鬥彝，自以爲得意，其實是假貨，結果虧了血本，店鋪就此倒閉。

直到一九五〇年代以後，社會上還有僞造的青銅器。一個商代的虎食人卣，早年就流出國門了，日本人的藏品目錄中早已有著錄，蘇州的仿製老手周梅谷曾仿造了一隻。到了一九六〇年代，北京的有關專家見到這只假卣，還以爲是新發現的珍貴文物，興奮了一陣子。這就是「蘇州造」的典型故事。所謂「蘇州造」還「造」過著名的散氏盤，賣給了外國人，而眞的一直存在皇宮裡，多少年不露面，可見「蘇州造」的鬼斧之厲害！

製作僞器唬外國人的事就更多了。據著名歷史學家、考古學家陳夢家講，本世紀初一二十年間賣到外國去的青銅器，大都是假貨。北京琉璃廠的古玩鋪子資格老，歷史上就有一種專門爲皇宮和親王大臣們修補古銅器的傳統手藝，這種手藝後來在作僞技術上大派用場。店鋪老膽子也大，出過幾個作僞有名的高手。古玩行內把北京出的這路僞貨，稱之爲「北京造」。

琉璃廠古玩店的老夥計陳重遠說，「北京造」的創始人是誰，誰也說不清，只知道在光緒年間東曉市有家「萬龍合」的古銅局，專門修理古銅器，常年攬古玩鋪、皇宮和王府裡的生意，手藝好是出了名的，掌櫃的外號叫「歪嘴于」。後來他的手藝傳給了徒弟張泰恩，張泰恩將作坊的字型大小改爲「萬隆和」，繼續修理和仿鑄古銅。這個張泰恩繼承和發展了師傅的絕活，後來在京城爆得大名叫「古銅張」。這個「古銅張」又帶出了七八個徒弟，其中有位叫張濟卿的，是他的侄子，手藝學得最好。「古銅張」去世後，張濟卿接手經營「萬隆和」，就成了「小古銅張」。

這個「小古銅張」在一九五〇年代去世，他作僞器的膽子要比前三代人大得多，曾與琉璃廠的古玩鋪老闆倪玉書合夥僞造了三個北魏鎏金佛像，將金、銀、銅、鐵、錫、鎳等進行配比冶煉，化成液體進行澆鑄，澆鑄成形後再做刀工修理，仿製佛像修好，再做上假鏽。做假鏽有兩種方法，一洋一土。土法是將金屬佛像浸入鹽水，經日曬生出紫鏽，再入土埋藏，通常在土的上層澆人尿，經過冬夏，挖出後整個佛像表層就綠鏽斑斑。這三尊假金佛，後來一個賣給了德國人的魯麟洋行，一個賣給了日本山中商會，另一個賣給了法國人魏武達，每一尊都賣到數萬元。當時同行估計，他們此一筆活就賺了十多萬元，比賣眞正的鎏金佛賺的還多！而且這三位買主，都是全世界赫赫有名的大「中國通」、大古玩商，結果一個個全都上當。

現在「小古銅張」的徒弟也都八旬高齡了，一位是北京故宮博物院的趙振茂，一位是北京歷史博物院的高英。從「歪嘴手」算起，已是第五代人，他們的徒弟該是第六代了。

從山東濰縣流出來的僞青銅器，被古玩行裡稱作「濰縣造」。這裡的作僞傳統還與清末大收藏家、濰縣人陳介祺有點關係。

據說陳介祺棄官回鄉之後，專注於古物的收藏和研究。當地有個農民叫胥倫，聰敏好學，巧於手工製作，曾爲生活所迫，鑄造過假印向陳介祺兜售。陳沒有責怪他，反而用其所長，將自己所藏的古器物供其參考，共同研討，終於用「拔蠟翻砂法」複製青銅器成功。後來在胥倫的帶動下，當地人仿製的青銅器惟妙惟肖，幾可亂眞，吸引了日本古董商販常常光臨。這些出自濰縣的僞器，大都模仿陳介祺的藏品，但分段鑄出的部件之間，焊接處不是範痕而是焊錫，如果將鏽去掉後即可露出馬腳。他們作假鏽的方法，是先將銅器用鹽酸浸泡，再埋入黃土蓋上濕麻袋，這樣生出來的鏽層浮薄，撞到老行家手裡還是容易識破的。范壽軒、王蓋臣、王海父子都是作僞的能手，他們的作品被稱爲「濰縣造」。

還有一處作爲基地叫「西安造」。把毛公鼎賣給老翰林陳介祺的陝西古董商蘇億年，就是一名作僞的巧匠。蘇億年、蘇兆年兄弟，還有一個「鳳眼張」都是出了名的。他們以鑿刻僞銘見長，眞器上的僞銘大部分出自西安。自從傳出長安劉喜海喜好有銘文的銅器後，「手藝人」投其所好，專門在無銘文的眞器上刻上僞銘，以售高價。故宮裡收藏的一件西周初期獸面紋盂，器本身是眞的，但銘文卻是仿春秋字樣，遂露出馬腳，此也是「西安造」的作品。

大量假器流向市面，給收藏家和古玩經營不知造成多少麻煩，於是「鑒定學」就走紅了。這極爲重要，否則眞僞混淆，不僅造成錢財的浪費，而且歷史也可能被「僞造」得一場糊塗。尤其是青銅器上的銘文，歷史學家向來是將它們當成《尙書》來看的。居然出現那麼多假《尙書》當道，怎可容忍！

第四章　書畫——飄忽無定的鴻影

天生一個張伯駒

一九七二年一月六日，陳毅先生不幸在北京逝世。一月十日，陳毅的追悼會在八寶山烈士公墓舉行。毛澤東在事先未通知的情況下突然來到會場，在醫護人員的攙扶下，步履蹣跚地走到了陳毅的遺像前……這個消息無疑像一聲春雷，報導了堅冰即將開裂、春天即將到來的消息！

那時人們還不知道，毛澤東的這次突然出現，還解救了一名中國現代史上最英勇無畏的收藏界人士、書畫類文物收藏家，他的名字叫張伯駒。

張伯駒作爲陳毅先生的老朋友，爲追悼會送來了大字長幅輓聯，聯云：

仗劍從雲作干城，忠心不易，軍聲在淮海，遺愛在江南，萬庶盡銜哀，回望大好山河，永離赤縣；

揮戈挽日接尊俎，豪氣猶存，無愧於平生，有功於天下，九泉應含笑，佇看重新世界，遍樹紅旗。

也許是由於字大聯長，毛澤東注意到了這幅輓聯，追悼會後毛澤東詢問張茜同志此人是誰，與陳老總是什麼關係？善良的張茜女士在此極度悲痛之際，沒忘了抓住關鍵時機幫老朋友一把，她對毛說：「他們是老朋友了。他就是那位把傳世第一帖，和傳世最古的畫捐給國家的人。可是張先生從東北回來以後，年邁體弱，到現在工作尚未落實，戶口也沒報上……。」毛即囑咐身邊的周恩來給安排，周隨後又囑咐秘書去落實。不幾天，張伯駒就被聘爲中央文史研究館的館員。

中央有關部門解決了伯駒先生的工作和生活問題後，老先生的精神振奮起來，在這年的除夕寫下一首《鷓鴣天》，詞云：「梅蕊綻，柳枝舒，故吾鏡內看新吾。眼前無限春光好，又寫人間一畫圖。」

世界上的事情，就常常被莫名其妙地顛倒著。他向國家提出的，僅僅是維持最基本的生活條件，而他向國家貢獻的，卻是現存最爲古老的法書名爲《平復帖》和最古老的名畫眞跡《遊春圖》，以及一大批歷代墨寶，如今用人民幣計算起來，價值要上多少個億！

伯駒先生字叢碧，河南項城人，生於一八九八年。他的父親張鎭芳，是袁世凱的表弟，曾任戶部主事、陸軍糧餉局總辦、天津長蘆鹽運使兼護直隸臬司。袁世凱竊據大總統後，張鎮芳任河南都督兼民政長，後又創辦鹽業銀行，總行設在北京，在津、滬、漢均設分行；張勳復辟時任度支部尚書，事敗被捕入獄，獲釋後仍任鹽業銀行的董事長。張伯駒生長在這樣一個官宦之家，席豐履厚，高牆深院，鐘鳴鼎食，這爲他日後的交遊、收藏、書法、文學以及從事戲曲藝術的研習、演唱活動，提供了堅實的經濟基礎，被稱爲清末四公子之一（四公子爲：清室後裔紅豆館主溥侗、袁世凱的二公子袁克文、張作霖之子張學良、張鎮芳之子張伯駒，均爲博學多才、風流倜儻、傲視群流的富貴子弟）。

張氏一門祖上就富收藏，他的爺爺對古玩有偏好，喜歡珠寶玉器、古董珍玩。到他父親手裡更是日進百品，堪稱宏富。北京西郊玉泉山腳下的一處偌大的莊園，號稱承澤園，是張家的祖業，依山傍水、花開四季，三進沈沈大院，共有一百多間房舍，是爲京郊名勝之一。這一百多間房舍中，足足有六間房子用來專門擺設古董。

三十年代的張伯駒

張伯駒從小讀私塾，讀中學時與袁家的幾個子弟還是同學，古文底子打得扎實。他繼承了祖上尊古崇古的家風，亦對古董一往情深。眼看著這些千百年來列宗列祖親手遞傳下來的珍貴文物，總有一種傳薪的責任感。不過他的口味與老輩人有所不同，他注重碑帖字畫、古籍善本之類，一般藏品看不上眼，而要那些眞正有歷史價值和藝術價值的傳世珍稀。

伯駒先生的收藏活動始於一九二六年，他說：「余開始則自三十歲至六十歲，三十年中收蓄，亦忝列收藏家之列，爲諸公殿。」他一生的主要收藏記錄在他一九六〇年編的《叢碧書畫錄》裡，上面記錄歷代名畫共計一百十七件！

他最初的收藏與清朝末代皇帝溥儀的盜運故宮文物有關。

一九二四年溥儀被馮玉祥將軍趕出皇宮，移居天津日本租界內的張園。在這之前已經偷運出宮的多達一千二百件珍貴文物，也存放在這兒。日子一長，溥儀入不敷出，就將帶出的文物或出賣或抵押，由太傅陳寶琛經辦。第一批即抵押了四十件名貴書畫，其中有四件恰巧抵押在張伯駒父親的鹽業銀行裡。當時張伯駒正在天津，鹽業銀行天津分行的朱經理約他去觀賞，計有五代後梁關仝的《秋山平遠圖》，抵押五萬；北宋李公麟的《五馬圖》，抵押三萬；北宋黃庭堅的《摹懷素書》，抵押二萬；北宋米友仁的《姚山秋霽圖》，抵押二萬，均爲流傳有緒的至精之品。這一次，張伯駒斥資買下了關仝的《秋山平遠圖》。在鹽業銀行朱經理去世後，又把朱原先收藏的元代方從義的《雲林鍾秀圖》、明代文徵明的《三友圖》、清代王翬的《觀梅圖》、蔣廷錫的《五清圖》、董邦達的《山水》五卷，盡收歸己有，這些均屬那四十件一批之物。

伯駒先生最富盛名的收藏，是得之於恭親王奕訢的孫子溥儒（心畬）的天下第一墨寶——《平復帖》，和抗戰勝利後從長春僞宮散出來的天下第一名畫——《遊春圖》。幾十年間，他成了這些國寶的守護人，爲保護國寶不致流入日本侵略者之手，與奸商鬥，與日本侵略者周旋，與軍閥勢力抗爭，甚至遭到綁架……他把生命與這批國寶聯繫在了一起，是我國收藏界和文物界的驕傲。現在人們只要一提起《平復帖》和《遊春圖》，就會想起這位一身錚錚硬骨的老人。

《平復帖》是西晉文學家、書法家陸機（二六一—三〇三）所書的一封信牘，係中國現存最古的一件名人墨跡，歷朝歷代都奉爲至寶。宋徽宗親自金書標題：「晉陸機平復帖」，信劄卷後又有董其昌、溥偉、傅增湘等人的跋文。上面鈐有唐殷浩印，宋「宣和」、「政和」、雙龍玉璽及明代韓世能、韓逢禧父子，張丑及清代梁清標、安岐、成親王永瑆、載治等人的鑒藏印，共有幾十方，可謂朱印累累，滿卷生輝。到了清代中期，雍正的皇后、乾隆的生母聖憲皇后，將此帖贈給成親王永瑆，後來又歸到了恭王府奕訢手裡。奕訢就是溥儒的爺爺。

這幅帖是紙本，寬六寸、高七寸（二〇・五釐米×二三・八釐米），因其中有「恐難平復」的字樣，所以通稱爲《平復帖》。內容是對賀循、吳子楊、夏伯榮三人的品評，共九行八十四個字，但字爲草書，奇幻古拙，用禿筆中鋒，轉折處很少頓挫，表現出濃厚的隸草風意，被天下人視爲爲「墨皇」。《東圖玄覽》、《清河書畫舫》、《眞僞二錄》、《清河秘篋表》、《式古堂書畫彙考》、《大觀錄》、《墨緣彙觀》等書均作了記載。

一九三七年抗戰爆發之前，恭王府的老太太、溥儒的母親去世了，此時的恭王府早已

潘素女士

今非昔比，偌大的王府花園早已抵押出去一部分，滿院雜草叢生。出了名的孝子溥儒已拿不出錢來爲母親辦喪事，只好將家傳至寶《平復帖》出讓給了張伯駒。

《平復帖》到了伯駒手裡，算是老天爺長眼。此後爲保護這件國寶，伯駒先生可以說沒過一天安生日子，他與這件國寶共通著生命和安危。

一九三七年五月，張伯駒生怕戰爭一起，國粹難保，就決定把所藏的最珍貴的一批文物運回河南老家。他同夫人潘素一起，將所藏字畫一律拆去立軸，裝入箱子，一共裝了五大箱子，送上火車，發運到河南漯河。然後，兩人乘火車到了漯河，雇了馬車和民伕，將五隻箱子的東西分五次運到項城老家。到了項城張家大院，又找到一個地窖，先將幾十件至精之品選出，用油布層層包了放進一隻箱子，四周又放上了隔潮的石灰和木炭，箱子外面再用熟桐油刷了七八遍。然後夫婦兩人親自動手，在地窖裡又挖了一個坑，把箱子埋了進去。其餘四箱字畫，也藏在地窖中。不久，七七事變爆發，全國捲入了長達八年的抗日戰爭。

《遊春圖》高三十四釐米、寬八十．五釐米，絹本，是一件號稱「天下第一」的國寶，是我國隋代畫家展子虔的存世名作，也是我國歷史上流傳至今最早的一幅繪畫作品，可謂鎮國之寶。作者展子虔歷經北齊、北周至隋，在隋代任朝散大夫、帳內都督，善畫人物、鞍馬，尤長宮觀台閣和山水。這幅絹本的《遊春圖》，是以自然景色爲主的青綠山水畫，表現了人們春日出遊的情景。畫面上以山水爲主體，人物爲點景，三三兩兩的富家貴族男女正於春天踏青郊遊，或騎馬閒蕩，或佇立觀水。河面水波粼粼，一葉畫舟蕩漾其上，兩岸山巒疊翠，村舍點點，給人們「尺寸千里」的享受。這幅畫的表現藝術，已經擺脫了魏晉時期山水畫或水不容泛，或人大於山的佈置方式，和把山水作爲人物點景的處理方法，標誌了中國山水畫的一個發展新階段，雖不可避免地還存有早期山水畫的稚拙，但確是中國繪畫史上具有劃時代意義的一座里程碑。

此卷前有宋徽宗趙佶瘦金書題簽，後有元馮子振、趙巖、張珪、明董其昌、清乾隆帝弘曆等人題跋，鈐有宣和內府諸璽、「皇帝圖書」、清廷內府以及明清諸位收藏大家的鑒藏印記。《石渠寶笈．續編》、《雲煙過眼錄》、趙氏《鐵網珊瑚》、汪氏《珊瑚網》、《鈐山堂書畫記》、《清河書畫舫》、《清河書畫表》、《南陽名畫表》、《佩文齋書畫譜》、《墨緣彙觀》、《式古堂書畫彙考》等歷代書畫著錄書籍中，均作了著錄。

《遊春圖》在收藏上從古至今，好似經歷了一場萬里長征。它曾歷經北宋宣和內府，南宋胡存齋、張子有、賈似道，元代內府、魯國大長公主祥哥拉吉，明代內府、嚴嵩、韓世能、張延嘉，清代梁清標、安岐以及內府收藏，民國年間被末代皇帝溥儀帶出紫禁城。

一九三〇年代初溥儀到東北當僞滿皇帝的時候，帶去了一千二百餘件故宮大內的珍貴文物，此《遊春圖》也被席捲在內。一九四五年抗戰勝利，日本鬼子投降，溥儀準備出逃日本時，慌忙中帶不走多少東西。溥儀後來在機場被蘇聯紅軍俘虜，留在長春僞宮小白樓裡的黃條封箱，就成了守宮「國兵」劫掠的物件。抗戰勝利後從東北流向北京、天津、上海甚至國外的所謂「東北貨」，就是指這一批東西。

《遊春圖》回到北京後，在琉璃廠「八公司」（古玩界八個古玩商的合作公司）大家「夥」著賣，國內外各式人等尤其是美國人，大肆收購中國文物。張伯駒得知消息後即刻與有關人士聯絡，認爲如此國寶，絕不能讓外國人染指，中國已有許多文物被弄到大洋彼岸去了，以致炎黃子孫的後代要研習自己民族的古物，還要遠涉重洋去敲外國人的門！他通過故宮博物院的馬衡（叔平），找到北京的古玩同業商會，這個在北京古玩界有一定權威的組織作出一項決定：《遊春圖》絕不許賣給外國人。這樣，先把美國買家的路堵死，然後再設法保護。他跟馬衡說，這等國寶應由國家永久珍藏，應以故宮的名義買下來。可是那時「八公司」開價八百兩黃金，馬衡先生苦於經費無著，連故宮員工的工資還發愁呢。國內其他有實力者，亦眼見內戰又起，人心惶恐，一時誰也出不起如此高價。於是，似乎是歷史的使命，責任又落在伯駒先生的肩上。

他反覆向琉璃廠有關老闆曉以民族利益大義，最後以二百兩黃金的價格拍定成交，自己掏錢買下來。可是當時八年抗戰剛剛結束，伯駒先生又經歷了綁架之災，幾十年間爲了收購歷代法書墨寶已不知花去了多少錢，雖說瘦死的駱駝比馬大，而眼下要支出二百兩黃金也確非易事。於是，他不得不出賣自己一部分房產，他的夫人、賢慧的潘素女士也悄悄地賣掉了自己一批首飾，把六根金條交到丈夫手上，終於把這第二件傳世第一的千年古物，請到了他的叢碧居。

從此，他把自己的居處命名爲「展春園」，自號「春遊主人」，把自己的詞集名爲《遊春詞》，他與朋友間的宴遊雜記也名爲《遊春瑣談》，一時心情之振奮，興味之濃烈可以想見。

與《遊春圖》差不多同時買進的，還有宋代政治家、大文學家、書法家范仲淹的《道服贊》。這是范仲淹（九八九—一〇五二）的一卷楷書書法墨跡，自識爲：「平海書記許兄」作。其書法方勁沈著，落筆痛快，有如范氏爲人處世之風範。此手卷之後有一大串歷代著名人士的題跋，如文同、吳立禮、戴蒙、柳貫、劉魁、戴仁、吳寬、王世貞等人，鈐印有「鼎元」、「高易」、「才子之裔」、「東漢太尉祭酒家學」、「監德州酒務印」、「范氏原理」、「蕉林秘玩」、「安氏儀周書畫之章」等，以及清代乾隆、嘉慶諸朝內府藏印，亦爲一件傳世之墨寶。

除此之外，伯駒先生收藏的精品還有：唐李白《上陽臺帖》、唐杜牧《張好好詩》卷、宋黃庭堅《草書》卷、元趙孟頫《章草千字文》、宋蔡襄《自書詩》冊等，均爲價值連城之物。

《張好好詩》是唐代詩人杜牧存世的唯一墨跡，內容是寫歌妓張好好流落風塵的不幸際遇。書法勁挺，風格雄健，用筆勁硬，世人評之有六朝書法風意，卷前有宋徽宗所書

「唐杜牧張好好詩」，可知又是一件宋代內府流出之故物。

李白的《上陽臺帖》傳爲李白的行書法帖，紙本墨跡。清宮的《石渠寶笈》著錄爲：帖高八寸八分，橫一尺一寸九分，共五行二十五字。宋徽宗趙佶爲之題跋稱：「字畫飄逸，豪氣雄健。」卷前又親筆題簽：「唐李太白上陽臺。」清代乾隆皇帝再爲親題引首「青蓮逸翰」，可見皆推崇之至。

北宋黃庭堅的草書法帖，又稱《諸上座帖》，爲黃庭堅存世墨跡之一。《石渠寶笈》題作「黃庭堅摹懷素一卷」，正文大草八十九行，款記行書十三行，結字雄放奇瑰，筆勢飄動雋逸，爲傳世的黃庭堅草書的代表作。卷後又有吳寬、梁清標等人的跋記，梁跋稱：「……此墨完好，神氣奕奕。」

如此一大宗法書名跡，堪稱一座至精之品的藝術博物館。一九五六年，伯駒先生五九歲生日之際，乃與夫人潘素商定，捐獻國家！

首批捐獻的共有十三件歷代名跡，包括兩件「傳世第一」的法書《平復帖》和隋畫《遊春圖》在內。此後又陸續捐獻了數十件。伯駒先生曾說：「予所蓄不必終予身爲予有，但使永存吾土，世傳有緒。」他作爲一位歷代收藏「鏈」上的一顆關鍵性的「環扣」，親手把這批原從皇宮大內流散出來的珍寶，又送歸了故宮博物院！

一九八二年，八五歲的張伯駒與世長辭。他留下一部《叢碧書畫錄》稿，著錄了他自一九三二年至一九六〇年間收藏的書畫珍品一百十七件，這是他整個生命的結晶。

五百年來第一人

著名畫家徐悲鴻是第一個將張大千介紹給西方世界的人，他曾熱情洋溢地讚揚：「橫筆行天下，奇哉張大千」，「張大千畫的荷花，爲國人臉上增色」，「張大千，五百年來第一人矣！」

北京的畫家兼美術評論家于非闇提出「南張北溥」的說法，「南張」指張大千，「北溥」指清廷宗室奕訢之孫溥心畬。他說：「張八爺是狀寫野逸的，溥二爺是圖繪華貴的。論入手，二爺高於八爺；論風流，二爺必不如八爺。南張北溥，在晚近的畫壇上，似乎比南陳北崔，南湯北戴還要高一點。」畫界很快接受了這種說法。

對於這些讚譽，張大千自然非常謙虛，他說：「北方首推溥心畬，南方首推吳湖帆，這兩位年事和藝術都比我高，我怎能與他們相比呢？」又說：「我山水畫不過溥心畬、吳湖帆、鄭午昌、黃君璧；花卉翎毛我畫不過于非闇、汪愼生、謝稚柳；人物仕女，我畫不過徐燕孫；還有李可染繪《達摩渡江圖》，就比我畫得好；蘭竹荷花我畫不過王個簃、趙雲壑、鄭曼青和唐雲；至於畫馬，則首推徐悲鴻，還有趙望雲；而且在上還有老一輩的任伯年、吳昌碩、陳師曾、齊白石，他們都遠比我高，我怎當得起五百年來第一人之稱呢？」

張大千先生

或許在當初，這位大千居士確是這麼認爲的，可是若干年後，到了一九五〇年代，他在日本出版藏畫集《大風堂名跡》時，卻道出了另一番心聲。他爲自己的收藏而驕傲，更爲自己數十年來，煉就的一副精於鑒賞的火眼金睛而自負。他在序言中寫道：「世嘗推我畫爲五百年所無，抑知吾之精鑒……五百年間，又豈有第二人哉！」

張大千（一八九九—一九八三）四川內江人，原名正權，後改名張爰，法號「大千」，一生以畫筆橫掃天下。幾年前他的一幅潑墨、潑彩《幽谷圖》在國際拍賣市場上拍得了八百十六萬港元，創下了中國近代山水畫的最高拍賣價，其他如《青城山》圖拍得了七百四十八萬港元，許多作品均在二百萬港元之上。他這種表現意境深遠的飽含哲理意味的重彩，把中國畫推到了一個新的境界。與此相比，他在收藏上的盛名就常被畫名所遮掩，其實張大千的成功最初還得自於收藏的成功，他是世界級的大收藏家。關於張大千的收藏，他的二哥張善子曾說：「甑無米、楊無氈、弗顧也」，形象地說明了他在收藏上的「癡勁」。遇到渴慕已久的名人眞跡，他債臺高築也要設法弄到手。他的朋友馮若飛說他：「富可敵國，貧無立錐。」他頗為贊同，並且刻了「富可敵國」和「貧無立錐」兩方閒章，以示自己的秉性，並且又加上兩句：「一身是債，滿架皆寶」，更形象地反映了他的收藏心態。

張大千早年在上海拜曾熙和李瑞清兩位為師的時候，就接觸了大量的明清古畫。曾熙，湖南衡陽人，初字嗣元，更字子緝，晚號農髯，一八六〇年至一九三〇年間在世。晚年在上海賣字為生，是寓居上海的清朝遺老之一。李瑞清字仲麟，號梅庵，一號梅癡，齋名玉梅花庵，江西臨川人，辛亥革命後長住上海，自號清道人，亦在上海賣字為生。兩位老師雖在政治上屬於頑固派，但在書法藝術上卻深有研究。李瑞清也能作畫，以書法用筆入畫，山水學石濤、八大山人，花卉師法惲壽平。兩位老師不僅以字畫聞世，而且都精於鑒賞，酷愛石濤、八大的藝術，家中收藏頗富，使得張大千眼界大開。張大千像他的老師一樣迷上了清初僧人石濤和八大山人，後來竟一發而不可收，從欣賞到臨摹再到收藏，一直到「從石濤起家，又把石濤一口吞腹中，搗個稀爛，吐得出來，化作唐、宋、元、明千百家」。在這個過程中，他還獲得了「假石濤」的雅號。

抗戰前，張大千收藏的古畫已有二十四箱，主要是明清字畫，尤以石濤和八大山人為大宗。石濤原名朱若極，號大滌子，廣西全州人；八大山人原名朱耷，江西南昌人。他們都是明朝末年皇族宗室，遭到國破家亡之痛後，削髮為僧，一懷悲憤之情奔騰於腕底，形成了他們特有的遠山近景、陰晴陽缺、生生死死、幻生幻滅的寫意風格。尤其是八大，他裝啞不語，行為狂怪，誓死不與清廷合作，常借手中一支筆，發泄鬱悶。他能詩善畫，工篆刻，精書法，多才多藝，用筆用墨都達到了圓滿的程度。由於心態的關係，他筆下的山水，要麼殘山剩水、荒漠不堪，要麼赤地千里，好似世紀末日。尤其是他畫花鳥，大都緣物抒情，把花鳥人格化，人情物態，躍然紙上，有時寥寥幾筆，一個冷峻的形象如物外之身，傲視爲這個冷酷的世界。

八大山人這種飽含著身世感的水墨寫意的風格，對張大千的兩位老師發生影響，應當是可以理解的。而張大千的家境在一九二六年以前應當屬於富戶，甚至負擔得起他的二哥張善子東洋留學。他的二哥張善子還是同盟會會員，四川保路運動的中堅骨幹，始終是個革命者，對人生抱著積極入世的態度，幾十年間對張大千的影響可謂不小。然而，張大千在感情上、意趣上卻能夠接受石濤和八大山人的風格和藝術理想，似應歸爲他那桀驁不馴、橫空出世、獨往獨來的個性。

張大千曾自稱收藏石濤珍品五百幅。據一九四四年他的門人爲他編的藏畫目《大風堂畫目》載，所藏精品近二百幅，其中石濤作品四十餘件、八大作品三一件。一九五五年在日本印《大風堂名跡》時，共有四集，其中第二集爲石濤專集，印出立軸十件，手卷五卷，冊頁五件，達四十二頁。這些著錄的當然不是他收藏的全部，但是卻包含了他兩批重要收藏的精華，一批是抗戰前收集的大量的明清字畫，第二批是抗戰勝利後，從溥儀的僞都裡流散出來的「東北貨」。

一九二〇年代居上海時，有一位江西籍的畫家要賣掉一批收藏的字畫，張大千聞訊急急趕到，幾經商議，定價爲一千二百元。可是當時張大千只有四百元，尚有八百元的巨大缺口，而這位畫家又急著回江西，一定要現錢現付。正在束手無措之際，他的老師曾熙出來幫了大忙，借他八百元，先墊付了畫款，此事給張大千留下終生難忘的印象。

古畫鑒賞得多了，臨摹就成了他每日的功課。張大千常常讀畫竟夜，甚至半夜起來掌燈臨摹，他臨摹石濤的作品，神使鬼差一般，不知使多少文人墨客甚至大收藏家大上其當，大畫家黃賓虹、陳半丁也被他蒙過。一九三〇年代居北平時，有一次張學良將軍宴請在京藝術家，張大千也被邀在座。張將軍直呼其爲「大名鼎鼎的仿石濤專家」。原來張將軍亦生性好古，買了不少石濤、八大的畫，後來經人點破，方知這裡有許多是張大千仿的。他們不打不相識，一個善仿、一個好買，後來竟保持了長達半個世紀的友誼。直到今天仍有人認爲，張大千眞正的傳世之作，並非他的潑墨、潑彩之類，而是他的仿石濤的作品，其功力已遠勝石濤了。

仿石濤仿多了，也給他帶來不少麻煩。有一次，上海一個「地皮大王」請張大千鑒定一幅石濤的山水畫，經他認眞的研究、分析，認爲是贗品。不料該「大王」勃然大怒，指責張大千把他的眞跡藏了起來，另外臨摹了一幅給他，並揚言要張大千「走著瞧」。果眞大千的寓所就來了流氓和惡棍，尋釁鬧事。無奈，他只好逃出上海，躲到浙江嘉善一位朋友家中避難，並且一住竟好幾年。

張大千抗戰之前收藏的歷代古畫，留在蘇州網師園的部分在一九三七年日軍佔領蘇州期間，毀於日寇的鐵蹄。他帶去北京以及在北京收購的共計二十四箱，在抗戰初期曾寄存在一位叫海斯樂波的外國朋友家裡，後來幾經周折運到上海，從上海轉運香港，再從香港轉運四川老家。一九三八年八月，國民政府軍隊不斷敗退，國民政府各機關紛紛撤往內地重慶等大後方，交通運輸也一天比一天緊張。張大千請朋友們幫助弄到了機票，先由張大千的夫人楊宛君帶著兒子心一和畫箱飛往武漢，後來在辦理登記手續時被告知，飛機改在廣西梧州降落。於是楊氏決定水路去梧州，大千雖力阻未能成功。可是事有湊巧，楊宛君原定乘坐的飛機，在飛臨澳門石岐上空時不幸被日本飛機擊落，全體乘客和機組人員全部遇難，而張大千家眷和他那視爲生命的畫箱卻倖免遇難。張大千不勝感慨，他後來在《大風堂書畫錄》中親撰序文，敘述了這批書畫抗戰中由京抵川的艱難困苦。他寫道：「大千髫年當北堂之暇日，初識六法，及長南北遨遊，山林泉石、法書寶繪、魂夢沈埋。數十年間，所有先跡，莫可詳記。往者寄居吳下大半庋藏，於此寇陷江南，盡付劫。遺斯卷所刊，俱隨予存舊京，戊寅之夏間，關置罟、冒鋒鏑、歷險阻，寄遞輾轉，始得附於行，邁吁其幸矣！離亂之際，生死之頃，躬之小恤，況此區區阮孚！所謂一生能著幾兩屐，正情之所鍾，在我輩了。膚與浮生聚散，寧有定所？則此患難之所，共者又不知得朝保於何時，因命門人子侄輩，記其尺寸、題詠，次爲目錄，聊以志平生好慕，一時會合云爾。」

這部藏目中共著錄了一百九十六幅歷代名畫，其中最著名者有如：畢宏《霧鎖重關圖》、法常《鸜鵒枯槎》、文同《墨竹》、趙文敏《秋江垂釣圖》、易元吉《槲樹雙猿》、趙文敏書《七言絕句》、《竹賦》、宋人《山鷓茶花》、李唐《天臺說問圖》、宋人《林泉箕踞圖》、宋人《秋花野兔》、趙幹《危巒蕭寺》、倪雲林《小景》、梅花道人《墨竹》、黃大癡《天池石壁》、黃王合作《山水》、王叔明《夏山隱居圖》、李薊丘

《墨竹》、方壺道人《墨戲》、劉善守《萱蝶圖》、唐子華《長松高士圖》、任月山《喬松駿馬圖》、元人《鷹犬圖》、句曲外史《詩翰》、元人《叢蘆睡鴨》、冷啓敬《黃山硃砂庵圖》、明人《金谷凝春》、陶雲湖《菊兔圖》、姚公綬《溪亭逸老圖》、謝葵丘《清溪釣艇圖》、杜東原《山寺野步圖》、吳小仙《玉缸春暖圖》、周東邨《義虎圖》、沈石田《竹影蕉陰圖》、文徵明《枯木竹石》、《石湖秋泛圖》、《山水》、仇實甫《牧羊圖》、《潯陽琵琶圖》、《攜琴訪友圖》、《清溪橫笛圖》、《仙山樓閣》……還有六如居士、王文成公、白陽山人、董文敏、柴丈人、倪文貞、黃忠端、陳章侯、垢道人、劉叔憲、上元老人、雪箇、漸江、毛西河、袁文濤、毛驥聯、苦瓜、王石谷、王麓台、金冬心、新羅劉訏、新羅於陵等人的作品。

這部目錄，不僅著錄了作品的用材、尺寸，歷代的收藏鑒賞章，還錄下了歷代人物的題識，爲後人的鑒賞活動提供了可貴的資料。從中可知，畢宏的《霧鎖重關圖》原爲宋代宣和內府之寶，又出入過明代內府，張大千題道「筆力剛勁，非唐以後所有」。他如易元吉《槲樹雙猿》、李唐《天臺說問圖》、宋人《林泉箕踞圖》、趙幹《戲圖》、法常《鸜鵒枯槎》等圖，均是朱印累累，出入千百年來名人貴府之物，流傳有緒。總計有宋畫八件、元畫十七件，其餘爲明清作品。

可惜這批古畫中有許多後來爲了還債而不得不忍痛賣掉，那是他從敦煌回來之後，爲了償付三赴敦煌期間（共兩年零七個月）所欠下的鉅額款項，無法不賣的。出賣之前，曾於一九四四年三月在成都祠堂街四川美術協會內，舉辦了一個「張大千收藏古畫展覽」，共展出他所藏的唐、宋、元、明、淸各代作品計一百七十餘件，其中有巨然、蘇東坡、趙孟頫、黃公望、文徵明、沈周、唐寅、仇英、陳洪綬、石濤、八大山人等名家作品，展出共六天，天天觀衆如雲，引起很大反響。這期間他賣出的石濤、八大山人作品就有：《荒城懷古圖》軸、《月夜泛舟圖》軸、《設色山水圖》軸、《玉華秋遊圖》、《蒲塘影秋卷圖》軸、《竹石小鳥》軸、《荷花鴛鴦》軸、《魚樂圖》軸、《芍藥圖》、《荷花禽戲圖》卷等。張大千曾刻閑章「相隨別離」，還刻有一方「別時容易」，可以想見其時其地的淒涼心境。

張大千最爲輝煌的收藏，是一九四五年八月日本投降後，從北京琉璃廠「抓」到的那批「東北貨」。

抗戰勝利後張大千返回北平，原擬以五百兩黃金購買一處淸室某王府的舊居作爲在京寓所。就在此時，一批長春僞宮中流出的曠世珍品，堪稱國之鎭庫的歷代名跡出現在眼前。張大千憑著他與琉璃廠古玩商多年的買賣關係，以及他買起古畫來一擲千金的豪氣，迅速將原擬買房子的錢換成了古畫，先後到手的古畫竟有五代時期董源《瀟湘圖》、《江堤晚景圖》、南唐顧閎中《韓熙載夜宴圖》、宋人《群馬圖》、《溪山無盡圖》、元代錢選《明妃上馬圖》、姚廷美《有餘閑圖》、周砥《銅官秋色圖》、明代沈周臨《銅官秋色圖》、姚雲東《雜畫》六段。收藏的古人墨跡有：北宋張即之的書法《杜詩二首》、趙孟堅《自書梅竹三詩》，以及趙孟頫、張雨、周伯琦、李東陽、倪元璐等的墨跡。

南唐顧閎中的《韓熙載夜宴圖》，是我國古代人物畫的代表作之一，是流傳有緒的藝術珍品，在中國美術史上有著重要的地位。作品是一幅一丈多長的長卷，共分五段，有人物、故事，如同今日的連環畫。這幅名跡，最早藏於宋宣和內府，宋亡後流落民間，清代又進呈了皇宮，成爲皇家御藏，有乾隆皇帝的印璽。「八・一三」以後，溥儀攜帶了一大批故宮珍寶去東北，此卷也在其中。張大千在抗戰勝利後買下此卷，又將此卷與另一巨跡——五代董源的《瀟湘圖》帶到香港，後來經過一位中間商轉售回國，現存北京故宮博物院。

「大風堂」的另一鎮庫之寶，爲五代時期董源的《江堤晚景》。此畫他在一九三〇年代曾見過，可惜力有不逮未能買下。抗戰勝利後，他四處尋覓它的蹤跡，終於在朋友那兒打聽到了。可是藏畫主人的條件極爲苛刻，要索取五百兩黃金，外加二十幅明畫，缺一不可。張大千求畫心切，遂一口答應，除去付上五百兩黃金外，他把藏主帶到琉璃廠，到古玩鋪中任其挑選明畫，凡看中的就拿下來，七拼八湊，終於湊足了二十幅。這幅令他醉心不已的大青綠山水《江堤晚景》，終於如願以償。張大千還先後請了溥心畬、龐萊臣、葉恭綽、吳湖帆及摯友謝稚柳等人鑒賞題跋，並拿出了他難得一用的收藏章，如「至寶至寶」、「大千之寶」、「張氏寶藏」、「球圖寶」、「骨肉情」、「東南西北只有相隨無別離」等，說明張大千對此畫所傾注的情意，已達到了生死相依的程度。果然，這幅畫伴隨他東奔西闖，橫渡過太平洋，在大洋彼岸滯留多年，一直伴隨他到生命的最後一刻。

張大千在臺北逝世後，他的夫人徐雯波遵照他生前的遺囑，將「大風堂」的精品捐獻給了臺灣故宮博物院。這批古代名跡共七十四件，其中隋代兩件、唐代四件、南唐五代八件、宋代三十一件、元代九件、明清及無款作品二十件。他是中國收藏界捐獻書畫最多的人之一。

張大千，「五百年來第一人」，一生給人們留下了咀嚼不盡的傳奇故事。他逝世之後，他自己的作品又成了收藏界競相逐鹿的珍貴藏品。從拍賣的行情看，他又成了摘取二十世紀中國畫拍賣最高價的第一人。

梅景書屋望梅花

上海鬧市中心的嵩山路八十八號，原是座鬧中取靜、獨成院落的法式花園洋房。一九三〇年代，這兒幾乎成了一個海上畫界同人的沙龍。主人好客，德高望重，藝術思想自由，更重要的是多年來，主人已贏得了海上畫壇盟主的地位，所以前來聊天、問學、學畫、鑒賞、買畫、求字的人，總是絡繹不絕。這位主人就是現代著名畫家、書法家、文物收藏家、蘇州人吳湖帆，這個院落即是遠近聞名的「梅景書屋」。

然而梅景書屋裡並無梅花可看，所謂「梅景」，原來是主人的兩件重要的收藏品——宋版木刻畫譜《梅花喜神譜》和宋代大書法家米芾墨跡《多景樓詩帖》，主人從中各取一字，遂綴成了「梅景書屋」。

作爲著名畫家兼著名收藏家，而且是蘇州城裡三代相承的收藏大家，吳湖帆在江南早已聞名遐邇。一九二四年他爲避戰亂遷居上海，直到一九六八年含冤辭世，爲畫界和收藏界留下了大量藏品、作品、智慧和故事。

吳湖帆先生的收藏大致有四個來源。

一是他的祖父、晚清湖南巡撫吳大澂的遺藏。吳大澂（一八三五—一九〇二）字清卿，號恒軒，又號愙齋，同治七年中進士。在從政之餘，又以書畫、金石收藏著名，爲晚清著名金石學家和收藏家之一。一八九四年甲午之戰，他以湖南巡撫之身，主動請纓，領兵部尙書銜率領湘軍出關作戰，可惜在與日軍的海城之戰中不幸失利，被遣返回籍，此後就在蘇州擔任龍門書院的院長，潛心收藏與書法、金石之學，終老江南。關於海城一戰中與清廷樞府間的往返電報，吳湖帆先生多爲留存珍藏，一九五〇年代後整理成冊，捐獻國家，現存上海圖書館。該館老館長顧廷龍先生曾摘其數則發表，供史學界研討。

吳湖帆與夫人潘靜淑合影

吳大澂喜收上古三代彝器及玉石文物，因得「宋微子鼎」，其銘文中客字寫作「愙」字，因自號「愙齋」。《恒軒所見所藏吉金錄》爲其收藏青銅器物的著錄，《愙齋磚瓦錄》爲其收藏漢磚、瓦當的著錄，《古玉圖考》爲其收藏三代古玉的著錄，《十六金符齋印存》爲其藏印的著錄，《說文古籀補》爲其歷來考證古文字心得的結晶，可謂山吐海呑，洋洋大觀。吳大澂兄弟共三人，其兄大根原爲吳湖帆嫡祖。因吳大澂之子九歲時夭折了，便過繼了吳湖帆以繼香火。吳湖帆有個弟弟名翼鴻，本可承繼大根的家業，卻不料翼鴻三歲就驚風而死，於是吳湖帆的擔子就重了，他必須成爲大根和大澂兩家的孫子，兼祧兩房的後繼之業。吳大澂於晚年將其終生所聚之財物包括藏品一分爲二，一份給兩個待字閨中的女兒，一份就傳給了吳湖帆，認爲他從小機敏過人，每能舉一反三，將來必有所成。傳給吳湖帆的藏品是一大批商周時代的青銅器、三代古玉和歷代法書字畫。

二是他的妻子潘靜淑女士的陪嫁物。潘靜淑女士名樹春，爲蘇州大戶潘氏後裔。她的曾祖潘世恩爲道光時首輔，其祖父潘祖蔭是光緒朝的軍機大臣，一門世代簪纓，官政可考者達數十人。潘氏家族歷代嗜古物、富收藏，其「攀古樓」所藏青銅器及「滂喜齋」所藏古籍善本，歷來雄冠江南。潘靜淑出嫁時，奩資中就有傳世名帖：唐歐陽詢的《化度寺塔銘》、《九成宮醴泉銘》和《皇甫誕碑》。恰好吳大澂授予吳湖帆的藏品中亦有歐陽詢的碑刻拓本《虞恭公碑》。四本歐帖彙爲一室，吳家遂有了「四歐堂」，而且日後他們生下的孩子，均有「歐」字嵌其名，曰：孟歐、述歐、思歐、惠歐，以示他們對歐陽詢書法的尊崇。潘靜淑三十歲生日時（一九二二年），歲逢辛酉，恰與宋代景定年刻本《梅花喜神譜》的干支相合，其父潘仲午遂出此宋版古刻，贈給女兒爲壽，「梅景書屋」的「梅」字即由此而來。

關於這部《梅花喜神譜》，意義非同凡響，這是一部在我國版畫史上現存最早的專題性畫譜，刻於南宋景定二年（一二六一年）。著書人是宋嘉熙時的鹽運司屬官宋伯仁，他與宋朝大多數士大夫一樣，特別喜歡梅花，他說：「余於花放之時，滿腹清霜，滿肩寒月，不厭細徘徊於竹籬芳屋邊，嗅蕊吹英，挼香嚼粉，諦玩梅花之低昂俯仰，分合卷舒。」從愛梅花到畫梅花，於是繪製了這部《梅花喜神譜》。「喜神」是宋代對畫像的一種稱謂，該書分上下卷，畫了一百幅梅花，將梅花從蓓蕾狀態到傲雪盛開的全過程，細細加以藝術概括、提煉，描繪得生動而有趣，每幅圖又配以一形象化的名稱和一首五言詩，可以想見著書人對梅花的傾心程度。宋版書在古籍中已是鳳毛麟角，彌足珍貴了，何況此又係專畫梅花的現存最早的畫譜，更是天壤之間絕無僅有之物，可見其收藏價值的所在，無怪乎吳家視爲至寶。靜淑嫁奩中還有一方當年皇上御賜潘氏先世的玉華硯，清如堆雪，潤若凝脂，夫婦兩人愛如生命，於是又名其室曰「玉華仙館」。

三是其外祖父沈氏所贈。吳湖帆的母親沈靜研夫人是爲上海川沙縣清末大儒沈韻初先生的女兒。沈韻初官至內閣中書，善治經史子集，又富收藏，是晚清江南最富盛名的收藏家之一。吳湖帆的母親幼承庭訓，亦漸通諸子百家及琴棋書畫，對吳湖帆幼年生活產生了重要影響。沈韻初先生的收藏的重點與吳家不同，是以收藏字畫爲主，尤其收藏明代董其昌的書畫甚豐，曾請刻印名手錢松刻了「寶董閣」印一方，以示珍惜。後來沈家這批畫及印章均悉數歸入了「梅景書屋」。另外，其外祖原藏的隋朝人的《常醜奴墓誌》，原系清金石大家金冬心舊物，沈韻初得後送給了吳大澂，吳大澂又傳了孫子吳湖帆，吳又因之自號「醜簃」。後來，他從夫人潘靜淑處得一方《董美人墓誌》，更是愛不釋手，經常擁之入衾，在臨睡前還摩挲不止，又自謂「與美人同夢」。兩件流傳有緒的珍貴墓誌，一「醜」一「美」，吳湖帆品味再三，遂鐫一閒章「既醜且美」，藏界傳為趣話。

四是他自己歷來的收集。一九五〇年代初，吳湖帆曾向他的故鄉蘇州市博物館捐獻了七十二把「狀元扇」。這批扇子都是清代以來狀元的灑金扇。有清一朝三百年間共出了一百十二個狀元（一說是一百十四名），江蘇省占四十九名，而蘇州一地竟出了二十六名之多，占全國總數的百分之二二・八，占江蘇省的百分之五三・〇六。而自唐至清，蘇州一地的狀元竟達五十名。吳湖帆正是抓住蘇州這一「狀元之鄉」的特色，收集「狀元扇」。他把有著狀元們題詩或作畫的扇子，作為一收藏特色，竟收了七十二把，其中有清代第一個狀元傅以漸的扇子，又有清朝的末代狀元劉春霖的扇子，有三元及第的扇子，還有經歷了四十五年方才完成、前後有五位狀元在上面題詩作畫的扇子，又有蘇州名門望族、清廷軍機大臣潘祖蔭親筆繪製的扇子……真是重錦疊翠、美不勝收。一九五〇年代，他把這一宗收藏捐獻給了蘇州市博物館。當時他的外甥女婿錢鏞先生正在該館任職，就囑咐他在此七二把狀元扇的基礎上繼續收集，爭取把清朝一百十二名狀元的扇子全都收齊，以成巨觀。可是幾十年來，錢鏞身在藏寶之地，卻一把狀元扇也沒遇到過。「文革」中抄家物資幾十萬件文物堆在蘇州博物館，錢鏞先生一件一件地翻檢過，各式扇子共有一萬多把，亦一把把地留心過，那裡還有「狀元扇」的蹤影！可見吳氏當年收集之不易。

「梅景書屋」所藏歷代法書字畫，完全抵得上一座中等規模的博物館。據《吳湖帆傳略》（戴小京著，上海書畫出版社出版）記載，其著名藏品有：宋甯宗后《櫻桃黃鸝圖》、梁楷《睡猿圖》、王晉卿《巫峽清秋圖》、趙構《千字文》、宋畫《漢宮春曉圖》、劉松年《商山四皓圖》、宋拓《梁蕭敷敬太妃雙志》、宋刻《淮海長短句》、趙松雪管仲姬夫婦合卷、倪雲林《秋浦漁村圖》、吳仲圭《漁夫圖》、鮮于伯機《張彥享行狀稿》卷、伯顏不花舊藏朱元晦送張南軒詩卷、王叔明《松窗讀易圖》和《七姬權厝志》孤本、沈石田《竹堂探梅圖》、唐子畏《弄玉吹簫圖》和《幽人燕坐圖》、李竹懶《溪山入夢圖》、徐文長《春雨卷》、馬湘蘭、薛素素《美人香草圖》、金紅鵝《美人秋思圖》、惲南田《雨洗桃花圖》、王石谷《六如詩意圖》、納蘭容若「珊瑚閣」舊藏《玉台新詠》、吳梅村、楊龍友等「畫中九友」畫冊，柳遇王的王玄珠《蘭雪堂》圖卷、錢叔美《碧浪春曉圖》、改七薌《天女散花圖》、吳冰仙的《水墨花草》卷等等。這已是滿目琳琅，價值連城了。

筆者新近在上海圖書館古籍部翻檢到的、吳湖帆親筆撰的《梅景書屋書畫目錄》稿本，其規模遠要超過這些。

這部目錄手稿不分卷，爲一古色古香的包綾冊頁，著錄歷代法書字畫共二百五十三幅，原題爲《虞齋書畫目錄》，後改爲《梅景書屋書畫目錄》。改動的筆跡歷歷可見，改動的原因亦很明瞭，因所著錄的第一幅字，原著錄爲「《唐虞永興書眞草千文卷》」，絹本，千古瑰寶，宋高宗題白麻箋本，元俞友仁、錢宰題宋紙本，明項元汴、韓逢禧題」，而後來又在「天頭」上注明「改題宋高宗臨本」。此目錄中所收字畫皆爲珍稀之物，僅唐宋元作品就有如：唐懷素書大字草書《千字文》卷，絹本，伯顏不花舊藏；唐人書《無量壽經》殘卷，唐羅紋箋本，張英娘書；唐人書《妙法蓮華經》一卷，敦煌石室本；唐人書《法華經》殘卷，亦爲敦煌卷子；唐人小李將軍《仙山樓閣》紈扇，絹本；宋黃山谷書《酴醾詩》卷，絹本，明危素、魏忠賢舊藏，清姚鼐題跋，客忠公臨本附裝；宋劉松年《商山四皓圖》卷，絹本，附裝陸廉夫臨本；宋湯叔雅《梅花雙鵲圖》軸，紙本，精品；宋鄭所南《蘭花》卷，元明人題，元韓性題識，畢瀧舊藏，紙本，精品，人間至寶；唐人畫《梅花鍾馗》軸，紙本，畫梅花不點心，古穆之極，宋人摹本，元唐子華、明祝希哲藏；宋人畫《寒禽豔雪圖》卷，紙本；宋人畫《果猿》斗方，紙本；宋人畫《桃花鴛鴦圖》軸，絹本；元錢玉潭畫《松陰虎味圖》斗方，紙本；元鮮于伯機書《張彥亨行狀稿》卷；元蘇子雲畫《耄耋圖》斗方，絹本；元趙松雪書《急就章》冊，宋藏經箋本，明裝，項元汴藏，清周壽昌舊題；元趙松雪臨《蘭亭》卷；元趙松雪《楊妃簪花圖》軸，絹本；元管仲姬竹卷，絹本，錢謙益等題字，宋羅紋箋本；元吳仲圭《竹石》軸；元吳仲圭《漁父圖》卷；元王叔明《松窗讀易圖》卷，紙本；元王若水《菊竹》卷，紙本；元張雨題，梁清標舊藏；元李升《達摩說法圖》卷，紙本；明初吳羽慶書《心經》，徐乾學藏；元倪迂《秋淵漁村圖》軸，紙本；元馬文群《秋林招隱圖》，紙本，陳德大藏；元王孟端爲陳孟敷畫竹軸，紙本，已壞，明沈石田、文徵明題，繆曰藻藏；元人畫《歲歲安樂圖》卷，絹本；明吳小仙《鐵笛圖》卷，紙本，天下第一吳小仙畫；明金本經飛白《竹石》軸，紙本，江村消夏舊物；明沈石田《張公洞圖》卷，紙本……明清兩代，沈石田、仇十洲、文徵明、八大、四王等的就更多了。名跡至珍，萬川歸海，世間實難望其項背。主人吳湖帆摩娑其間，日夕披覽，見多識廣，不僅超凡脫俗，其鑒賞能力亦大爲提高，成爲海上著名鑒賞家之一。

這部目錄，也可能是吳氏早期的書畫收藏目錄，因爲那部著名的米芾大字本《多景樓詩》帖尚不在內，還有他引以自豪的另一宋拓孤本《許眞人井銘》也不在內。

見過米芾《多景樓詩》行書法帖的人，無不詫爲奇蹟。此帖運筆蒼勁，縱橫姿肆，神采飛動，且字大如拳，有天骨開張之勢，每行約二十三字，共四十一行，歷來傳爲米芾傳世的大字行書的佼佼者。吳其貞《書畫記》評稱：「運筆鬆放，結構飄逸，如仙人舞袖，爲米之絕妙書。」吳湖帆得此帖時正是他五十多歲的時候，米芾行書的那種純熟自然，恢宏開闊的氣勢，恰與他正在尋思的氣質和藝術理想相吻合，這對於正處在繪藝變法階段的吳湖帆來說，無疑是一個極爲重要的啟迪。許多年後，著名學者呂貞白在《題醜簃臨米襄陽多景樓詩帖並附所繪樓圖冊頁紀藏蘇州博物館》一詩中，對他這一時期的轉益作了高度的評價。此帖一九五〇年代後歸上海博物館。

另有兩幅宋拓孤本，一是佚名和尚撰刻的井欄碑拓，名《許眞人井銘》，書法極古樸；二是《蕭敷墓誌》，與北方的《張黑女墓誌》齊名，聞名天下。

一九三五年故宮藏品赴倫敦參加國際藝展，臨行前在上海預展，吳湖帆被邀爲審查委員會委員參加整理、審查展品，結果大內所藏之物被他檢出一半以上爲贗品，而且指出了某畫是某人作僞，某畫經某人所補畫等等，所下斷語，皆有根據，同人們無不折服。

一九二〇年代中期至抗戰期間，社會的動亂使故家舊藏源源不斷地輸入了上海租界地，吳湖帆憑犀利的眼光，屢有奇遇。凡天下可遇而不可求之物，常常神出鬼沒地歸到了他的手上。一九三八年秋天，吳湖帆臥病家中，一天，上海汲古閣主人曹友卿去探望他，隨身帶了剛剛買來的一幅破舊的《勝山圖》（又稱《剩山圖》）請吳湖帆鑒定。此圖即元代黃公望的代表作《富春山居圖》的前段，係清初荊溪吳冏卿臨終前焚毀，被他侄子吳靜安從火中搶出來的那一段。吳湖帆從畫風、筆意、騎縫印、火燒痕跡等處反覆研究，認定此確爲黃公望《富春山居圖》的眞跡，遂搬出了家中舊藏商周彝器與之交換得手。吳湖帆得此殘卷後極爲興奮，藏之內室不輕易示人，從此又自稱「大癡富春山圖一角人家」，並請篆刻家陳巨來刻了一枚青田石章，以示紀念。又有一次，他於破畫堆中發現一幅題有「大癡道人平陽黃公望畫於雲間客舍時年八秩有一」的山水畫，既未見過著錄，畫上亦無前人收藏印章，經他細細考證，竟是大癡晚年的眞跡！其他如方方壺的《雲山圖》長卷、趙孟頫的山水三段（沈石田舊藏）、米芾的《多景樓詩》、黃山谷的《太白詩》草書卷等，都是他在一九三〇年代認眞鑒定之後斷然購下的珍品。

一九五〇年代以後，吳湖帆先生作爲一個畫家，仍然以出售自己的字畫爲生。他擔任了上海市政協委員、上海市文物保管委員會委員、文物鑒定收購委員會委員、上海市文史館館員、蘇州市文物保管委員會顧問等職，政治上儘管受到政府部門的重視，然而經濟上他並不輕鬆，他必須按照國家土改條例交納「累進稅」（據說每年要交出資產的百分之二十五），這樣，他就必須變賣他的文物收藏。「四歐堂」賴以得名的四部宋拓歐陽詢帖等一批文物就在此時讓歸了上海文管會。其他名家字畫，由於種種原因，也先後出讓給了各地博物館單位。他原先存放於住宅樓上的青銅彝器，竟被傭人連續偷盜，流向了文物市場。既便如此，因他的收藏實在太宏富，人云「瘦死的駱駝比馬大」，到「文革」之前，他仍不失爲江南收藏界的大戶頭。

可是到了十年浩劫，這些集三家三代人心血的文物收藏，再也無法藏下去了。造反派蜂擁而入，從他家的樓上先後拉走十卡車的東西。不僅東西全拉走，人也與文學藝術界無以計數的才人一樣，被「拋進歷史的垃圾堆」，成爲批鬥的物件。他那時已經幾度中風，手術後身體之極其虛弱，可是「左派」們竟在他的病床前擺開了批判會……。

一代宗師的藝術良心和人格是不可辱沒的。在惡勢力向他撲來的時候，他沒有絲毫的媚骨和氣餒。如果說一九五〇年代反右時他作了有聲的反抗的話（他把領導安排的種種談話都頂了回去，又把自己的書、詩稿投諸火爐，拒絕承認錯誤），那麼這一次他是用無聲的反抗，表示了自己梅花般的錚錚傲骨。一九六八年八月十一日，彌留之際的吳湖帆，用盡生命的最後一絲氣力，拔下了插在喉頭的氧氣管，很快地沈入昏迷，離開了這個對他來說是不無眷戀又不無可咒的世界。

粉碎「四人幫」以後，一九七八年十月上海市文化局、中國美術家協會上海分會、上海中國畫院在上海龍華舉行了隆重的追悼大會，爲畫家、書法家、鑒賞家、收藏家吳湖帆先生平反昭雪，恢復名譽。他的學生俞子才等人在他的故鄉蘇州築起一座衣冠塚，以供後人前來瞻仰。他爲社會、爲後人留下了山海般的藝術財富，而自己的骨灰卻沒能留下——這個故事的末尾，又該給後人多少藝術之外的啓迪！

葉恭綽先生

仰止亭畔悲仰止

南京中山陵東側濃蔭綿延的梅花嶺上，有一方陵區最小的墓園——方方正正的花岡石墓碑，矮矮墩墩的石刻欄杆，墓旁一座描金鑲紅的飛簷式亭台，上著一方匾額：仰止亭。

這座仰止亭是中山陵區唯一一座以私人名義捐建的紀念性建築，亭邊的墓主，則是唯一一個以捐獻者的資格落葬於此的人物。

墓碑上刻著：仰止亭捐獻者葉恭綽先生之墓一八八一——一九六八。

有過十年浩劫經歷的人大凡能從這條碑刻上悟出個中蹊蹺——此人逝於十年內亂，與孫中山先生關係密切，「四人幫」不願確認他眞實的身份，只好冠其一個實在無法回避的「頭銜」：仰止亭捐獻者；又礙於他的名聲，不得不同意將他落葬於此……。

葉恭綽，曾是中國鐵路交通和現代收藏史上以及書法界一個響亮的名字。他一生做過三件大事：一曰鐵路交通，二曰爲撰寫中國美術史而收藏，三曰文字改革。他的經歷大致也可分三個階段：一九二九年以前是從政階段，主要管交通和財政，又以鐵路建設事業爲主；一九二九年後到一九四九年爲第二階段，是基本上退出了政界，潛心書法繪畫和收藏、鑒定藝術的階段；第三階段是一九四九年後，擔任中國畫院院長和文字改革委員會主任，全身心地投入藝術創作和文字改革的階段。可惜好景不長，一九五七年被錯劃爲右派，接下來又是十年浩劫，他最終死於那場災難。

葉恭綽字裕甫，一字玉甫，又作玉父、玉虎、譽虎，晚號遐翁、遐庵，祖籍浙江，先世遊歷到廣東。他的祖父蘭台（南雪）爲粵中大儒，清末翰林，曾官戶部郎中、軍機處章京，葉恭綽就出生在北京的米市胡同。他的父親中年早逝，他在祖父膝下長大。葉恭綽在少年（十五歲）就吟出了「衣被滿天下，誰能識其恩？一朝功成去，飄然遺蛻存」（《蠶》）這樣的詩句，被視爲後生可畏之輩。後來，他進入京師大學堂仕學館，二十三歲時，先後擔任了湖北農業學堂、方言學堂、兩湖師範學堂的教習，一九〇六年捐通判，入職清廷郵傳部，先後擔任了路政司郎中、承政廳廳長、鐵路總局提調、蘆漢鐵路督辦。當時他還不到三十歲，就以辦事幹練著稱，連年高就，可謂一路青雲，雄姿勃發。

辛亥革命爆發，葉恭綽時任內閣議和處參議，參與了清廷退位的多次閣議。他對孫中山先生推崇備至。一九一二年孫中山先生入京，曾同他徹夜長談。當時中山先生計劃十年內修築二十萬公里鐵路，曾任鐵路總局提調的葉恭綽深受鼓舞，積極爲之獻策。中山先生高興地對人說：「吾之北也，喜得一新同志也！」

一九二二年六月，陳炯明發動兵變，先是暗殺了後方部隊指揮、參謀長鄧仲元，又拘捕了廖仲愷先生，更以數千軍隊圍攻總統府，中山先生被迫登上「永豐艦」。在這關鍵時刻，中山先生急需要錢，要重新組織一支自己的軍隊。他想到了葉恭綽，請其即刻爲之籌措軍費。葉恭綽深知事關重大，立即調動自己所有的社會關係，在很短的時間內籌集了四十萬兩銀子，輾轉交到了中山先生手上。次年五月，戰事稍定，葉恭綽即被任命爲廣州大本營財政部長，兼理廣東財政廳廳長，七月又代理大本營建設廳廳長。後來，作爲孫中山先生的特使，葉恭綽又秘密出入張作霖和段祺瑞的府第，爲洽商共同討伐直系軍閥而南北奔走。

一九二五年中山先生逝世，歸葬中山陵。中山先生的親朋故舊不知有多少，而獨有葉恭綽，以其與中山先生的特殊關係，被允許以他個人名義在中山陵上捐建一座「仰止亭」，以寄託他對中山先生的知遇之恩。葉恭綽還親自率人在亭邊遍植梅樹。一到冬季，嶺上嶺下粲然一片，有如蘇州郊區的香雪海。

葉恭綽先生的前半生，信奉「交通救國」，曾著有《交通救國論》一書，並且切切實實地爲中國的交通尤其是鐵路事業的發展，作出了實質性的貢獻。可是那是個人人視爲鐵路爲肥缺的年頭，那裡有錢那裡矛盾就容易集中。一九二九年以後，葉恭綽交通救國的理想漸趨破滅，各種人事糾紛不斷，遂逐漸退出了政界，躲到書畫藝術和收藏天地中去了。

他是那種要麼不做，要做就做得轟轟烈烈的那種人。在藝術和收藏上，他也是號稱一流。

一九二九年，他與朱啓鈐組織了中國營造學社，專門調查和研究中國的古建築；與朱祖謀等組織了詞社，研討詞學藝術；與龍榆生創辦了《詞學季刊》，同年還兼任了故宮博物院理事，在中英庚款董事會中仍擔任董事。此後擔任的職務，多爲文化教育和紅十字會等方面的閒職，抗戰爆發後避居香港。

葉恭綽涉足收藏，又是一番高標風厲，世罕其比。青銅器方面他收藏過毛公鼎，有宣德爐達三百餘具，書畫方面有北宋燕文貴的《武夷山色卷》、王羲之的《曹娥碑》（唐人摹本）、王獻之的《鴨頭丸帖》、唐高閑和尚草書《千字文》半卷、唐褚遂良大字《陰符經》冊等，藏書方面僅敦煌卷子即達一百餘卷，均爲流傳有緒的國之珍寶。

一九四九年底，葉氏與朱啓鈐、章士釗等著名人士一起，由香港北上，他住進北京燈草胡同三十號。雖歷經戰亂藏品已損失不少，但仍具一定規模，毛澤東還曾向他借過古籍。他的侄女婿、現已八十高齡的趙益智先生回憶說，在燈草胡同三十號，他曾親見毛澤東向葉借書的借條，共三張，壓在葉的寫字臺玻璃板底下。借書還書，均由秘書田家英中間奔走。可見這些古籍北京圖書館並不藏。

葉恭綽在回憶他的收藏生涯時曾說：「四十年前余收藏頗富，其時故宮及諸舊家散出之物，紛紛出國，余與諸友發願同截其流，因此所得精品不少。」又說：「餘昔收書畫，本爲擬編《中國美術史》藉供研考，故標準頗與人殊。」（《矩園餘墨》）至於他的全部收藏究竟是何規模，現在早已人去樓空，他的女兒早年就旅居加拿大，故詳情已難以查考。然觀其在抗戰時期捐入上海合衆圖書館的藏書目錄（合衆圖書館館長顧廷龍先生編）和其晚年的藝術品題跋集《矩園餘墨》，亦可知其鴻爪一二。

其書畫類藏品中至精者有如：

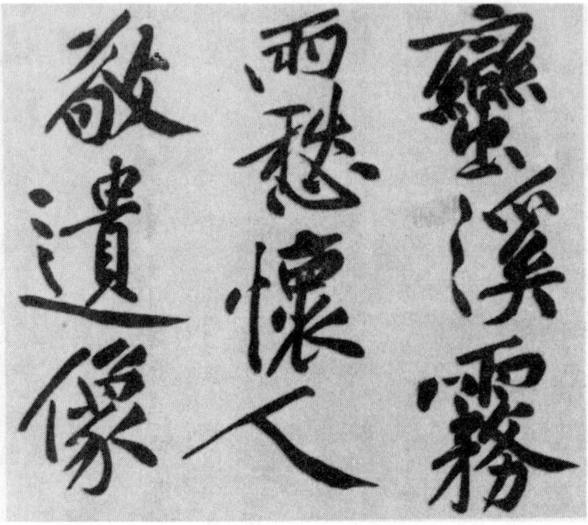

宋・黃庭堅手迹——葉公綽舊藏

晉王獻之《鴨頭丸帖》。此帖爲絹本墨跡，共十五個字，爲東晉大書法家王羲之之子王獻之存世極罕的幾幅墨本之一。上有宋宣和、紹興和元天歷內府的收藏印，並有宋高宗自題贊及奉華堂印，後從內府流出，明朝又入內府，旋又流出，後經董香光、王肯堂、周壽昌、江標等收藏和題跋，清末歸徐叔鴻收藏。全帖筆法靈氣飛動，風格流美，又朱印累累，滿目生輝，故歷來被傳爲至寶。《宣和書譜》、《淸河書畫舫》、《式古堂書畫彙考》等均有著錄，《大觀帖》中還有摹本傳世。

唐褚遂良大字《陰符經》冊眞跡。該冊用白麻紙所書，字大一寸半，有建業文房、邵葉文房各藏印，及李愚、羅紹威、邵周、王鎔、蘇耆、楊無咎等人題跋。此爲藏書家陶蘭泉（湘）介紹葉氏購自上海沈淇泉之手。

唐高閑和尚草書《千字文》眞跡殘卷，傳世孤本。葉氏記其：「此卷紙白如新，縱橫沈著，足以繼軌藏眞。閑師墨跡雖古今著錄曾有數事，今傳世者惟此而已。末署吳興高閑讀昌黎贈序，可想見其人。」高閑和尚爲唐朝晚期著名書法家，湖州烏程人，唐宣宗曾召入宮，賜紫衣袍，圓寂在湖州開元寺，筆法得之於張長史（旭），韓愈曾作序送他，盛稱其書法之美妙，遂大顯於世。此草書千字文墨跡紙本雖是殘卷，卻也流傳有緒，曾經宋趙明誠、元鮮于樞，明方鳴謙，清卞永譽、安岐等人收藏，而且筆勢濃重，堅挺縱放而不失規矩，張弛自如，氣象生動，給人一種筆墨淋漓酣暢的感覺。林佑在跋語中說：「弛縱不定，動不可留，靜不可推，有類於旭。」歷來評價甚高。

此卷，清末歸景樸孫（景賢）所有。庚子之後，景樸孫家境一蹶不振，民國後日售藏品解窘，起初要價太高，葉氏未能得手，數年後又來復議，且云「債多非七千金不能了」，「此卷早質與人，須四千金方能贖出」，往返很久，最後葉以六千元買下，藏之手笥二十餘年。抗戰時又帶去香港，日軍進攻香港時，葉氏收拾行李準備乘飛機赴內地，然而行李太重，不允登機，只好將所藏書畫最顯赫佳妙者隨身帶走，然而仍是超過限定的分量，又只好截去裝池以便攜帶，有的竟截去題跋數段，爲此竟夜忙碌。然而待一切「手術完畢」，趕赴機場時，方知其機位已被一家豪貴奪去，未能成行而珍藏書畫已割裂者又不能復合，「如人之裂裳毀冕、刖足劓鼻，慘痛已極，此卷亦在其列，同遭此劫，幸卷心未損，尚爲大幸」。一九五九年，此卷賣給了上海文管會。

其他珍藏尚有：北宋燕文貴《武夷山色》卷、山水長卷，北宋法能和尚畫五百羅漢長卷，宋人羅漢卷，元方方壺《雲林鍾秀圖》卷，宋趙子固《春蘭圖》卷，元董復《千字文》卷真跡，元鮮于樞草書自作五言詩卷，元王振鵬畫《金明池》卷，元溫日觀和尚《葡萄》卷，明陶九成所藏諸家唱和詩卷，明謝時臣《金閶佳麗》卷，明薛素素《蘭竹》卷……。

葉恭綽在收藏上最爲世人稱道的一樁義舉，是將王羲之的《曹娥碑》（唐人摹本）歸還張大千。

葉恭綽與張大千向爲摯友，抗戰前幾年，張大千、張善子攜一幼虎與葉恭綽同租住在蘇州網師園內，三位書畫大家同住一園，朝夕相處，摩挲舊物，研討藝技，自是藝林佳話。此時葉氏早已退出政界，並且潛心佛學，極重友情。有一天葉恭綽與朋友王秋湄來訪張大千，見張一臉愁容不展，詢其故，張乃道出苦衷。原來張家祖上舊藏一幅王羲之的《曹娥碑》，彌足珍貴，傳爲家寶，上面唐人題識累累，外人極少獲見。有一次，張大千在上海朋友們設的詩鐘博戲之社輸光了錢，無法償還，朋友江紫宸大笑道：「《曹娥碑》歸了我吧！」大千不得已，忍痛割讓給江紫宸。十年之後，張大千的母親病重，一日忽喚大千於床前，問：「我家祖傳的《曹娥碑》怎麼久不見面？頗思重展一下。」大千內心惶恐，不敢實說，就推說放在蘇州了。老母親一定要他從蘇州拿來看看，大千只得諾諾。可是此卷早已由江氏售出了，如今不知流落何方，張大千心急如焚，遂不敢再見老母，回到蘇州整日愁容滿面，不知如何是好。適巧葉恭綽此時來訪，恰如老天長眼，即刻解了張大千的圍。大千以母病相告後說：「如能幫助打聽到《曹娥碑》的下落，願以重金爲贖，以慰老母。」葉恭綽聽後哈哈大笑，即刻指著自己的鼻子說：「這個麼，正在區區這裡！」並表示既是大千先人遺物，太夫人又在重病之中，願以原物歸還大千，不收任何報酬。大千自是感激不盡，事後對人說：「恭綽風概，不但今人所無，求之古人，所中未聞。」

一九五〇年代以後，葉恭綽任北京中國畫院院長、中央文史館副館長，文字改革委員會主任委員。時值北京、上海等地均在籌建博物館，老友徐森玉向其徵集藏品，他的許多最重要的藏品如王獻之的《鴨頭丸帖》、高閑和尚的《千字文》卷，均售歸上海文管會。當時徐森玉先生將《鴨頭丸帖》帶回上海時，人們驚喜無似，一時竟無法給以定價。後來一位領導說：「中國有句古話，叫作一字千金，此帖只有十五個字，那麼就付給一萬五千元錢吧。」那時一切都聽領導說了算，徐森玉本想爲老朋友多爭取點錢過生活，然領導一發話，他也不便再說什麼，而當初此帖是不知多少兩黃金購下的。

「文革」中葉宅橫遭多次抄家，家中最後被抄得片紙無存（此爲葉氏侄女葉崇德的原話），每月只有三十元的生活費。在最困難的時候，他已中風不能行走，就叫親戚背著他到老友章士釗家裡借錢。他的所有的收藏品全被抄走了。到一九七九年落實政策的時候，老先生早於一九六八年下世，他唯一的女兒遠在加拿大，聲稱什麼都不要了，連燈草胡同的自家房子也不要了，人也不回來，葉氏的喪事還是他的學生、著名橋梁專家茅以升先生操辦的。於是可以推測，如果幸運的話，他的藏品應是被收入了公庫；如果不幸的話，那麼毀於那場動亂的藏品，又何止葉氏一家呢？

一九六八年，八十八歲的葉老先生經受不住無休止地批鬥、抄家和病痛，含怨去世。臨終時他寫信給宋慶齡，提出一個極不合時宜，然而又措辭堅決的要求，要求落葬中山陵仰止亭畔，以示他對中山先生的忠誠。宋慶齡當即表示同意，轉給周恩來也表示同意，具體辦理就由葉在交大的學生、茅以升先生操辦。

當時內亂正烈，「四人幫」在喪事過程中也巧出名目，多加阻撓，使老先生蒙受不白之冤，莫須有罪名尚未洗刷，那麼墓碑上刻什麼好呢？後來不知哪位絕頂聰明的人提出，就刻「仰止亭捐獻者葉恭綽先生之墓」，就是現在的墓碑。

一九八〇年八月二十九日，葉恭綽先生的追悼大會終於在北京全國政協大禮堂隆重舉行，海內外報紙均作了報導。「四人幫」強加在老人頭上的一切不實之辭已統統予以推倒。可是此時，距老先生逝世已十二個年頭了。

徐森玉父子與「二希」回歸

乾隆皇帝不僅是中國歷史上一位有作爲的政治家，還是一位著名的書法家。他生平酷愛王羲之、王獻之和趙孟頫的書法，大力提倡趙字，又極力追摹二王，在日理萬機之暇，廣泛收集歷代法書名跡，尤其喜愛歷代名人臨摹的王羲之的《蘭亭序》，並將其匯集在一起，刻成了著名的《蘭亭八柱》，以推進一代之書風。

乾隆在獲得了王羲之的《快雪時晴帖》、王珣的《伯遠帖》和王獻之的《中秋帖》之後，喜不自勝，將其收藏在皇宮養心殿，並名之曰「三希堂」，以示其爲三件稀有的珍奇之物。乾隆十二年（一七四七年）又命大臣梁詩正、蔣溥等人，將內府所藏的魏、晉至明代的著名法書名跡，一百三十四人共三百四十餘帖，聚集衆工，模勒上石，共計刻了四百九十五石，其中包括這三種王氏墨跡，定名曰「三希堂法帖」，全名叫《三希堂石渠寶笈法帖》三十二冊，爲法帖中的巨製。乾隆十九年，又出內府所藏褚遂良等人墨跡，命蔣溥、汪由敦、嵇璜等編校，焦國泰鐫刻，成《三希堂續帖》四卷，使得二王法書及諸多書法名跡賴以保存和流傳，亦足見其對二王書法藝術的推崇。

到一九三〇年代至一九五〇年代，此「三希」中的「二希」（即王珣的《伯遠帖》和王獻之的《中秋帖》）的命運，發生了戲劇性的變化——從紫禁城裡流出，在外流浪了二十幾年，到過臺灣和香港，後來又回歸故宮，個中故事，牽涉到好幾位著名的收藏家。

一九三二年，北京的一位大收藏家，當年袁世凱手下的紅人郭世五（葆昌），請當時的故宮博物院院長馬衡和故宮博物院古物館館長徐森玉吃飯，飯後郭世五拿出他歷年來收藏的珍貴翰墨請兩位專家鑒賞，而《中秋帖》和《伯遠帖》也赫然在目。原來，那個末代皇帝溥儀在被趕出紫禁城的時候，有兩個同治時代的老皇妃，死活不肯出宮，後來經百官舊臣多次勸說，終於同意出宮了，但有一個條件，即不許搜身。這個條件被許可後，她們就每人身上帶了一件「二希」，將此「二希」帶出了宮，而沒有帶王羲之的《快雪時晴帖》，因爲那是本冊頁，體積大，不便攜出。北京陳重遠說，「二希」是由溥儀帶出宮的，恐與事實不符，因爲《賞溥傑單》上並無「二希」。據香港的徐伯郊對筆者說，此「二希」被二妃攜出宮後，因生活所迫，賣給了故宮後門的一個叫「品古齋」的古董鋪，郭世五是從那兒買到的。

郭世五，名葆昌，北京的古玩界稱之爲「五爺」，河北定興縣人。原先也是古玩鋪的學徒，光緒二十年前後到北京，就在西華門這個朝臣下朝必經之處的古玩鋪裡當夥計。光緒二十二年（一八九六年）袁世凱在北京建造府第時，郭氏給袁府送貨，並幫助佈置客廳，遂與袁府上下相熟，後來被袁世凱留在了袁府當差。郭世五憑著心眼機靈，長相體面，善於察顏觀色，見機行事，很快得到袁世凱的提拔。袁氏竊據大總統時，郭的官職也升了上去，歷任袁府總管、總統的承啓官、總統府庶務司長，而外人眼裡，他是袁世凱的心腹，是爲袁世凱管理私人財務的賬房。袁世凱曾將當時全國關稅收入最多的九江關監督委給了他。他一生收藏文物無算，尤以瓷器知名，曾與福開森合作編有《校注項氏歷代名瓷圖譜》一書，爲歷代名貴瓷器的照片和說明彙編，對於後人鑒定瓷器堪具參考作用。另有《觶齋書畫錄》一書，爲其收藏歷代字畫名跡的目錄，可稱洋洋大觀。他在古玩收藏界有兩件事使他暴得大名，一是爲袁世凱上臺督造了四萬件「居仁堂」瓷器，成爲民國期間有名的瓷器品種；另一件就是花重金買下這「二希」國寶。

郭世五一九四○年秋季在北京去世，「二希」就由他的兒子郭昭俊繼藏。一九五○年代初，郭昭俊攜帶「二希」到了臺灣。此人吃喝玩樂無度，經濟上很快就捉襟見肘，於是找到臺灣故宮博物院的副院長莊嚴，以「二希」索要高價。當時臺灣經濟凋敝，財源短缺，無力收購此連城之寶，郭昭俊只好又轉到了香港，以此作爲抵押，向銀行貸款。

說來也巧，這時正值徐森玉的大兒子徐伯郊在香港銀行界任職，擔任廣東省銀行香港分行的經理。徐伯郊亦爲有名的收藏家，家藏文物字畫不下乃父，聽說了這個資訊，認爲事關重大，弄不好「二希」就會流出國門，遂立即向在國內的父親徐森玉彙報了此事，徐森玉又立即向國家文物局局長鄭振鐸彙報。鄭振鐸先生一生關心和保護國家文物，一聽說「二希」已到了香港，心急如焚，立即報告了周恩來，同時認爲「二希」乃國之鎮庫，應當追回，但是必須出大的代價。

周恩來對此事非常重視，親自在鄭振鐸的報告上批示「要買眞正的文物，不要古玩」。並指示由政務院撥出專款，不僅收購「二希」，連同其他的留滯香港的國寶級文物也要盡力收購回來。這在中共建政初期，百廢待興的年頭，國家下如此大的決心收購行將流出國門的文物，是極其不容易的。

徐森玉先生（前排左一）、徐伯郊先生（後排左一）。

政務院將此重任委託給徐森玉、徐伯郊父子承辦。因爲徐森玉曾親眼見過「二希」眞跡，又是文物界的一代宗師，此事須得由他老人家親自把關。

徐森玉一生不知爲國家的文物事業做過多少好事，是當代文物界有口皆碑的老前輩。他名鴻寶，以字行，一八八一年至一九七一年在世，祖籍浙江吳興，遷居江蘇泰州，是著名的江西白鹿洞書院于式枚的學生，後來考取了山西大學堂。當時清廷宗室寶熙任該校監督（校長），後來又升任山西學台，十分欣賞他的才華，於是徐森玉就成了「寶二爺」家的座上

徐伯郊先生晚年在上海。

客。「寶二爺」國學根基很深，寫得一手好字，且對皇族中的收藏及清宮故事，瞭解得一清二楚，平日又喜歡與才俊之士談古論今，鑒賞文物，後來他們兩人都到了北京，寶熙還常常派人用轎子接徐森玉到他府上聊天。有時新得一古物，更是興趣濃烈，連夜引經據典，分析考證，大大地過癮一番。後來徐森玉曾對人說，他的許多關於古文物的鑒賞知識，就來自大甜水井邊的寶家。他們兩家的友誼後來一直延續到後代人。寶二爺的孫子華粹琛與徐森玉的女婿王辛笛是清華大學的同屆同學，一直保持友好的情誼。

徐森玉對於我國的文物事業有過幾次壯舉：抗戰中押運一部分故宮文物直達貴州遵義；搶救山西的「趙城藏」；在淪陷區協助鄭振鐸等搶救古籍珍本；搶救已被敵偽佔據的「居延漢簡」；一九五〇年代初在國民政府決定將故宮文物裝箱運往臺灣時，偷偷地將一部分一類文物與二類文物調包，以求將一類文物留在大陸。此事幾乎釀成一宗命案，國民政府曾要組織一個小組，專門對此事進行調查，並叫葉恭綽出任組長，而葉恭綽先生就是死活不幹，加上徐森玉先生的人品和威望的影響，此事最後遂不了了之。再一件就是追回「二希」。

後來，經過徐伯郊先生往返奔走，一九五一年十一月終於把「二希」帶到了澳門，國家文物局副局長王冶秋，故宮博物院院長馬衡，和已經擔任華東文化部文物處處長的徐森玉三人一起趕到了澳門，三人當場鑒定並議價，最後以三十五萬元人民幣成交，這在中共建政初期，已是一筆了不起的大數位了。「二希」回歸後，入藏故宮博物院。

徐伯郊繼承家風，酷愛文物，是當今香港收藏界的大家之一，收藏品以古代和近代名人字畫爲主。收回「二希」後，他又先後辦理了著名藏書家潘世茲的寶禮堂和荀齋陳清華（號澄中）的大宗宋元古本及名人字畫、碑刻回歸大陸。一九六二年國務院文化部爲此還向徐森玉頒發了嘉獎令。

「二希」中的《中秋帖》，是東晉大書法家王羲之之子王獻之的行書墨跡（一說系北宋米芾所臨摹）。《石渠寶笈》記載：素箋墨跡本，高八寸四分，橫三寸六分，共三行二十二字。卷前有宋高宗趙構題簽「晉王獻之中秋帖」，以及清高宗弘曆即乾隆皇帝題引首「至寶」兩大字，卷後又有明代董其昌的跋文「大令此帖米老（芾）以爲天下第一」。據傳，帖前原有「十二月割」等語及帖末「慶等大軍」以下文字，皆已缺佚。這是爲王獻之僅存天壤之間的幾幅墨本之一。

《伯遠帖》，是東晉王珣的行書法帖，紙本墨跡。卷高二五・一釐米，橫一七・二釐米，共五行四十七個字。前有明代董其昌題簽：「晉王珣伯遠帖」，卷後有董跋：「晉人眞跡惟二王尙有存者，然米南宮時大令（書跡）已罕，謂一紙可當右軍五帖，況王珣書視爲大令不尤難覯耶，既幸予得見王珣，又幸珣書不盡湮沒得見吾也」。此爲王珣傳世至今的唯一墨跡，至寶至珍。

徐森玉在一九四九年底，已收到了國民政府送來的飛往臺灣的飛機票，允其到臺灣後可擔任臺灣故宮博物院院長、中央研究院院士等等。時鄭振鐸也趕到了他家，勸其不要走，留下爲新中國服務，徐先生遂毅然留下，擔任了上海博物館第一任館長，上海文物保管委員會副主任委員，第三屆、第四屆全國人民代表大會代表，爲新中國的文物事業，尤其是上海博物館、上海圖書館的初創事業，爲徵集大量文物入藏國庫，含辛茹苦，十幾年如一日，立下了卓著功勞，被周恩來稱爲我們國家的「國寶」。

可惜在「四人幫」橫行的年代，徐森玉不幸於一九七一年含冤離世，安葬於蘇州七子山上。一九七九年二月十六日，徐森玉先生的追悼大會終於得以舉行，一代文物鑒定大師、著名金石學、版本目錄家的名譽得到了恢復。上海博物館的同仁來到七子山，從半人多高的雜草叢中找到了他的墓碑，重新換上了由其老友李一氓親筆題寫的墓碑，墓地周圍栽上了小松樹，安放了花籃。現在，又是二十年過去了，當年栽下的松樹已蔥鬱成蔭了。

滿眼風光過雲樓

蘇州市人民路上的怡園，是江南著名園林之一。這座園林小巧雅致，花木扶疏，占地雖不大，僅六千餘平方米，卻能博取各園之長，巧置山水，自成一格。人們稱其：複廊仿滄浪亭，水池效網師園，假山學環秀山莊，洞壑摹獅子林，旱船似拙政園……香樹畫舫，移步換景，曲徑通幽，堪稱小園中的精品。

怡園一角

這個怡園，是距今一百多年前，浙江寧紹台道顧文彬的家園。初建於同治、光緒年間，利用了明代尚書吳寬舊宅的遺址，營造九年，費銀二十萬兩，始告完成。取《論語》中「兄弟怡怡」之意，號爲「怡園」。顧文彬的兒子顧承主持了這項工程，畫家任阜長、顧澐、王雲、范印泉、程庭鷺等參與了籌劃設計，據說園中一石一亭均先擬出稿本，待與老爺子顧文彬商定後方才施工的，可知其於此園用心如此。怡園建成之後，江南一帶文人名士多了一處雅聚的場所，顧氏一家均喜繪事，於是遠近風雅之士來此吟詩揮毫，持螯賞月，一時又成爲一種時尚，名動當世。

與怡園僅一牆之隔的鐵瓶巷，是過去顧氏舊宅的老房子，原來與怡園相通，一九五〇年代以後怡園闢爲公共場所，從此與之隔斷，這兒就成了「七十二家房客」居住地，屋檐重疊，過道狹窄，頗爲擁擠。近幾年靠近人民路路口的一處門前，還掛上了「蘇州市古建築博物館籌備處」的牌子。

細心的人如果抬頭再往上瞧瞧，不用費勁即可望見一方黑底綠字的橫匾，上有「過雲樓」三個大字。這就令人心安了，原來顧氏故宅還有一處被保護起來了。雖然僅有「巴掌大的一塊天」，但這畢竟曾是顧氏這個江南收藏世家的藏寶之地，是象徵前後五代人心志的地方——過雲樓。過雲樓是顧文彬收藏和鑒賞歷代書畫的場所，二層結構，據說最初全部用楠木造成，樓前一方庭院，竹影搖曳，時花點點，清靜疏朗，與主人玩賞古人書畫的心境正合。當年，顧文彬於此樓落成後的第六天，即離任返回了蘇州。

顧文彬（一八一一—一八八九）字子山，一字艮盦，蘇州人，官至浙江寧紹台道。他受父輩的影響，一向喜收古人墨跡法書，他在藏品目錄《過雲樓書畫記・序》中說：「先子暮年，獲名賢一紙，恒數日歡，余務以娛其心……。」可知他的嗜好起於家傳，他又是個孝子，收藏字畫，正是他們父子兩人共同的嗜好。

顧文彬在七十二歲時將他的收藏，編了一本目錄，即《過雲樓書畫記》十卷，在自敘中開宗明義：「書畫之於人，子瞻氏目爲如煙雲過眼者也。余既韙其論，以名藏秘之樓」，說明了過雲樓的出處與含義。這部目錄，著錄了顧氏藏品共二百五十件，前四卷是法書類，後六卷爲繪畫類，俱爲紙本，內多傳世名跡。他在凡例中又說明，凡絹本、石刻、宋克（緙）絲、單條、扇面及閨閣之作，均不列入此目，由此又可知，此絕非顧氏收藏的全目，而是其精華的一部分而已。這部目錄所收的藏品，顧氏對每一件都自撰了題語，略記行款、佈局、題記及印章，間加評論，並詳考流傳始末，徵引史實，辨識眞僞。對不常見之作者，又附以名氏爵土等考證，可見其所下的心力。

顧文彬所藏的珍品，書法類有：釋智永《眞草千字文》卷、米題褚摹《蘭亭》卷、米題唐摹《蘭亭》卷、唐寫郁單越經卷、唐寫《續華嚴經疏》卷、唐寫《三彌底部論》卷、范文正手劄卷、蘇文忠《祭黃幾道文》卷、蘇文忠《與謝氏師劄》卷、黃文節《梵志詩》卷、朱文公《周易・繫辭本義》手稿卷、朱晦翁《上時宰二手劄》、魏文靖《文向帖》卷、張溫夫《金剛般若波羅蜜經》冊、張溫夫楷書《華嚴經》冊、趙文敏小楷《黃庭經》卷、趙松雪《酒德頌》卷、趙文敏草書《千文》卷、趙松雪《秋興賦》卷、趙仲穆行書《洛神賦》冊、《元賢手跡集冊》、楊鐵崖《海棠城詩》卷、雪菴和尚書《昌黎山石詩》卷、俞紫芝臨《定武褉帖並詩》卷、楊彥明《五體千文》冊、元人《靜學齋詩》冊、《李忠文詩》卷、《五大僧字卷》、宋仲溫書陶詩卷、《靖難三忠遺墨》卷、吳文定《自書種竹詩》卷、祝枝山楷書《擬詩外傳》卷、祝枝山行楷書《正德興寧縣誌》冊、文待詔《曹君墓誌銘》卷、文待詔《落花詩》卷、錢叔寶手寫《唐朝名畫錄》、董文敏臨《黃庭經》小楷卷、董文敏臨《樂毅論》冊、董香光臨《東坡叔党父子帖》冊、范文忠行書卷、倪文貞《十七帖》卷、《東林五君子書劄》冊等，共計六十二件。

該目錄中著錄繪畫珍品如：吳道元《水墨維摩像》軸、釋巨然《海野圖》卷、李龍眠

《醉休圖》卷、米元暉《瀟湘奇觀》卷、夏禹玉《煙江疊嶂圖》卷、劉暗門《蓬萊仙居圖》卷、楊補之《四清圖》卷、南宋畫院本《上林圖》卷、趙子固《淩波圖》卷、趙文敏《墨竹》軸、王叔明《怡親堂圖》卷、黃鶴山樵《稚川移居圖》軸、黃鶴山樵《竹石遊靈岩詩》軸、倪雲林《贈袁寓齋》卷、倪幻霞《贈顧仲瑛春柯筠石圖》軸。張叔厚《九歌圖》卷、王若《水墨寫梅花水仙》卷、元人《閑止齋圖》卷、元賢《竹林七友》卷、陶雲湖《叢篁水鳥》卷、文康公《歲寒三友圖》卷、郭清狂《八葉》冊、史癡翁《三絕》冊等等。其中沈石田（周）的作品如：《縹緲峰圖》卷、《東原圖》卷、《虎丘圖》卷等共十四幅；唐六如（寅）的作品九幅；文徵明的作品達十六幅；另有仇十洲（英）、張夢晉（靈）、項子京（元汴）、董其昌、八大山人、惲南田（格）、傅青主（山）、吳漁山（歷）、王麓台（原祁）、王圓照（鑒）、王石谷（翬）等人的作品，均少則幾幅，多則十幾幅，群賢薈萃，連綿千年，皆爲罕見之名跡，共計一百八十八件。

如同中國歷代的傳統大家族一樣，當顧文彬上了年紀或是不久於人世的時候，這個大家庭就得析產，即分家。顧文彬共有三個兒子：廷薰、廷熙、廷烈，那麼家產就得分成三份，顧老太爺所藏的書畫也只得分成三份，由三個家庭繼藏。這是顧家過雲樓書畫的第一次分散。顧氏三個兒子繼承家風，都擅繪畫，又以老三廷烈最爲出衆。顧廷烈字承之，又字樂全，號駿叔，秀才出身，工書善繪，曾幫助他父親編錄、校勘《過雲樓書畫記》，可惜中年早逝，書稿編成後尚未付印，人就去世了。顧文彬極爲悲傷，一口氣寫下了哭子詩四十首，來悼念這個多才多藝的小兒子，悼詩就附在《書畫記》之後。而屬於顧廷烈的那份財產，就由其子顧麟士（鶴逸）繼藏。

顧文彬的孫子顧鶴逸（一八六五—一九三〇），名麟士，別署西津、鶴廬、筠鄰，他不負兩代人的厚望，後來成了顧家最有成就的畫家，在近代畫壇上自樹一幟，所作山水多逸氣，人稱風格近似「小四王」。他在繼承祖父的三分之一的藏畫基礎上，繼續廣收博采，盡一己之力發奮拼搏，使過雲樓藏畫在全盛時期，曾達到千餘幅之巨。一九二七年，顧鶴逸繼其祖父之後，編著《過雲樓續書畫記》六卷，補錄了家藏書畫一百十四件，體例仿前《書畫記》。他在自序中說：「予家自曾祖父以來，大父及仲父、先子咸惟書畫是好，累業收藏，耽樂不怠。溯道光戊子今迄丁卯，百年於茲，唐宋元明眞跡入吾過雲樓者，如千里馬之集於燕市……。」

顧公雄、沈同樾夫婦。

顧鶴逸一生未曾遠遊，酷愛蘇州風光，屢屢爲之寫景，而不屑科場種種。他少年時，曾赴縣學應試，看到一老童生因緊張而不愼將試卷弄汙，跪在堂下要求換卷，卻被試官厲聲訓責。顧鶴逸見此狀而厭惡科舉，不再應試，遂日夕埋頭於丹青藝技之中。顧鶴逸又好交遊，他多方接觸江南名士，有文字之交如章鈺、朱祖謀、冒廣生、費念慈、沈景修等人；鑒賞書畫之交如李嘉福、龐萊臣、周星詒等，更多的則是畫界朋友，如吳大澂、顧若波、陸廉夫、倪墨耕、金心蘭、吳秋農、吳昌碩、王同愈、楊峴、任熏、沙馥、任預等等。一八九五年，還和吳大澂一起創辦了蘇州第一個畫社於怡園，取名「怡園畫集」，畫友們每月集中三次，研究金石書畫，或揮筆自娛，有時談得高興，大家還留宿園中，比當今的藝術沙龍遠要認眞得多。他自己的作品有：爲張詩舲作《山水》冊（十二頁），一九三一年西泠印社曾出版影印本；《溪山佳趣圖》軸，被著錄於《穆清逸齋陸氏藏畫集》；《仿黃子久楚山欲曉圖》軸，被著錄於《望雲軒名畫集》，均被稱爲傳世之作。他的畫集有《顧鶴逸山水冊》（西泠印社）、《顧鶴逸仿宋元山水冊》（天繪書局）、《顧鶴逸中年山水精品》（天繪書局）等等。

一九三〇年，顧鶴逸也去世了，他的藏畫跟他祖父的藏畫一樣，作爲財產分成幾份遺留給下一代。顧鶴逸有四個兒子，於是就分成了四份，這是過雲樓藏畫的第二次分散。

顧鶴逸的四個兒子是：顧公可、顧公雄、顧公柔、顧公碩。在後來的半個多世紀中，保存家傳書畫比較完整、最後在一九五〇年代又全數捐獻國家的，是第二房顧公雄一家。

顧公雄、沈同樾夫婦在一九三七年以前，居住在蘇州朱家園。這年八月十六日，日本對蘇州進行空襲，一顆炸彈恰恰落在顧氏窗下，顧氏書房及住宅的窗子以及院中什物整個被炸飛，而窗臺兩側的兩排書畫箱子卻似有神助，未傷毫髮。蘇州市民人心惶恐，紛紛扶老攜幼外出避難。顧公雄一家帶上一部分書畫精品，先是避居蠡墅鎮，又雇了船載上畫箱到光福山區，船在途中遇上風浪，顚簸了一整天，船底開始漏水，經奮力搶修、搬運，總算到達目的地。在光福住了幾個月，顧公雄仍是放心不下，說不定什麼時候日本人又來轟炸。一九三八年春節一過，顧公雄在妹妹顧賢的幫助下，將書畫隨全家搬到上海租界。可是事情還不順利，來接的車子中途又出意外，停在了常熟城外，又遭日本人的盤問。危急之中顧公雄一分鐘也不願等，用包袱包了一些書畫獨自上路，奔赴上海，而兩個孩子卻被留在常熟汽車站的小店裡。在上海，他們開始寄住在愛文義路（北京西路）瞿啟甲父子的寓所，後來又在瞿家的幫助下租到了房子，即北京西路一三一二弄。顧公雄一家在這兒度過了如履薄冰的七年生活，寧肯生活艱苦一些，始終未出賣一張古畫。他們認爲這是祖上傳下來的中國藝術的精華，必須世守下去，發揚光大。按當時的情況，他們手中的任何一件藏品，都可以供他們生活好幾年，但他們顧家前後五代人的意志，是一脈相承的，一直堅持不變賣藏品。

一九五一年，病榻上的顧公雄先生作出了最後的決定：「還是獻出來，把我的書畫獻給國家吧！」至此，過雲樓藏歷代書畫，歷經一個半世紀的滄桑，歸入公庫，結束了一個江南收藏世家的收藏歷史。

遵照顧老先生的遺囑，沈同樾老太太和他們的子女顧篤瑄、顧榴、顧佛、顧篤璋、顧篤球在一九五一年先將家藏過雲樓書畫的一部分，捐獻給了國家，共一百四十三件，中央文化部向他們頒發了褒獎狀，及二千元獎金，他們當即又把獎金全部捐獻給國家。

一九五八年，在「大躍進」的高潮中，忠厚善良的沈同樾老人又作出了驚人的貢獻——將家中尚存的一百六十九件歷代名畫巨跡全部捐獻！這一百六十九件歷代名跡中有：巨然的《海野圖卷》，魏了翁的《文向帖》，李龍眠、夏圭、劉松年的畫，蘇東坡、黃庭堅、米芾、蔡襄的法書，以及趙孟頫、沈石田、倪雲林、唐寅、文徵明、仇英、徐渭、朱耷（八大山人）、「四王」、「揚州八怪」、「吳興八俊」等的作品。其中熊廷弼的《東園十詠》是他在被讒害之前，待罪家中時寫下的，另有《東林五君子書劄》和《靖難三忠遺墨》，均爲極具歷史價值的文物。這一批書畫，可能是過雲樓藏畫的至精之品。

第二次捐獻時，上海市有關部門獎勵顧家獎金一萬元。當沈老太太得知里弄正在辦食堂時，就執意把這些錢捐給里弄。上海博物館得知後，即通過有關部門轉告老太太，這筆錢與過雲樓那價值連城的藏品比起來，實在是微不足道的，顧家生活並不富裕，希望能將此款聊補家用。儘管這樣，沈老太太仍是拿出了一部分，支援了里弄建設。

像沈同樾這樣一位爲國家作出特殊貢獻的善良老太太，卻在十年「文革」中遭到了殘酷的批鬥和迫害，最後不幸去世。臨終前她還反覆地念叨著，自己是爲國家做了好事，她一直爲國家考慮，沒有錯……。

她老人家何止是沒有錯，她捐獻的歷代法書名畫在一九五〇年代，就已奠定了上海博物館書畫類藏品的半壁江山！尤其是第二次捐獻的藏品，隨便挑出其中一件，都可以使她老人家頤養天年，可是那場人爲的「風暴」，把世上的一切事物都整個兒地吹顛倒了！

另外，顧家在那場「史無前例」的「革命」中被擊倒的還有一位老人，即顧鶴逸最小的一個兒子：顧公碩（一八九九－一九六六）因家學淵源，年青時就擅長吟詩作畫，其山水、人物、花卉，無一不精。尤其是山水曾得其父親授，追摹清初「四王」，壯年後以寫意畫爲多；五十年代以後，還常有作品參加省、市舉辦的書畫展覽。

顧公碩先生積極支援其子顧篤璜從事地下革命工作。一九五〇年代初，他與族中同輩人商量後，把祖傳的顧氏「怡園」和「過雲樓」老宅，都無私地捐獻給國家。在擔任蘇州市文物管理委員會委員時，又把家藏的珍貴書畫如唐寅的書法《龍頭詩》等立軸捐獻給公家，充實了新成立的蘇州市博物館的藏品。爲使蘇州的傳統工藝美術能重放光彩，他從外地聘回了蘇繡藝人，積極創辦刺繡技工學校和蘇州刺繡生產合作社，又積極扶植和搶救桃花塢木刻年畫，做了大量有益於人民、有益於文化事業發展的工作。可是到了「文革」時，他被揪鬥，家被抄，老人家實在咽不下這口氣，終於在蘇州郊區虎丘一號橋處，自沈於河中，向橫行的「四人幫」表示了無聲的反抗。

一九八〇年代初，顧先生得到平反昭雪。遺著有《姑蘇志》、《蘇州年畫》、《吳友如與桃花塢木刻年畫的關係》、《古今題跋》、《摩喉羅志》等。

好在「過雲樓」的舊址尚安然無恙，人們步出怡園不多遠便可目睹其風儀。小園內寬大的芭蕉葉子，半遮著樓前的窗格，潔靜的青磚鋪就的小院，似有當年主人踱步的腳步聲。

「過雲樓」使人想起蘇東坡老夫子之言「如煙雲過眼」，旨哉斯言。

虛齋天地

龐萊臣的名字在現代書畫收藏界曾是響徹雲霄的。他的虛齋藏畫不僅數量驚人，而且

龐萊臣先生

多爲京城舊王府和故家舊族流出之物。他本人擅畫亦精鑒賞，又屬吳興南潯「四象」（四家最富的人家）之一，有強大的經濟後盾，其藏品之精亦屬情理之中了。

龐萊臣（一八六四—一九四九）名元濟，號虛齋，祖籍安徽，生於浙江吳興。他自幼嗜畫，未及成年，就喜歡購置乾嘉時人手跡，又刻意臨摹，頗得形似。他父親樂而稱道：「此子不愁無飯吃矣！」龐氏畢生從事實業及收藏兩項事業，又以實業上的成功，支援和實現了收藏上的成功。他的歷代法書名畫的收藏，被推爲「江南第一」，雄視群倫，故龐氏一生頗以此而自負。

他在經營實業方面，最初並不順利。一八九五年與杭州富商丁丙等人，在杭州開設世經繅絲廠，後又在德清開設繅絲廠，因經營不善，不久就將兩廠盤出。次年，又與丁丙、王震元等人集資在杭州開設了通益公紗廠，一九〇二年停辦，次年就轉讓給了李鴻章的兒子李經方。一九〇四年秋，又在上海與人合資開辦龍章機器造紙有限公司，自任總經理，這個企業經營的時期較長些，影響也較大，直至一九三七年抗日戰爭前夕，轉讓給了國民黨的「財神」之一張靜江。除此之外，他還大量投資房地產業，在上海、蘇州、紹興和南潯都擁有大量田產與房地產，同時還在各地開設了不少米行、醬園、酒坊、中藥店、當鋪和錢莊等大小企業，直到抗日戰爭爆發，他不再從事實業活動，關起門來在上海當寓公，專心致志地擺弄他的收藏，直至一九四九年在上海去世。

龐萊臣經營實業的雄厚財力，爲其收羅天下名跡打下了經濟基礎。他心氣極高，一般藏品不屑入目，然對貨眞價實之物，則重值不吝。世傳他曾與吳湖帆等海上名畫家宴於酒店，吳湖帆眼尖，發現一落拓文人腋下挾一畫軸從簷下匆匆走過，遂急急追去，原是久聞盛名的元人之作，號稱「十七筆蘭」（僅用十七筆畫就的蘭花圖），遂以五百元當即買下。龐萊臣聞之，悟出自己櫃中所儲是爲贋品。於是力求吳氏割讓，任其開價多少，定要收爲己有，吳湖帆執拗不過，只好讓之。

龐氏自稱「嗜畫入骨」。他說：「每遇名跡，不惜重資購求，南北收藏，如吳門汪氏、顧氏、錫山秦氏、中州李氏、萊陽孫氏、川沙沈氏、利津李氏、歸安吳氏、同里顧氏諸舊家，爭出所蓄，聞風而至，雲煙過眼，幾無虛日。其間凡畫法之精粗，設色之明暗，紙絹之新舊，題跋之眞贋，時移代易，面目各自不同，靡不惟日孜孜潛心考索，稍有疑竇，甯慎毋濫，往往於數百幅中選擇不過二三幅，積儲二十餘年而所得，僅僅若此。」這段話很能說明他的藏品的來源、收藏的時間、選擇的精審，以及考辨眞贋的用心。著名吳門畫家陸廉夫就他的考證工作說：「眞贋歧出，一見能決其是非，迨能歸其篋笥，復時時重加比對，遇稍不愜意即揮而斥之，致入錄者無遺憾焉。既明且決，愼重周詳如此，何等虛心耶！……嘗見其賓朋滿座，外事紛如，碌碌若不可以終日，及賓退，而手一編矣。或日不足繼之以燭，小樓相對，一燈瑩然，仡仡至夜分而不知疲矣。」寥寥數語，收藏家之風貌，約略可見矣。

龐萊臣曾刊印過三部藏品目錄，即《虛齋名畫錄》、《虛齋名畫續錄》、《中華歷代名畫記》。

《虛齋名畫錄》刊行於一九〇九年，鄭孝胥爲序，龐氏又自序，吳江陸廉夫作跋，其第一卷至第六卷均爲卷子類；第七卷至第十卷爲立軸類；第十一卷至第十六卷爲冊頁類，共著錄歷代藏畫五百三十八件。其中唐宋元三朝名跡約爲三分之一，多爲歷代收藏大家，如項元汴、趙孟頫、賈似道、徐渭仁、安岐、梁清標等豪門舊物，又有三希堂、石渠寶笈乃至宣和、政和時代的宮中之物。

此書著錄其收藏歷代名跡，最著名者有：唐閻立本《鎖諫圖》、唐韓幹《呈馬圖》、五代趙駙馬《神駿圖》（趙文敏書合璧）、五代董北苑《夏山圖》、宋徽宗《雪江歸棹圖》、宋徽宗賜鄆王楷《山水》、宋李龍眠《醉僧圖》、宋米敷文《楚山秋霽圖》、宋陳居中《羌胡出獵圖》、宋趙大年《水村圖》、宋趙千里《春龍出蟄圖》、宋馬欽山《列女圖》（宋高宗書《女訓》合璧）、宋馬欽山《樂志圖》（王雅宜書《樂志論》合璧）、宋夏禹玉《谿山無盡圖》、宋龔翠巖《中山出游圖》、宋錢舜舉《草蟲圖》、宋人《風雪度關圖》、金李山《風雪杉松圖》、唐周昉《村姬擘阮圖》、唐戴嵩《鬥牛圖》、五代周行通《牧羊圖》、五代王道求《茀林獅子圖》、五代張戡《人馬圖》、宋徽宗《雙鵁圖》、宋何尊師《葵石戲貓圖》、宋釋巨然《流水松風圖》和《江村歸櫂圖》、宋李威熙《寒林采芝圖》、宋郭河陽《終南積雪圖》、宋米元章《雲山草宅圖》……名跡如林，令人歎爲山海，其中任何一件，都堪稱中國美術史上的佳構。它如元明清各代，有如管仲姬、王孤雲、任月山、張子正、黄子久、王叔明、吳仲圭、倪雲林、文徵明、沈石田、唐六如、仇實父、董文敏、項墨林、王石谷、惲南田、王麓台、石濤、八大山人、金冬心等人的作品，更是琳琅滿目。

鄭孝胥評曰：「虛齋主人收藏甲於江南，仿《江村消夏錄》之體，著錄虛齋名畫，其所錄者必以家藏爲限，而積書至十有六卷。雖江村、荷屋以親見入記者，猶未能與之抗。噫！亦誠足以豪矣！諸家以著書爲務，故並錄他人所藏以矜博覽，虛齋以收藏爲主，故惟錄秘玩所蓄，以廣流傳，且夕摩挲與雲煙過眼，孰爲眞鑒，此豈可相提並論者哉！」他認爲龐氏的收藏已遠遠超越前人了。

十六年後，龐萊臣據其後來陸續所得，又編一目，曰《虛齋書畫續錄》四卷，補錄書畫一百九十五件。他在自序中稱：「生不逢辰，適更國變，從此杜門謝客，日以古人名跡爲伴侶，品藻山水，平章眞贋，亦聊以消磨歲月，遣送餘年而已。」儼然一個清末遺老的哀歎。又描述其收藏過程說：「比年各直省故家名族因遭喪亂，避地來滬，往往出其所藏，或作題襟之助，或爲易米之思，以余粗知畫理兼嗜收藏，就舍求售者踵相接。余遂擇其眞而且精者，稍稍羅致，然披沙揀金，不過十之一二，因思古人所作，殫精竭思，原冀流傳後世，歷久勿佚。余自問生平無得意事，無勝人處，惟名跡之獲，經余見雖屬雲煙過眼，而嗜痂成癖，所得在是，所勝似亦在是。彼蒼蒼者，殆不欲名跡湮沒，特令餘褒集之以廣流傳耶。」

龐氏在文中多次講到歷代名跡要廣爲流傳的意思，可是他的這些藏品有不少在他尚在世時，就已流到國外去了，其中以流入美國各大博物館爲多。按說龐氏家大業大，即使在抗戰時期亦不屬缺衣少食之輩，既然「嗜畫入骨」，爲何又出賣名跡？此亦收藏界一謎也。據著名書畫鑒定老專家王世襄統計，僅賣到美國華盛頓，被福履爾美術館收藏的就有好幾件宋人名畫。如宋郭熙《溪山秋霽圖》，吳升在《大觀錄》著錄此畫時說：「丘壑烘染，空靈一派，煙雲杳靄之氣，秀潤如濕，大家格制也。」還有文嘉、王穉登、董其昌、陳盟等明人題跋。據跋文稱，此圖舊爲倪雲林、柯九思所藏，原有倪雲林題簽，可惜已失去，柯九思一墨印尚存。清末此畫爲端方所收得，李葆恂有詩：「市中張賣無人識，神物終歸寶華盦。」最後歸入龐氏虛齋，由他賣給了美國人。還有一幅宋人李嵩《畫鬼》卷，卷中畫松林石洞，鬼怪數十，奇奇怪怪，都用極簡單的幾筆勾勒而出，神態生動，用筆自如，卷尾有「完顏景賢精鑒」印，知是京城三虞堂舊物。據福履爾美術館的採購記錄，知系購自龐氏虛齋。另有宋龔開《中山出遊圖》卷。龔開以畫鍾馗和馬著名，此卷中鍾馗與其妹各乘坐肩輿，鬼怪前後隨從，奇形怪狀，純用禿筆，貌似隨意塗寫，實則非天才之筆絕不能想出亦不能繪出。此畫後經元明清三朝人題跋者達二十幾家之多，著錄自明張醜起，即記之於《清河書畫舫》，以後《式古堂書畫彙考》、《江村書畫目》、《青霞館論畫絕句》、《三虞堂書畫目》、《虛齋書畫目》都曾有著錄。此卷在明代爲韓世能、安民泰等家收藏，入清後又經高江村、畢瀧、蔡鴻鑑（蔡同德本家）收藏，最後歸入虛齋，卻由住在美國的古董商姚某，賣到美國去了。其他著名古畫尚有：元錢選《來禽梔子圖》卷和《草蟲圖》卷，元吳鎮《漁父圖》卷等。元錢選《來禽梔子圖》卷在清初，爲大收藏家安岐所有，見《墨緣彙觀》著錄；乾隆時入清宮，後來賞給了成親王永瑆，自成邸流出後，曾爲崇彝所見，在《選學齋書畫寓目記》中著錄。據福履爾美術館的採購記錄稱，此畫於一九一七年購自龐虛齋。元錢選《草蟲圖》，汪珂玉的《珊瑚網》和卞永譽的《式古堂書畫彙考》都有著錄，此卷於一九二九年左右，由龐氏賣給了美國記第特洛美術館。元吳鎮《漁父圖》卷，畫漁船十五艘，出石邊野水間，梅道人自題仿唐代張志和漁父詞體十六首，題於畫端，卷後有張學、卞榮、周鼎、徐守和、陳伯陶等跋。此卷亦經古董商姚某賣給了福履爾美術館。

一九一五年，龐氏爲參加美國費城舉辦的萬國博覽會，又印行了一部目錄，精裝本，中英文對照，書名《中華歷代名畫記》，著錄其藏畫七十八件，皆爲櫃中至精者。

龐氏於一九四九年去世前，曾將家藏書畫作爲遺產分成三份，由其後代繼藏。上海博物館初建時，曾購得其中一房的藏品。其子龐秉禮（龐萊臣的侄子，過繼爲兒子）先生還將家藏宋代朱克柔的緙絲作品《蓮塘乳鴨圖》捐獻給上海博物館，被視爲該館精品之一。

龐萊臣的另一後人龐增和，於一九九七年底在蘇州去世，時年八十多歲。「文革」前他家仍存有不少其父遺藏，「文革」中全部被造反派抄走，運動後落實政策時，他全部捐給了蘇州市博物館。由此可知，富甲江南的虛齋藏品，目前主要「落戶」在了三個地方，即上海博物館、蘇州市博物館，以及美國的一些博物館和藝術館。龐氏生前曾云「雲煙過眼」，事實上不僅是「過眼」，而且已「過海」了。

風流才子張蔥玉

我國已故著名書畫鑒定大師張蔥玉（張珩）（一九一五—一九六三），是一九五〇年代前上海灘有名的「公子哥兒」。一生聰明絕頂，收藏宏富，詩書棋畫，無所不能，同時又財大氣粗，日斥萬金，嗜賭成性，因錢袋的大進大出終而導致命運的大起大落，至今在老上海中還流傳著不少有趣的故事。

張蔥玉先生

湖州南潯鎮上的張懿德堂，是當地「四象」之一。所謂「象」，是指家財達千萬元以上，另外還有「八牛」，「七十二個小黃狗」等等，均是排在「象」後面的大小富戶。湖州過去稱吳興，是鄰近太湖的魚米之鄉，歷來有兩個傳統：生意上經營蠶絲、絲綢；文化上講究藏書，而張家「身兼兩職」，即是蠶絲業的巨商，又是稱雄江南的大藏書家。

張蔥玉的祖先是安徽休寧人，康熙年間遷到南潯後，世代以經商致富，其高祖張頌賢在太平天國之後受浙江巡撫委託，舉辦浙西的鹽業產銷，使得「商利益滋，官課以充，而公之家亦日豐」。到了張蔥玉的祖父張石銘（鈞衡）手裡，鹽業、絲業並舉，又打入上海商界，尤以經營湖絲出口和房地產業知名，實力驟增，於是在家鄉祖宅旁拓地造園，名「適園」、「塔園」，占地三十餘畝，廳堂樓臺五十餘間，建築面積四千平方米，各種磚雕、木雕和石刻，巧奪天工。同時在上海、常熟、蘇州等地擁有大量產業，僅在常熟就有田產一千餘畝，上海大世界的地皮，當時也在他的名下。這大概是張家實力最爲膨脹的一個時期。

張石銘一九二七年去世，留下大量遺產。他有十一個子女，其中六個是兒子。長子乃熊、四子乃驊、七子乃驥、八子乃駿、九子瞿安、十一子乃駰。張蔥玉的父親是老四乃驊，但因乘船途中失足，溺水而早逝，所以在一九三〇年兄弟析產的時候，就由四房的兒子張蔥玉繼承了他父親所應得的那份遺產，當時他才十六歲。舊時大家族析產非同小可，像張家這樣的大戶誰也講不清到底有多少家產。結果請來經濟界著名人士張文進進行財產評估。張文進最後講了兩句話：除去常熟、蘇州的田畝、鹽廠、房產及家藏字畫書籍不算，僅在上海的房地產和產業估資達二千萬，但同時負債九百萬。所謂負債，據說是指做地皮生意被「套」住的部分。這樣五房分家，各得二百多萬。小小年紀的張蔥玉頓時成了百萬富翁。

張家三代人均嗜收藏，其規模與質量罕有其比。

張蔥玉的祖父張石銘在故鄉適園中築「六宜閣」，即爲其藏書之所，在辛亥革命之前已收得不少善本。移住上海後，與海上名士繆荃孫、沈曾植、楊鄰蘇、費景韓等多有交往，還先後參加淞社、希社，文人雅集，嗜古尤篤，於金石書畫，名人典籍，靡不深究。據其於一九一六年編印的《適園藏書志》著錄，當時已擁有宋版書四十五部、元版五十七部，名人稿本、鈔校本達四百六十部，基本囊括了朱學勤「結一廬」、張蓉鏡「小琅環福地」、吳騫「拜經樓」、顧沅「藝海樓」等舊家的收藏。到了其長子張乃熊手裡，又陸續增益，一九四一年張乃熊編《菦圃善本書目》時，宋本已增爲八十八部、元本增至七十四部，而且屬於其父舊藏者僅占半數，另外半數全爲乃熊本人後來的收集。另外張石銘的第七子張乃驥（叔馴），即張蔥玉的七叔，也是中國收藏史上有名的大家，他收藏的歷代珍稀古錢，在全國排名第二，除了陳仁濤就是他了，所謂「南張北方」的方若，最後把藏品賣給了陳仁濤，而「南張」即是指張叔馴。

張蔥玉的收藏較之他的前輩們略有差異，藏書固然不少，銅器瓷器古錢等都玩過，然而最有成就的則是收藏古畫。他動輒千金一擲，見好就收，與龐萊臣、譚敬、吳湖帆、鄭振鐸等海上「豪客」聲息相投，結爲摯友。他的藏品最負盛名的是唐代張萱的《唐后行從圖》軸（絹本設色）和唐代周昉的《戲嬰圖》卷（絹本設色），以及大宗元人繪畫。張萱是盛唐時代的宮廷畫家，擅長人物畫，尤工仕女題材，常以宮廷遊宴爲題作畫，這幅《唐后行從圖》即是皇后宮廷生活的寫照，各式人物幾十人，面目各一，栩栩如生，極爲名貴。周昉是唐代最有代表性的人物畫家之一，他畫人物「衣裳勁簡，彩色柔麗」，所畫仕女，多麼濃麗豐肥之態，題材亦多表現貴族階層的生活，這幅《戲嬰圖》相傳從清末皇宮中流出，張蔥玉花重金從北京買來。其他著名的古畫還有：宋易元吉的《獐猴圖》、金劉元的《司馬槱夢蘇小》卷、元錢選的《梨花鳩鳥圖》卷、元李珩的《墨竹圖》卷、元趙雍的《清溪漁隱圖》軸、元李遵道的《古木叢篁圖》軸、元顏輝的《鍾馗出獵圖》卷（達十四頁，紙本水墨）、元倪瓚《虞山林壑圖》軸、元王蒙的《惠麓小隱圖》卷、元趙原《晴川送客圖》軸、元方從義《武夷放棹圖》軸等，展卷處處朱印累累，有的畫卷歷代古人題識長達數頁，可知皆爲流傳有緒的珍品。至於明代唐寅、文徵明、仇英、姚綬、文嘉惠、董其昌，以及清代王時敏、王鑑、石濤、吳偉業、漸江、王原祁、龔賢、華喦、王翬等人的作品就更多了。

一九四七年，張蔥玉的好朋友鄭振鐸爲他編印了他的藏畫圖錄，名爲《韞輝齋藏唐宋以來名畫集》，宣紙精印，彩綾裝潢二巨冊，印製極爲考究，共著錄其藏畫中的精品七十幅。鄭氏於序中說：「蔥玉爲吳興望族，襲適園舊藏，而十餘季來，所自搜集者尤爲精絕，自唐張萱《唐后行從圖》以下，歷朝劇跡，無慮數十百軸，皆銘心絕品也。元人寶繪尤稱大宗，至明清之作，亦抉擇至愼，隻眼別具。」可惜此張大公子的藏品與他名分下的房地產業差不多，均來去匆匆，臨近中共建政時，手頭已所剩無幾，所以鄭氏於該序的末尾不免深發感慨：「不幸蔥玉之藏適有滄江虹散之歎，尤其楚人之弓，未爲楚得，徒留此化身數百流覽，僅資此，予所深有感於秦無人也。」

張蔥玉的收藏來去匆匆，屢聚屢散，主要原因是他太喜歡與人賭博，然賭技又不甚高明，結果就只能「坐吃山空」。他曾經創下一夜之間輸掉一條弄堂的房產的「豪舉」，甚至大世界所在的那塊地皮也是從他手上輸掉的，更要命的是此老兄輸掉以後還無所謂，只是把賬房叫來吩咐一下，又一片房產屬於別人了，辦辦手續，以後不必再加過問而已。而張家賬房多爲經年的「老臣」，對張家老一輩人忠心耿耿，見張家公子如此「大出手」，又急又氣，只是毫無辦法。張蔥玉在手頭闊綽的時候，曾在淮海中路靠近武康路的地方造了一幢三層洋房，前門開在淮海路，後門通武康路，花園、鐵門，非常氣派，落成時請朋友們聚餐慶賀，十分熱鬧。不到十年，在衰敗的時候，只好賣掉付賭債了。他的七叔張叔馴同時也營造一幢，與蔥玉之宅相距不遠，抗戰爆發時遠走美國，房子也就賣掉了。張蔥玉把花園洋房賣掉後就搬到南京西路石門路的一條弄堂裡去了。

房產賣得差不多了自然要殃及收藏的字畫，他手中的珍品名跡，大多賣給了廣東人譚敬。在五〇年代初，他手頭僅剩下了幾件東西：顏眞卿的《竹山聯句》、歐陽修的《灼艾帖》、元初錢舜舉的《八花圖》、宋米芾的一件一尺見方的手書眞跡，以及宋拓《蘭亭序》，內有近百名明人題跋，洋洋大觀。一九五〇年代末，他提出售與東北博物館，寫一長信給該館的楊仁凱館長，聲稱這是生平藏品的最後一批脫手，有「掃地出門」之語。可是事不湊巧，趕上三年自然災害，又遇到個別上層領導對於在困難時期增加博物館藏品並不重視，就以經濟原因將其藏品退回了。後來由故宮博物院和上海博物館分別買下。

一九五〇年代張蔥玉經濟捉襟見肘了，鄭振鐸把他調到北京文化部文物局，任文物處副處長，兼文物出版社副總編輯。鑒於他在鑒定書畫方面的獨到的經驗（他曾在一九三四年和一九四六年，兩度被聘爲故宮博物院鑒定委員），任職文物處後，仍以鑒定書畫爲主。他曾帶領一個書畫鑒定小組，在一年多的時間裡，遍歷北京、河北、河南、江蘇、遼寧、吉林、黑龍江、湖南、廣東等地，鑒定分佈在各大博物館的書畫近十萬件，從中發現了許多湮沒已久的書畫珍品，及時地搶救了國家的文物財產。他曾立志把自己的經驗和心得進行科學的總結，把傳世的重要書畫作一次全面的整理著錄，數年中親自抄寫，每至深夜，已積至數千件，約計二三百萬字，可惜這些計劃均未及實現，他在四十八歲時告別了人世。他患的是肺癌，巧的是和他的祖父、叔父同病，他祖父五十六歲辭世，叔父也五十多歲去世，可憐他連五十歲都沒活到。

「北張南謝」，是人們對書畫鑒定界兩位權威的尊稱，北方張蔥玉，南方謝稚柳。現在他們均先後歸於道山，書畫鑒定界正呼喚新一代權威的出現。

「海派海也」

清末民初以來，隨著上海經濟、文化中心地位的逐步形成，江南一帶的文人名士，大多陸續聚集到了上海。抗日戰爭期間，人們爲避戰火，更多地湧進上海租界，至使租界內人口劇增（上海人口從初的數十萬、一下子猛增至抗戰時六百萬），南北商賈，舊僚百官，遺老遺少，洋行買辦，各式人等，五方雜處，這其中就很有一些有眼光的人物，他們是收藏界的巨擘。就書畫收藏來說，除了前面所述的吳湖帆、葉恭綽、龐萊臣、顧公雄等人外，還有聞名遐邇的廉南湖、譚敬、錢鏡塘、周湘雲、劉靖基等人。

廉南湖（一八六八—一九三二）名泉，字惠卿，號南湖，江蘇無錫人，晚清舉人，曾任度支部郎中。一九〇四至一九〇八年居南京石壩街，專事校刊李鴻章的《李文忠公全集》。在上海西郊曹家渡（原聖約翰大學，現華東政法學院附近）築有小萬柳堂住宅，在杭州蘇堤亦築有小萬柳堂別墅（後出讓南京富商，改爲蔣莊，售價五萬，在今之西山公園內），以收藏明清字畫與扇面著稱於世。辛亥革命以後，廉氏不食周粟，不仕不賈，亦紳亦儒，以遊俠自任，然與晚清舊臣、民國政要，均保持交往。又輕財好義，廣爲交遊，最後落到出售藏品度日之境地。晚年耽禪，居北京西山碧雲寺，精研佛道，因服丹鉛過多，中毒去世。他的夫人是吳芝瑛女士，係秋瑾生前好友，秋瑾就義後她不懼危險，爲秋瑾收屍，並營葬於杭州，向爲世所稱頌。

端方曾序其《明清書畫扇存目錄》云：「南湖之高祖馭亭公，以商業起家，而癖好古金石書畫，凡古之遺，靡不集之。至南湖，綽有祖風，而尤嗜宋元畫，不吝重價購求，先世遺產，赤手立盡。」於此可知其收藏之癖好，實源於家傳。關於其宋元古畫之藏，其《小萬柳堂藏畫目》及《明清書畫扇存目錄》均不載。據鄭逸梅先生《掌故小劄》云：「南湖不樂仕進，而名動公卿，交遊甚廣，舉凡遺老顯官，文士詞客，以及清室貴胄，革命黨人，甚至優伶娼妓，巨奸大滑，無不周旋相識。人有急難向之借貸，往往潛自典質以助之。藏有書畫名扇數百柄，曾影印以流傳，而其原跡，以窘乏故，乃陸續讓與扶桑人士。絕可珍者，有馬遠所繪《楊柳五百株》，澹澹濛濛，舞煙飄水，寫盡宣和標格，各極其態，無一相同，卒不知散落何處……」

他的明清藏畫，曾被李鴻章的兒子李經邁「敲」去一大批，共計三十幅。其中有王廉州仿古山水冊紙本十幀，王廉州仿古山水冊絹本七幀，王廉州青綠山水絹本及仿梅道人山水軸紙本；王麓台仿古山水冊絹本十幀、仿大癡軸紙本。這批畫，當初盛宣懷曾以二萬元請廉南湖割讓，南湖不允。後來幫李經邁刊印其父《李文忠公全集》，積欠刊印款計銀三千兩（洋一萬六千元），時逢辛亥革命事起，大家忙於避亂，此事遂擱置。事後李光明書莊找廉氏舊事重提，討還欠款，而李經邁事後卻因賣給安徽的書，書款未收到，而拒付印刷書店的尾賬，南湖找律師欲打官司，律師以爲時隔已六七年之久，賬冊不明，亦感無能爲力。南湖無奈，其秉性不願使小書店無辜受損，只得出珍藏三十種古畫贈李經邁，請李經邁付款。

廉南湖於病中致李經邁信中說：「泉欠慶豐成款計銀三千兩洋一萬六千元，本擬將住宅鬻以奉償，奈急切不易尋得主……急屬以三王吳惲精品三十種全歸秘笈，用償前欠。時家兄仲平在座，就病榻起草電告，越日奉示許可，並命江趨丹兄存問病狀，芝瑛即將畫件點交……南湖所藏三王、惲、吳精品於此矣……前經友人評價，謂多千金以上之品，以此奉讓，足償尊款本息而有餘。杏老（盛宣懷）醉心王、惲，曾托陸廉夫紹介許以二萬金，泉不能割愛，一笑而罷，鮑叔知我。今當病苦顛連之際，舉以相報，望我公勿輕示人，所謂性命可輕，此寶難得也。伏枕寫心，幸矜詧不宣。」廉南湖於病之中，又面臨心愛之藏品散出，其心境悲涼可想。

李經邁在京接電後，立即委派江趨丹來滬辦理接收。此事被盛宣懷得知後，半夜約江氏過斜橋密談，稱「小萬柳堂王、惲劇跡我曾評價二萬金乞讓，南湖不能割愛，今聞歸季皋（李經邁），其於此道非所好，君能爲我謀乎？南湖欠季皋之款我如數代償之可也。」江氏答道：「專使昨夜已發由京漢路北上矣，成事不說，予實無能爲力。」三十幅畫到京之夜，李經邁即張燈置酒，遍邀李木齋及在京諸公，展現群觀，以示慶賀。

此事過程廉氏之妻吳芝瑛在《影帆樓雜記》中和盤托出，連同廉氏與律師往來的信件均照實登出，以呈事實眞相，排遣胸中憤懣。

小萬柳堂另一大宗珍藏爲明清書畫扇面，共一千零五十三幅，共著錄了六集，中有仇英《設色山水》，文徵明《七律》（草書），唐寅《夏日七律》（行書）、《細筆山水》，沈周《竹梧高隱圖》，董其昌《山水》、《留別侯司徒五律》（行書），文嘉《胡笳十八拍》（楷書），陳繼儒《村居閣》、《答侯木庵七律》（草書），劉若宰《臨王帖》（草書），王世貞《七律》（行書），陳洪綬《尋梅圖》，潘震《七律》（行書），王谷祥《五律》（行書），查繼佐《七律》（行書），吳偉業《登縹緲峰七律》（行書），王鐸《臨聖教序》，張玉書《湖光松翠》，金農《梅花》，法若眞《秋山亂樹》，冒襄《七律》（草書），成親王《楷書》，洪昇《七律》（楷書），蕭雲從《設色山水》……在第三集中記錄爲：甲，王時敏六幀、王翬五幀；乙，王翬九幀；丙，王鑑十二幀；丁，王原祁畫十一幀；戊，吳歷畫七幀、惲壽平書四幀；己，惲壽平畫十四幀；庚，惲壽平畫十三幀；辛，惲壽平畫十三幀；壬，惲壽平畫十二種……幾乎囊括了明清兩朝所有的書畫名家，極爲難得。

這宗藏品原爲廉南湖的親戚宮子行先生舊藏，宮氏與廉氏有同好，亦爲收藏大家，彙集名人扇面凡千餘，被端方稱之爲「宇宙之奇觀」。宮氏病逝之前，遺囑將扇冊歸廉氏，對他的妻子孫琬如說：「余自弱冠無所好，惟古書畫是娛，每遇名賢眞跡，輒賞玩徘徊不能去。吾弟玉甫亦愛慕之。五十年來，兩人宦遊所歷，並力收羅，裒然遂成此集，蓋吾兄弟精神所寄，悉在於是。我死爲我致扇冊於廉氏，藏之小萬柳堂，庶不負我兄弟畢生收集之苦心耳」。說完遂指揮家人，將書畫扇面子鍵十二篋，親自封好，非廉氏至不得啓封。待宮氏逝後，廉南湖果眞如約，將扇面千餘頁購歸。後來宮氏兄弟玉甫亦相繼去世，兄弟倆生平所藏精品，強半已歸小萬柳堂。

廉南湖東遊日本時，與日本社會名流常有唱和宴樂之集，全靠出賣古畫爲生，賣出的有石濤畫《蘇東坡詩意》大冊十二頁，賣給了日本著名收藏家山本悌二郎，得金二萬。還將明清扇面帶去日本展覽。古畫不多時，就設法仿造，尤其仿造其收藏中的王建章作品。王建章爲明代遺老，福建泉州人，山水宗北苑，其雄深之力得力於唐宋大家，而能淹有衆人所長。其作品流傳極少、而廉氏藏有其大幅二、卷子五，扇面二十四，卷子中有自作《硯田山莊圖》，外人極少見，此亦爲小萬柳堂的一大特藏。外界既不多見王建章的作品，就爲廉氏雇人臨摹、作僞、唬唬日本人提供了絕好條件。後來他不僅仿王建章，其他明清畫人的作品亦照仿不誤，致使他的錢袋頗爲「鼓」了一陣子。廉氏終年六十四歲，有著作《南湖集》和《南湖夢還集》存世。

廣東人譚敬，亦是上海灘暴得大名的收藏家。譚敬（一九一一—一九九一）字和庵，廣東開平人，其祖先於清代廣州十三行起家，其父譚同興，爲上海著名房地產商，據說現在南京西路、陝西路平安電影院一帶凡紅磚的房子，過去都屬他的房產。譚敬藉父輩餘蔭，家富資財，又嗜藏字畫，與龐萊臣、張大千、鄭振鐸相友好，不數年遂成巨擘。

譚敬一九三六年上海復旦大學商科畢業，一九三九年美國紐約大學研究院國際貿易系畢業，回國後擔任華業信託公司、華業工程有限公司董事長、東南信託銀行常務董事等職。一九四八年赴香港，任香港華商總會理事。一九五〇年，譚敬從香港返回上海，一九五六年後任公私合營的上海房產公司董事。一九五八年因在家中賭博而被判赴安徽勞動改造，返滬後適逢改革開放，一九八一年加入中國國民黨革命委員會，任民革第六、七屆中央監察委員、民革上海市第七屆委員。

譚敬曾從著名收藏家龐萊臣處，重金羅致了一部分宋元名畫，收藏既多，就將舊有不精之件，陸續出讓，以掉換精品。這期間有英美博物館托人介紹向其購得一兩件，獲利頗豐，然而又苦於宋元眞跡不多，存世名件，世所周知，一經脫手便無從補進，因而從獲利計，也曾與海上作僞高手湯臨澤合作，炮製假畫，以騙騙外國人的鈔票。但是，譚敬畢竟爲收藏大家，其售出眞跡中確有絕世精妙者，有如：宋馬遠《松山四皓圖》卷、元顏秋月《鍾馗嫁妹圖》卷、元倪雲林《綠水圖》軸、元唐棣絹本《山水》軸、明夏仲昭《清泉圖》、《畫竹》長卷。他本人留藏的名跡還有：宋趙遹《瀘南平夷圖》、南宋趙子固《水仙圖》、元趙孟頫《雙松平原圖》、《趙氏一門合劄》、趙原《晴川送客圖》，倪瓚《虞山林壑圖》、柯九思《上京宮詞》、明初夏昶《竹泉春雨圖》、解縉《自書雜詩》和明楊一清《自書詩》等等。一九五一年，他曾將珍藏的戰國時期的齊國量器「陳純釜」和「子禾子釜」等文物捐獻給上海市文物管理委員會，將北宋司馬光的《資治通鑒》稿卷孤本捐獻給故宮博物院，中央人民政府文化部曾頒發獎狀予以表彰。譚敬晚年收藏的歷代字畫，一部分在一九五〇年代後生活最困難的時候，請朋友幫助賣掉易米了；另一部分被公家沒收了。抗戰勝利後從長春僞宮散出來的「東北貨」，譚敬設法購得不少，逐漸爲美國各大博物館收去。他在去安徽勞改之後，人們從他家中發現了存世最好的蟋蟀缸，都是明代的名家字款，有宣德年間的，亦爲一奇也。

近些年譚敬的家族中又「爆」出一位收藏家，即譚敬的女婿、杜月笙的小兒子杜惟善，專收各國歷代珍貴錢幣，曾將一批中國古代絲綢之路上，各個小國家的古錢共計三百六十七枚，捐獻給上海博物館，該館還專門爲之印製過一本圖錄，以志紀念。

古董商人錢鏡塘以收藏任伯年的作品知名，他是浙江海寧人，與任伯年是同鄉，原名錢德鑫，字鏡塘，晚號菊隱老人，一九〇八—一九八三年間在世。他幼年得其父錢鴻遇之傳授，工書法繪畫，二十歲以後來上海，獨資經營書畫，掌握了古代書畫鑒別能力，收藏愈富。他經營古玩頗有一套獨到的方法，即極重視爲掌握資訊。他雇了一批人，整天在五馬路等古玩市場上轉悠，遇有故家舊族出讓古物，立即上前看貨、攬貨，所以人家買不到的他能買到，那裡名門豪宅要出讓藏品，他能最先知道，進貨有對象，銷貨也有對象。如

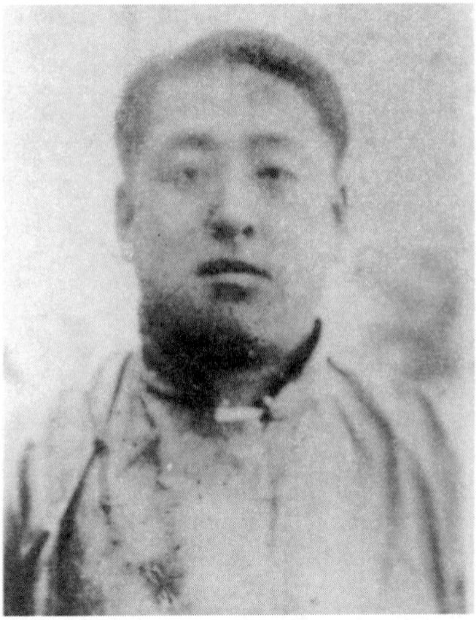

寶米室主人周湘雲先生

劉靖基先生和譚敬即常向他買古字畫，生意就日見興隆。

一九五〇年代後，錢鏡塘多次將所得歷代名家書畫捐獻國家。一九五八年和一九六二年先後二次捐獻了趙之謙、任伯年等近代名家書畫一百七十四件；一九七九年，他又售讓給上海文物商店明清書畫六十七件，由文物商店價撥上海博物館。

著名實業家劉靖基，幾十年間於從事實業之餘，亦喜好收藏歷代古畫。他是江蘇常州人，長期從事紡織工業，開設過安達紗廠，近幾十年間歷任上海市工商界愛國建設公司董事長兼總經理，市貿易促進會顧問，市工商聯主任委員、市人大常委會副主任、全國工商聯副主任委員、全國政協副主席、民主建國會中央常委等職。

劉靖基年輕時就和江南一帶文學家、書畫家和收藏家互有交往，幾十年間收藏宋元明代名家作品千餘件。一九八〇年六月，他將宋張即之《行書待漏院記》卷、宋吳琚《行書五段》卷、元王蒙《天香深處圖》軸、元倪瓚《六君子圖》軸、元朱德潤《行書田園雜興詩》軸等四十件最爲珍貴的書畫，捐贈給上海博物館。一九八二年，上海博物館隆重舉辦了「劉靖基同志珍藏書畫展覽」，市民前趨爭睹一時。

上海為東亞巨埠，人文薈萃，本世紀以來又歷經庚子、辛亥、抗戰等變更，致使文物聚散加速，文物市場活躍，同時也「造就」了一批富商式的收藏家。寧波巨商周湘雲、安徽巨商程齡孫、江蘇富商狄平子、滬上名醫徐小圃，以及嚴信厚等人均以收藏聞名。

周湘雲的藏品以青銅器與書畫精品著稱。青銅器藏有阮元的「家廟四器」，所以有「二簠二敦之齋」之稱；書畫藏品中以唐懷素的《苦筍帖》和米友仁的《瀟湘圖》卷最為著名，故又有「寶米室」之稱。一九五〇年代後均讓歸上海博物館。過去法租界聞人魏廷榮，還有過賣掉黃陂南路的一大片里弄房產，去買一幅元人王蒙眞跡的壯舉，此畫被董其昌稱之為「天下第一王叔明畫」，即《青卞隱居圖》軸，是從狄平子家散出的，為狄平子父親狄學耕世守之物。魏廷榮於一九五〇年將此畫捐獻國家，同時捐獻的共有四十幅精品。他提出要公開展覽，並要說明是他捐的。此事上海文管會頗為躊躇，後決定同意公開展覽，但只展一天，此亦為上海灘「捐獻」大潮中一趣事。

「蘇州片」、「長沙片」……

一位老古玩商曾說：「歷代都有做假畫的，自唐宋以迄明清，從未斷過。宋米芾當時就假造晉人墨跡，帝王收入內府，奉為至寶，刻石流傳，可見當時晉人墨跡已不多見，還有唐人墨跡，宋人雙鉤塡墨，後世亦視同眞跡。作偽欺人騙錢，在道德立場上原屬壞事，然而鑽研古人用筆設色方面，對學習上大有進步，於學術上更有收穫，況眞跡世不多見，歷朝戰爭，損失尤重，真跡一經毀滅而有摹本流傳，尚有形跡可尋，可爲後世示範。降及清代，技術降低，生活高漲，近於粗製濫造，所謂蘇州片子、紹興片子、揚州片子等等，蘇州有國畫基礎，出品尚較好，揚州次之，紹興則不堪寓目，品斯下矣……」。其所謂「蘇州片」、「揚州片」「紹興片」之類，是指在僞造古代書畫方面的地區性特色，是古玩界和收藏界的行話，另外還有「長沙片」、「老城隍廟片」及「廣東貨」、「開封貨」、「後門貨」等等。

「蘇州片」是從明代萬曆年間就開始興起的，居住在蘇州玄妙觀一帶的有些古玩商，專以做假畫爲生，直至清末。「蘇州片」大多有底稿，以絹本工筆設色畫居多，所仿的作品都是古代擅長青綠山水的著名畫家，如李思訓、李昭道、趙伯駒、趙伯驌、仇英等。尤其仿仇英製制的《清明上河圖》，流傳到了全國各地，還有《阿房宮圖》、《諸夷職貢圖》、《仕女遊春圖》等等，觸目皆是。

「長沙貨」是指近百年來長沙地區僞造的大批古書畫，其中做假規模較大的首推一個叫甘半樵的裱畫鋪商人，他夥同幾個當地畫家共謀其事，所仿以明代人爲多，也有清初時人，皆爲見諸史書的名人。當時湖南攸縣有個大富戶，戶主叫尹鑒堂，癖好書畫又不懂鑒賞，因裱畫的關係認識了甘半樵，甘就投其所好，專門僞造了假畫去騙他的鈔票。甘半樵每年從長沙往攸縣送兩次畫，凡數十百件，這樣的情況竟然維持了五六年之久，藏家竟無人發覺，可見其膽大，技藝不凡。至一九二〇年前後尹氏去世後，所藏假畫漸漸流向市面，繼而流向全國各地，方才被人識破。另外，「長沙貨」中尚有劉松齋、毛南陔、夏士蘭的「作品」。他們或將原舊書畫中的原款挖掉，僞添他人的款識或加以別的題跋，將近代的畫家改成古代的，或是製造僞印，或是全部僞造。劉松齋仿清初「四僧」（石溪、八大山人、漸江、石濤）者居多，其中又以仿漸江（弘仁）作品頗能得其形似。劉氏本人善裝裱，亦長山水和書法，自一九二〇年起至中共建政前夕，他「創作」的古畫約有二千件，可見其本事之大。

「開封貨」是指明末清初時期開封地區出現的假做的唐宋元名家的書法作品。他們不造畫，專揀著名書法家來假冒，如顏眞卿、柳公權、蘇軾、黃庭堅、米芾、蔡襄、趙孟頫、鮮于樞等等，幾乎囊括了唐宋間所有的一流書法大家，同時也「造」岳飛、文天祥、包拯、朱熹等名臣武將的字，形式多爲手卷，也有條屏，可謂膽大包天。

百年來模仿近代名人的作品亦泛濫成災，因爲欣賞書畫、收藏書畫的人士日多一日，古玩店供不應求，客觀上造成假畫好銷的機會。近代名家中如任伯年、吳秋農、虛谷、陸廉夫、吳昌碩、齊白石、徐悲鴻、張善子、張大千、吳湖帆等，均有專家冒作。可是眞正能得原作者之筆墨氣韻與風韻，亦非易事，作假者非得有相當的功力和經驗不可。

上海一地，名家薈萃，大收藏家出於斯，作僞高手亦不示弱，其中有兩位較成功的作僞專家，一個是江寒汀、一個是湯臨澤。

江寒汀素有「江虛谷」之稱，製作虛谷的贗品幾可亂眞。他於一九四〇年代經由朋友介紹，到位於復興中路、重慶南路一帶的六瑩堂主人錢鏡塘先生店裡幫忙。開始時，僅爲主人在裝裱好的舊書畫殘破處接筆渲色，謀取些潤金，時間久了，就成了錢鏡塘門下的一位雇聘畫師。錢鏡塘以收藏晚清及近代名人書畫聞名滬上，傳世的虛谷原件收了不少，而虛谷作品一向市面上供不應求，於是錢就將家藏的虛谷眞跡張掛於壁間，請江寒汀等畫家臨仿，江是臨仿得最出色的一位，於是有了「江虛谷」之稱。他曾爲新光大戲院的老闆夏連良仿製了幾百幅假虛谷的畫，而且印章就在口袋裡隨身帶著，畫完了就把「虛谷」的印章一鈐，一張「虛谷眞跡」又出世了。

這種做假畫出售的事，一旦捅破了窗戶紙就常常很危險。湯臨澤參加了與譚敬合作爲造宋元名畫高價賣給美國人的事，就出了大麻煩，他們兩人倒無大礙，中間人古董商洪玉琳卻被抓去了。

湯臨澤一名湯安（一八八八—一九六七），浙江嘉興人，曾任上海《商務日報》副主筆、有正書局的編輯，擅長聲韻文字之學，擅長作僞，亦擅指導別人作僞，不僅製作假畫，其他假古董亦出手不凡。收藏家譚敬與之友善，正値英美古玩商一再請求譚敬將宋元古畫割愛之時，有人向之獻策，倒不如設法請專家模仿、臨摹，或可魚目混珠，幸而獲售，可得巨金。譚敬意動，找來湯臨澤，請湯聘請專家，並指導做假畫的工作。

湯氏請了許徵白、金仲魚和鄭竹友來到譚家，許氏擅山水花卉，工整靜雅；金氏擅花鳥蟲魚，以及走獸動物，精美古雅；鄭竹友書畫兼長，擅寫各種字體；而湯氏本人能刻印章，亦善墨竹，又能自總其成。於是先從惲南田的山水花卉大冊開始，譚敬作爲監督，每日必備豐盛的酒菜供應畫家，計件論工，然後運筆。時上海已經淪陷，前後一年多時間，共作假畫十一件。計有：宋徽宗《四禽圖》卷、元張遜《雙勾竹》卷、元《趙氏一門三竹》卷（趙子昂、管仲姬、趙仲穆）、元趙子昂《雙松平遠圖》卷、元盛子昭《山水》軸、元朱德潤《秀雅軒圖》卷（有元人十九人題跋）、元趙善長《琴川送客圖》卷、明項聖謨《山水卷》一對、明項聖謨《山水冊》十二頁、清惲南田《山水花卉冊》十二頁（乾隆御題）、董其昌《設色山水》大冊十頁。這些畫均由王超群裱家承裱。

美國古玩商一再委託上海五馬路的「四大金剛」之一洪玉琳、張雪庚向譚敬商請出讓古畫，由洪玉琳陪同，前往譚府看畫。他們先將原跡示出，當時選定一部分，以金條計價，第一次成交一百根金條，第二次又成交一百根金條。兩次交易中，有五件是眞跡，其餘十一件均爲僞作。

洪玉琳在一九五〇年代初遷往香港。美商回國後發現所購大半爲僞作，美商堅請退貨。洪致電譚敬未得覆信，美商聲稱將在香港法院以欺騙罪起訴，洪玉琳遂逃回上海。適逢國內「五反」運動興起，洪又涉及其他盜賣國寶案，不敢交代，遂畏罪自殺。

此爲作假結果的另一面，可作後來作僞者戒。

第五章　碑刻——昭示天下的巨擘

四部華山碑

華山碑全稱爲《西嶽華山廟碑》，是東漢隸書碑刻，延熹八年（一六五年，一說是延熹四年）四月立於陝西華山，碑高七尺七寸，寬三尺六寸，字共二十二行，滿行三十八字，碑末有「郭香察書」四字，後人據之認爲是郭香察書的，也有人認爲係蔡邕所書。此碑爲漢代著名碑刻之一，屬於工整精細、法度森嚴的一派，因其法度謹嚴，筆意飛動，又成爲漢碑隸法的風範。可惜此碑於明代嘉靖三十四年（一五五五年）毀於一場地震，僅傳下四部舊拓，於是成了歷代收藏家們角逐的對象。

這四部華山碑舊拓，被稱爲長垣本、華陰本、四明本和順德本，清末兩江總督端方曾利用財勢，「獨吞」其三，現在一本流入日本，一本存香港中文大學、另兩本已歸北京故宮博物院。

四部華山碑中，以華陰本爲最精，一般認爲依原石宋拓，明代裝裱，剪條裝冊，碑額三頁，碑文三十五頁，每頁三行，每行六字。此本傳拓字口爽利，字神畢露，獲明清兩代名人題跋最多，有郭宗昌、王弘撰、王鐸、梁章鉅、阮元等人的題跋三十八段，又有張岳崧、王瓘、徐世昌等觀賞款四十三段，並有「郭氏胤白」、「王山史嘯月樓圖書」、「蘇齋」、「子貞」、「陶齋十寶之一」等收藏印達一百四八方，還配有樺梨木面和紅木匣，木面和木匣的周圍亦刻滿了著名金石學家的題名，因此歷來被視爲國之重寶。這部華陰本亦稱碑刻「關中本」，明代曾爲華陰商雲駒、商雲肇兄弟收藏，儲之黑莊樓，後歸郭宗昌，入清又有王弘撰、朱彝尊、黃文蓮、朱筠、梁章鉅、端方、吳乃琛等人遞藏，一九五九年歸入故宮博物院。這期間梁章鉅從朱氏手中購得時，還與廣東一洋商發生爭奪，有人以梁的奢侈居然能購得如此昂貴的華山碑，向朝廷彈劾梁，多虧有阮元和祝雲帆從中幫助，才「幸荷聖明，置之不問」。

其他三本中，長垣本亦稱「商邱本」，宋拓。因明代曾藏河南長垣王文蓀處故名，其後又由商邱宋犖、陳崇本、成親王永瑆、劉喜海、黃琴川、宗源瀚、端方遞藏；在上面題跋者有吳讓之、朱彝尊、宋犖、陳崇本、翁方綱、阮元、何紹基、翁同龢等人，亦是朱印累累、滿目燦然之屬。此本於一九二九年從端方後人手中流出後，不久就歸日本中村不折氏，現歸日本東京上野書道博物館。

四明本因原藏寧波豐坊萬卷樓而得名，入清後歸全祖望、寧波天一閣范氏、錢大昕、阮元、顏崇實和端方收藏。此本爲原拓整張裱軸，裱軸四周有翁方綱、陳崇本、阮元、何紹基等人的題記，而且幾百年來不缺不爛，後人賴此可窺見原碑的全貌了，這一點爲他本所不及。端方於一九〇七年獲得此本，後來其女與袁世凱的兒子袁克權成婚，遂以此四明本作爲嫁妝帶入了袁家。袁家家道中落後將此本抵押於濟甯李汝謙處，後來贖回，先後歸入潘復、胡惠春之手，一九七五年終歸故宮博物院收藏。

還有一本稱順德本，明清間曾爲金冬心和馬日璐收藏，一八一四年轉入江甯伍福家，後又被張敦仁購得，一八七二年順德李文田督學江西時，從張氏的後人手中買下，遂被稱之爲「順德本」。這一本計缺失二頁，共九十六個字，歸李文田後，曾請趙之謙據雙鉤本從中補缺二頁，又有胡钁據長垣本中重鉤二頁，以補缺失之憾。一八九五年李文田在北京去世，他的兒子李淵碩攜此本返回廣東。後來李淵碩的兒子李棪將其歸入香港中文大學。

以上四本華山碑現在均有影印本行世。另有香港《書譜》所刊貞漢閣藏宋拓本，據有關人士考證實爲僞本。數百年來華山碑的遞藏與鑒賞，在文人學士及官府之中向稱大事，甚至「事達天聽」，可見其影響之大，這從一個側面亦可見中國碑刻珍品在中國社會所居的地位。

荀齋藏碑

一九六五年十一月，在周恩來的親自指示和過問下，北京有關文化部門從香港買回了一批我國古代珍貴的碑帖拓本和善本古籍，入藏北京圖書館善本室，這對於我國古代思想文化和書法藝術的研究具有重要的意義。這批珍貴的碑帖拓本和善本古籍，就出自荀齋，其主人名叫陳清華。

陳清華（一八九四—一九七八）字澄中，湖南祁陽人，一九五〇年代前任中央銀行的總稽核，因得宋刻宋印本《荀子》，遂顏其居曰「荀齋」。陳氏收藏，以數十種宋元古版著稱，藏碑又以宋拓孤本柳公權的《神策軍碑》，以及宋拓本《佛遺敎經》、《大觀帖》、《絳帖》、《蜀石經》、《東海廟碑》、《嘉祐石經》等聞名。抗戰勝利之後，陳氏離滬赴港，數十種珍籍亦隨之俱往。當時國外的有關收藏大家及有關大型圖書館（如美國國會圖書館）都有囊括之意，陳氏未允。時至一九六五年，不知是何原因，陳氏想將藏品出賣了，上海和北京的文物界人士得訊後，立即設法與之聯繫，並請示了周恩來，在周的關懷下，又經在港的徐森玉之子徐伯郊的往返聯繫，終於使這批寶貝重歸故土。書到北京後，周恩來還抽出時間一一過目，使這批珍藏更加引人注目。

據北京圖書館的善本室主任李致忠考證，荀齋所藏《神策軍碑》（全名爲《皇帝巡幸左神策軍紀聖德碑》），崔鉉撰文，柳公權正書。該碑於唐武宗會昌三年（八四三年）立於皇宮禁地，外人很少能得見之，椎拓就更爲困難，所以從宋代至今只傳此一種，世稱「宋拓孤本」，極爲珍貴。此碑在北宋趙明誠的《金石錄》中已有著錄，分爲上下兩冊。歐陽修的《集古錄跋尾》中未見著錄，故此碑可能在北宋時已不復存在，而此本很可能爲唐末或是五代時所拓。

神策軍建立於唐玄宗天寶十三年（七五四年），初設在甘肅臨洮，爲邊防守軍，後來演變爲五大禁軍之一。唐德宗貞元（七八五—八〇四年）時，分神策爲左右廂，而且均由宦官分統。柳公權書《神策軍碑》記載的就是唐武宗李炎巡幸左神策軍時的情形，內容當然是歌功頌德，雖史料價值有限，但保留了柳公權晚年最爲純熟時期的書法作品，是中國歷代書法寶庫中的珍品。此碑爲柳公權晚年（七十一歲）時所書，比人們熟知的代表作《玄秘塔》筆法更爲精練遒勁，加之摹刻精工，拓碑時代較早，拓工亦佳，實爲現存柳書中最佳者。

陳氏所藏此碑拓本，歷代流傳有緒。南宋時爲權相賈似道所有，拓本首頁有「秋壑圖書」印記爲證。元代後入官府，有「翰林國史院官書」條記。明初，先歸內府，後入「晉王」家。清初又歸北平孫承澤，後歸大收藏家梁清標、安岐、張蓉舫、陳介祺等遞藏，均爲豪門深府秘藏之物。

《佛遺教經》全名爲《佛海涅盤略說教誡經》，宋代麻紙氈拓，曾是明代永樂宣德年間官吏袁宗徹的家藏，後歸范氏天一閣，清初被安儀周所有，以後又進入清廷內府，乾隆、光緒、宣統等皇帝均有鑒賞璽印。此碑在宋初即被當作王羲之所書，經後人考證，是爲唐釋道常所書，有晉唐小楷風韻，亦爲重要的書法珍品。

《大觀帖》係北宋大觀三年（一一〇九年）宋徽宗詔刻的皇家法書碑石，由蔡京書鑒及卷首，立石於太清樓。陳氏藏本爲經折裝，存兩卷。卷一爲淡墨宋拓，收東漢章帝至唐代高宗等歷代帝王草書和行書帖十七種；卷二爲濃墨元明拓，翻刻本，收東漢至晉的歷代名臣：張芝、鍾繇、王象等草書、行書、小楷帖十九種，草書旁邊還有清代徐眞木的朱筆注釋，亦極爲珍貴。

《蜀石經》始刻於五代後蜀孟昶廣政元年（九三八年），故又稱《廣政石經》，完工於北宋宣和六年（一一二四年），前後歷時一百八十多年。此石經當孟昶時代初刻時，是以唐文宗大和本「經書」爲底本，加上各家註疏，由張德釗等人用楷字書寫，陳德謙等摹勒上石，由宰相毋昭裔校勘督造，是爲官方欽定的石刻經典著作。北宋之前刻了《易》、《詩》、《書》、《儀禮》、《禮記》、《周記》、《左傳》（一至十七卷）、《孝經》、《論語》、《爾雅》等十種。北宋時，刻全了《左傳》（十八至三十卷），又續刻了《公羊傳》、《穀梁傳》、《孟子》三種，由經田況等書寫，共刻了十三經。此套巨型的石刻「經書」竣工後，立於成都府學石經堂，在南宋初期尚保存完好，到宋理宗嘉熙、淳祐（一二三七—一二五二年）以後，開始逐漸散失。到民國年間，收藏石經殘石就成了一項專門的藏品了，所以，完好的石經拓本流傳下來極少。陳氏藏《蜀石經》拓本，計有墨拓本七冊，其中《左傳》、《穀梁傳》、《周禮》各兩冊，《公羊傳》一冊，均爲宋元舊拓，清道光年間（一八二一—一八五○年）木刻《蜀石經》印本一冊，《蜀石經題跋姓氏錄》一冊，爲《蜀石經》的研究提供了可貴的資料，尤其在「經」文中加刻注文，爲歷代石經所無，故亦爲後來的經學大師們提供了考據依據。

《嘉祐石經》，是北宋仁宗慶曆元年（一○四一年）開始刊刻，嘉祐六年（一○六一年）竣工的又一巨型「石刻群書」，書體一篆一眞相間，故又稱《二體石經》。這組石經本立於汴京（開封）太學內，靖康之變後，趙構南遷，石經遭到殘毀，金、元時經過補刻，到了元末即告散佚了，目前開封博物館內尚存有少部分原石，舊拓本極少見。陳氏所藏《嘉祐石經》爲四巨冊，內容爲《周易》、《尚書》、《詩經》、《禮記》、《春秋》、《周禮》、《孟子》共七種，頁數達三百七十多頁，共三萬多字，實爲北京圖書館館藏石經中最好的一種。此本原爲清代丁晏於咸豐七年（一八五七年）發現於淮安書肆，收購回家，重裝爲四巨冊，當時，另外還裝有名人題記一卷，未與此四冊連屬，現藏上海博物館。這幾冊石經，均爲宋、元墨拓，經過多次裝池，最後爲丁晏重裝，大幅經折剜裱，整體極爲壯觀。

荀齋除了珍貴的藏碑外，尚藏有數十種宋元古版珍籍，其鎮庫之本爲宋刻宋印本二十卷的《荀子》，係南宋浙江官刻本，開卷鈐有「道鄉書院」、「孫朝肅印」、「士禮居」、「汪士鍾藏」、「甲子丙寅韓德均錢潤文夫婦兩度攜書避難記」、「韓應陛鑒藏宋元名鈔名校名善本於讀有用書齋印記」等藏書印鑒，可知此書在清代曾經孫朝肅、黃丕烈、汪士鍾、韓應陛等大藏書家遞藏，是爲海內孤本。這些遞藏者中年代最近的一位是松江人韓應陛，他的「讀有用書齋」藏書，於太平天國時損失大半，他本人在愁苦中不幸去世。剩下的藏書由他的子孫深藏秘守達半個多世紀，直至抗戰時才標價出售，藏書界爲之刮目，想必陳清華是在那時購得此書的。由於幾百年來，這部絕無僅有的宋版孤本《荀子》一直被它的收藏者束之高閣，秘不示人，使得清代乾隆、嘉慶以後研究《荀子》的人，都無緣見到這個刻本，直到一九六五年底書歸北京圖書館之後，文物出版社於一九七五年將其影印出版，方才重見天日。陳清華當年得此書後命書齋僞「荀齋」，可見其大喜過望之情狀。

荀齋另一絕無僅有的珍藏是，南宋臨安廖瑩中世彩堂刻的《昌黎先生集》四十卷（簡稱韓文）和《河東先生集》四十卷（簡稱柳文）。版本目錄界認爲這是世彩堂刻本中最爲精善的版本，並稱之爲「宋版書中的上品」、「韓柳文中的標準印本」。宋代周密的《癸辛雜識》曾記載說：「廖群玉（瑩中）諸書，九經本最佳，凡以數十種比較，百餘人校正而後成。以撫州草鈔紙、油煙墨印造，其裝褫至以泥金爲籤。然或者惜昔刪落諸注，反不若韓柳文爲精妙。」可知世彩堂刊本的韓柳文，即便在當時，就已是上品了。陳氏所藏韓文，原爲丁日昌持靜齋所藏，丁氏於清同治四年（一八六五年）任蘇松太道於滬，丁氏故後，韓文散出歸湘潭人袁思亮（伯夔），後輾轉爲陳氏所得。世彩堂刊柳文原在上海工部局總辦潘明訓的寶禮堂中，陳氏得知後商請潘氏：「世人向以韓柳兩家並稱，故韓柳二集亦以並置一處爲宜，倘若兩書分居二處，能無失群之憾耶？鄙以兩書各作現大洋二萬元，或以韓文歸君，或以柳文歸我，胥以二萬元償其值，如何？」潘氏沈吟良久，終於將柳文歸諸陳清華。

著名的宋代世彩堂刊韓柳文，係爲韓愈、柳宗元著作的「標準件」，在一九五〇年代初期已先期「回歸」大陸，入藏北京圖書館。其餘藏品於一九六五年係第二批「回歸」者。其中善本古籍除了宋版《荀子》外尚有：宋刻《張承吉文集》、元刻本《夢溪筆談》、《任松鄉集》、元明間刻本《斷腸詞》、明翻元大德間平水曹氏進德齋刻本《樂雅》、明弘治間涂禎刻本《鹽鐵論》、明嘉靖刻本《泰山志》、清初毛氏汲古閣影宋抄本《鮑參軍集》、《漢書》、汲古閣抄本《小學五書》、《詞苑英華》、《焦氏易林》，以及清代乾嘉間學者孫星衍、洪亮吉校、顧千里跋的《水經注》等。

當年陳氏去香港之後，其上海寓所仍留存大量藏書，由其女兒陳國瑛及女婿劉吉敖保存，亦不乏精善珍秘。其中清代精刻本大都於「文革」前，由上海古籍書店收購去，然後轉售給上海圖書館。再好一些的本子，如稿本、名人抄校、批校和明代版本，不幸於十年浩劫中被造反派抄家抄走。一九八〇年落實政策發還時，尚有二千餘種，經上海圖書館顧廷龍老先生過目，多屬難得之善本。後由陳國瑛和劉吉敖捐獻國家，現藏上海圖書館。

陳清華藏碑與藏書，是一九五〇年代後由香港回歸故土的最大的珍藏之一。另外還有一藏書大家，是廣東人潘明訓的後代、復旦大學教授潘世茲，待藏書專章裡再作記敘。

藝風堂與積學齋

北京大學圖書館和華東師範大學圖書館的古籍部，都收藏著一大宗歷代碑刻拓片。著名學者、現代作家施蟄存曾經將兩份目錄加以對照，發現兩批拓片是一樣的，只是原來藏家是兩個人，即繆荃孫與徐乃昌。

繆荃孫即大名鼎鼎的藝風老人，字炎之，又字筱珊，晚號藝風，江蘇江陰人，一八四四至一九一九年間在世，是爲晚清著名學者、版本目錄學家。他與徐乃昌是好朋友，本世紀初相逢於北京琉璃廠，均以藏書藏碑知名。晚清碑版之學大興，訪碑考碑是爲文人學士的嗜好，繆、徐二人便花錢雇了幾個人，常年在名山大川間踏訪，遇有古碑、造像、墓誌、井欄銘文等就墨拓下來，一式兩份，兩人可各得一份，累年所積，竟達萬餘張，並逐張裱過，折成統一大小的規格入庫。他們兩人是民國期間藏古碑拓片最多的人，以收藏齊全而著稱。

繆荃孫光緒二年（一八七六年）進士，曾任職清廷翰林院和國史館，歷主江蘇南菁、廣東廣雅書院、山東濼源、湖北經心、江蘇鍾山、龍城等書院講席，後任江南高等學堂總教習，先後創辦江南圖書館和京師圖書館，是近代中國對圖書館學貢獻最多的人之一。晚年寓滬，幫助江南各著名藏書家整理或刊印叢書。自家藏品於歿後由其子陸續售出，善本六百餘種售之上海古書流通處，金石拓本一萬多片售之燕京大學。繆氏著述甚豐，刊行者有《藝風堂文漫存》、《藝風堂金石文字目》十八卷、《藝風堂文集》八卷、《續集》八卷、《常州詞錄》三十一卷、《藝風堂讀書記》、《藝風堂藏書記》、《再續記》、《遼文存》六卷、《續碑傳集》八六卷、《碑傳集補遺》十四卷等。從其著述目錄中即可窺見其用力之重心，一曰碑刻，二則藏書、讀書。

徐乃昌（一八六八—一九三六）字積餘，號隨庵，安徽南陵人，官至江南鹽法道兼金陵關監督，辛亥革命後居上海，以寓公自居，專以收藏與刊刻爲務，家有積學齋藏書，遂以藏書、刻書、訪碑及收藏金石碑拓名噪海內。所藏宋元刊本，收入《隨庵叢書》，凡十六種三十八卷，另有宋《寶祐四年登科錄》、元《紹興十八年同年小錄》、元《元統元年進士錄》、宋刻《資治通鑑目錄》、李杜集；稿本有《硯溪先生遺稿》、《小謨觴館詩集》等。《隨庵叢書續集》中所收宋元舊本，曾經瞿氏鐵琴銅劍樓借得代爲刊行之。其他自刻之書，尚有《積學齋叢書》二十種（皆爲清人未刊之著作，附刊徐氏自編《南陵縣建置沿革表》）、《小檀欒室彙刻閨秀百家詞》十集共百種、《鄦齋叢書》二十一種、《懷幽雜俎》十二種、《隨庵所著書四種》、《宋元科舉三錄》、《南陵先哲遺書》五種等，總數近二百種，其以一己之力，刊刻圖籍如此之多，實爲近代書林罕見之人物。

徐乃昌身爲鹽督，家財萬貫，除藏書刻書外，亦喜收藏其他古物。金石碑拓方面與繆荃孫互通有無，積至萬片以上。一九五〇年代，其後人售其遺物的消息，輾轉傳至施蟄存先生處，經施先生推薦，由華東師範大學圖書館購下，並專門設計定製了三隻大書櫥，以儲其碑拓。其他藏品，見諸目錄者有：《隨庵吉金圖錄》、《小檀欒室鏡影》、《鏡影樓鉤影》、《至聖林廟碑目》、《積餘齋集拓古錢譜》、《積餘齋金石拓片目》、《隨庵藏器目》等，均爲其收藏及考釋之記錄。其《隨庵藏器目》稿本現存華東師範大學圖書館，著錄鐘、鐸、鼎、簋、爵、斝等青銅器九十二件，附有說明，多爲阮元、何夢華、潘祖蔭、吳雲、吳大澂、劉鶚等人舊藏。其稿本墨跡潦草，不甚用心，圖書館研究員黃明女士認爲，此爲徐氏後人出售其藏品時的目錄，並非徐氏自撰目錄。然從中亦可見徐氏青銅收藏之規模。

徐乃昌身後藏品早已星散殆盡，其後人曾於上海老西門設一書店售其未盡之書，未幾書盡，書店亦歇業，其佳本多歸天津李嗣香，著名藏書家黃裳得其戲曲類藏書，復旦大學亦有所得，鄭逸梅得其名人信劄。總之是人們各有所獲，而獨徐氏地下無知矣。

千唐志齋及其他

一九五三年，全國各地已進入第一個五年計劃的建設時期，河南洛陽市政府，擬在城東進行大規模的基本建設，為了探明地下的情況，尤其要瞭解一下地下有無重要的古墓或其他歷史遺跡，居然雇了三個在舊社會專以盜墓為職業的行家，前來幫助工作。這在現在看起來，似乎近於笑話，可是在那時百業待興、新的科學技術尚是一片空白的時候，事情也只能如此。

況且，在本世紀上半期的幾十年中，這些盜墓老手的能量相當大，確有一套特殊的本領。洛陽以北，黃河以南，中間綿延的號稱百里邙山（又稱北邙），被他們挖了個「鍋底朝天」。僅從目前所知的，從這兒出土的六七千塊墓誌銘來看，就知道起碼有六七千座古墓被他們盜掘過。難怪一九五〇年代有的老先生在報上發表文章說，一聽說哪兒出土了新的墓誌或是大批珍貴的青銅器，就感到悲喜交加，喜的是又有可能目睹前人所未能獲見的古物，悲的是又有一批古墓被盜挖，其中拿出來的只是一部分，被毀壞的、藏匿的、走私出境的眞不知還有多少！

洛陽是歷代名都，是中國古代僅次於西安的九朝古都，先後有東周、東漢、曹魏、西晉、北魏、隋、唐、後梁、後唐九個朝代在此建都或作陪都。洛陽北部的邙山，傍河朝陽，地勢高亢，歷來被認爲是營葬逝者的「風水寶地」，所謂「生居蘇杭，死葬北邙」，即是指此。古代奴隸主、封建主多實行厚葬，帶入地下的珍寶、文物無數，而北邙又是叢葬之地，古墓多得「幾無臥牛之地」。唐代詩人王建就有詩云：「北邙山上少閑土，儘是洛陽人舊墓。」本世紀初京漢鐵路修築時開路開到了這裡，一路上古墓比比皆是，連老舍的小說裡也寫道：「龍旗的中國也不再神秘，有了火車呀，穿墳過墓的破壞著風水……」大批古墓的暴露，更給掘墓者帶來新的生機。

洛陽的盜墓者代有傳統，明代萬曆年間的王士性著了一部《廣志繹》，就記載了洛陽盜墓團夥的窩、點，以及搗、琢、筒、攻、取物等盜墓的方法，陝西的盜墓者亦隨之仿效。以至於洛陽「吃祖宗飯」的人所發明的盜墓工具「洛陽鏟」（是爲鐵製雙鏟，俗稱陽窐），大行其道，走遍天下，直到「文化大革命」中，西安臨潼的老鄉打井抗旱，挖出了兵馬俑，陝西博物館的袁仲一先生（原爲西安秦始皇兵馬俑博物館館長）帶人前去勘探、挖掘時，手裡用的工具仍是「洛陽鏟」！可想這幫洛陽盜墓老賊有多厲害。

據說這種「神奇的鏟子」狀如半瓦，又用七尺竹竿繫之以繩，向地下鑽探，可探至五米以下。盜墓人根據掏上來的土質的情況，所謂死土、浮土、鋪騰土、淤土、澄土、油土等，來判斷下面有沒有古墓，或是何等年代的古墓。如果是三代和秦漢的古墓則開掘搜寶，如果是宋、明代的「刀子活」就不挖了。據說土質潮濕者叫做「髒坑」，人骨作黃鐵色，有灰渣或糟鐵，古物上必沾有泥渣；而三代古墓多爲五花土、夯土，以木板砌爲棺狀。至於古墓的形狀特點，他們的經驗是「宋方唐圓漢鋪塌」。唐代古墓或坯砌，或磚砌；宋多磚墓，宋末多男女合葬，初見瓷器，有青瓷佛而俑漸少……每到春冬兩季，河南、陝西的盜墓者多由黑幫裝扮成乞丐，在祁縣組織團夥，其組織嚴密，行動迅速，神出鬼沒，不等人們發覺，早已掘完，分贓走道。

民國十四年、十五年間，洛陽四郊均成立了民團、紅槍會等武裝組織，鄉間槍支多起來了，就更助長了盜墓之風。從此，人們從夜間偷偷地挖變成白天公開地挖了。據洛陽的老古玩商說，當時每日田地裡人們來往如梭，老幼參戰，盛於趕廟會。挖掘現場攤販林立，棚帳處處，古玩商人忙得不亦樂乎。北京、上海、開封等地都有古玩商人坐莊收貨，每天的成交額往往達數千元甚至數萬元。因爲洛陽一地古墓實在太多，幾乎是一動土層就能發現古墓，並且往往是上層有晚期墓葬，下邊還壓著一座早期墓葬，有的是後期墓道鑿穿了前期墓葬的墓室，甚至二層、三層古墓重疊的現象，也屢見不鮮！

由於古墓大量被盜，住在城裡的墓主的後代就不得不出城去鄉間修理墳墓。重修過的墳多少也有些隨葬品，那些盜墓人連這些「新墳」也不放過，人家白天修墳，他們夜裡就給挖了。在當時的唐寺門村和北窯村之間，有一史姓墳墓被盜尤慘。史家子孫不得已，就在墳墓旁立了一塊石碑，上刻「此墳已被掘過九次，請勿再光顧」，原以爲能保平安，結果仍舊再被挖開。

在國民政府時期，對私自盜挖古墓的行爲事實上不僅沒能取締，反而出現徵收古物稅的怪事。一九三○至一九三二年徵稅額爲百分之三十。至一九四九年，據統計，洛陽一帶還有至少一萬人在從事盜墓活動！如此龐大的隊伍，如此「高超」的技術，如此長的時間，可憐九朝故都洛陽一地，還能不「出產」墓誌銘六七千塊嗎！

最初，盜墓人並不知墓中的墓誌有用，後來發現有人收集，才知道此物也能賣錢，於是「水漲船高」，價格飛升。再後來不僅墓誌原石值錢，就連墓誌拓片的收集和珍藏，亦成了了不起的事情，出現了幾個大手筆。

百年來在墓誌銘原石的收藏上，主要有四個人物卓有成就，即張鈁、于右任、李根源和章鈺。

張鈁（一八八六—一九六六）字伯英，號友石，河南新安縣鐵門鎮人，同盟會成員，河北保定陸軍速成學堂出身。辛亥革命中，在陝西與錢鼎密謀響應，率義軍首入省城，苦戰三日，消滅了清廷在西安的勢力。南北統一後，陝西革命軍縮編成兩個師，張鈁任第二師師長。一九一八年陝西靖國軍興，他應于右任之邀，出任副司令。靖國軍失敗後，曾任河南省代主席、二十路軍總指揮。一九四〇年代末，在重慶任「鄂豫陝邊區綏靖公署主任」。一九五〇年代任全國政協委員，民革中央委員，一九六六年病逝於北京。

張鈁於一九三〇年代駐軍河南洛陽時，就注意留心收集當地出土的古代墓誌，與于右任不但爲革命同志，亦是篤好金石和書法的同道。在收藏墓誌方面，兩人曾有默契，凡收到魏志歸于右任，凡收到唐志則歸張鈁。一九三六年，張鈁在洛陽碑帖商郭玉堂的協助下，居然收集到了從西晉至民國間的墓誌共達一千五百七十八件，其中唐代墓誌多達一千二百件。於是，張鈁在他的家鄉新安縣鐵門鎮築起了「千唐志齋」，號稱全國藏墓誌第一大家。

千唐志齋內景

墓誌是古人埋在墳墓中的記墓石刻，大凡刻有死者生卒年月，姓氏別號，籍貫世系，履歷生平等等，比較詳細的墓誌還記敘著墓主經歷的重大事件，重要的貢獻等等，因此內容涉及歷史、民俗、政治、經濟各個方面，具有很高的史學價值。而且墓誌書法大多爲當時當地擅長書法的人寫就，再請摹刻好手刻寫上石，因此又具有相當的藝術價值，是研習書法的重要範本，所以受到人們的重視。

張鈁的「千唐志齋」是由十五孔窯洞、三個天井和一道走廊組成，所有的墓誌原石，就鑲嵌在窯洞的牆壁上，被列爲中國十大碑林之一。所藏唐代碑刻中，墓主上至相國大臣，藩鎮封疆、皇親國戚，下至尉曹縣吏、宮娥彩女、學士名流。這些墓誌對唐代的社會情況、風土人情、名流交往等都有眞實的反映，是研究唐代社會的極好的第一手材料。從書法角度來看，更是名家薈萃，各取高標，眞草隸篆，令人陶醉。其中有唐狄仁傑的《相州刺史袁公瑜墓誌銘》，有虞世南、褚遂良、顏眞卿、柳公權的書跡。唐朝因注重以書取仕，所以文人多寫得一手好字，即使不甚出名的作者，所書墓誌亦是字字珠璣，筆筆生輝。南朝墓誌有王弘的書法；北宋則有米芾；明朝有董其昌；清代有王鐸、鄭板橋等人；近人中還有康有爲所書的楹聯和題額。

除墓誌以外，「千唐志齋」還收有百餘塊唐以後的各種石刻作品，如宋代米芾所書的行書石刻對聯：「瘦影在窗梅得月，涼雲滿地竹籠煙」，如天骨開張，爐火純青。元代著名書法家趙孟頫所書《宣武將軍碑》，字體端莊，氣宇軒昂。明代大書法家董其昌所書曹丕的《典論・論文》，爲石刻橫披，全長一米多，字字韻清骨秀。「揚州八怪」之一的鄭板橋所畫並親筆題詠的一組風、雨、陰、晴竹枝屏扇，以及一幅名爲《醒》的單幅寫竹：「昨夜春雷平地起，兒孫都願上青雲」，令人玩味十足，又忍俊不禁。另外還有劉墉的行草碑刻、邵瑛的狂草條幅石刻、王鐸巨幅中堂石刻、王純謙指畫蘭草石刻等等。而「千唐志齋」主人張鈁的父親張子溫先生的墓誌，又係近代國學大師章太炎撰文、著名書法家于右任書冊、著名篆刻家、畫家吳昌碩篆額的三傑並作，古樸典雅，韻高氣足，亦是藏石中的一珍。

千唐志齋藏志之一

「千唐志齋」由國學大師章太炎題寫室名，名滿天下。張鈁曾摹拓過《千唐志》拓本，爲文人學士爭購一時。華東師範大學圖書館收藏的一套拓本，是當年張鈁送給上海一富商的。該富商去世後家道中落，其子孫將拓本賣給朵雲

于右任先生

軒。後來為施蟄存先生所發現，推薦給華東師大買下。一九五〇、一九六〇年代在「左」的思潮影響下，「千唐志」是不是封資修？有沒有必要保存下去？都曾經成為嚴重的政治問題。後來雖然藏石有所損失，然終於保存了整體面貌，現存西晉至民國墓誌一千三百六十件，河南省文史館藏其拓片一千一百件。

于右任（一八七九—一九六四），陝西三原人，是著名的教育家、報人、詩人、書法家，同時還是有名的收藏家，收藏古人墓誌原石，亦是他的嗜好之一。一九二四年，他的朋友胡景翼擔任河南軍務督辦時，幫他從洛陽的古董商手裡，買下了北邙出土的三百方古墓誌銘原石，因其中有七對是北魏時的夫婦的墓誌，於是就名其居曰「鴛鴦七志齋」。當時於右任先生本想將這些墓誌運回陝西老家，但因隴海鐵路當時只修到豫東靈寶，還未到西安，就只好暫運北平西直門內菊兒胡同的寓所，一九三五年冬，日本人兵臨北平城下，爲了安全起見，時任監察院院長的于右任，委託楊虎城將軍將此三百塊石頭，設法悉數運回了陝西。這前後，他還曾托楊虎城將軍爲其收集其他古代碑刻，如四百四十四字的《熹平石經》的殘石等，耗資四千銀元。一九三七年西安碑林大修告竣，于右任先生就將自己累年來收集的古代石刻，全部捐獻給了碑林博物館，共計三百十八種，三百八十四石，其中《熹平石經》及黃腸石六種，晉墓石四種，北魏墓誌一百十三種，東魏墓誌七種，北齊墓誌八種，北周墓誌五種，隋墓誌一百十三種，唐墓誌三十五種，後梁墓誌一種，宋墓誌三種。這批墓誌的精華後來一直存放在西安市碑林博物館內，其中有已被定爲國家一級文物的北魏墓誌《元珍墓誌》、《穆亮墓誌》等，均爲北魏墓誌書法中的珍品。

李根源（一八七九—一九六五）字印泉，雲南騰衝人，在日本留學期間加入同盟會，爲同盟會元老之一，辛亥革命前任雲南陸軍講武堂監督、總辦，辛亥革命後曾任雲南軍政府總長、總參議院議長。一九五〇年代任西南軍政委員會委員、全國政協委員，一九六五年在北京病逝。

一九三〇年代初，正是河南洛陽地區盜墓成風，墓誌大批出土的時候，他以二千銀元購下唐代墓誌九十三石，其中小的一人可以搬動，大的須四人才能扛起。他請朋友楊杰幫助，租得火車皮一節，將此重達十噸的九十三塊石頭從河南運到了蘇州，在蘇州築起「曲石精廬藏九十三唐志室」以珍藏之，亦請國學大師章太炎題寫室名。一九三七年日軍攻佔蘇州，他連夜將這批墓誌運到了他母親的落葬處小王山，沈到山下關帝廟前的水池中，直到一九五〇年代以後，方才撈起。李先生後來將自己所有家藏文物，包括這批唐代墓誌全部捐獻國家，現在大都入藏南京博物院。

李根源先生藏的唐代墓誌中最負盛名者，爲唐代大詩人王之渙的墓誌銘。王之渙以一曲《登鸛雀樓》而名冠千古：「白日依山盡，黃河入海流。欲窮千里目，更上一層樓。」這首詩在中國早已婦孺皆能吟，可謂千古傳唱了，可是對作者的身分卻不甚瞭解，唐代史籍中很少提及。現在盜墓人無意中把他的墓給挖掘了，出土了他的墓誌，爲中國文學史增添了確鑿的作家生平史料。章太炎觀看此志石興奮無比，欣然題曰：「誦其詩而不悉其人之行事，得此石乃具詳本末，眞大快也！」可惜的是，王之渙之墓被淹蓋在北邙墓叢之中，盜墓風一掃過，原地只剩下大小不一的黑洞洞。墓誌一經取出，原墓地墓主即無法再次對號，想要尋覓王之渙之墓，亦非易事了。

除上述幾人之外，端方、羅振玉、馬衡、徐森玉等也到過洛陽採購志石。早於張鈁收集的還有洛陽存古閣和河南省建設廳。河南省建設廳所藏後來移交河南博物館。一九五〇年代後河南省博物館由洛陽遷到鄭州，將墓誌移存開封市博物館。

石鼓與石鼓文

現存故宮博物院的十個饅頭狀的石鼓，上面刻的文字叫石鼓文，是東周時期秦國刻石，是我國傳世最早的石刻文字之一。十個石鼓上各刻詩一首，四言一句，與詩經的形式相同，記敘了秦國貴族田獵的遊樂生活。十個石鼓歷經幾千年的風雨磨損，上面的文字大多數已漫漶不清，有一隻石鼓已隻字不存了，而早在宋代就被人拓下來的拓本，就成了天地間的珍稀之物，百年來發生了不少有趣的故事。

傳世的宋代石鼓文拓本到了明代僅剩有四本，其中一本藏於寧波范氏天一閣，後毀於火，其餘三本，均爲嘉靖年間的藏書家兼出版家、錫山（今無錫市）人安國所收藏。安國本姓黃，洪武初年改姓安氏，字民泰，因住處多種桂花樹，又以「桂坡」自稱，平生喜好古書、字畫、金石，收藏宏富。又開有「桂坡館」刻書印書，鑄活字銅版，根據家藏秘冊，刊刻多種古籍，所藏書籍、字畫，均鈐有「大明錫山桂坡安國民泰書畫印」、「桂坡安國賞鑒印」、「錫山安氏西林秘玩」等印。三本宋拓石鼓文歸之安國後，他將其名爲「先鋒本」、「中權本」、「後勁本」，並扁之東軒，秘不示人，雖改其堂號曰「十鼓齋」，然不僅外人不知其家藏如此珍秘，即其家人亦多有未知者。三本中以「先鋒本」最古，字最完整、清晰，非「中權」、「後勁」所能及。三本又都經過剪裱，但「中權本」殘字多被保存下來，而「先鋒本」被剪奪者最多，所以從品質上看，三本各有千秋。

安國過世後，此三本宋拓由安氏子孫世守，仍是秘不示人，奉爲至寶，由明至清，僅有嘉慶、道光年間的孫準曾獲一睹，有一印在焉。直到幾百年後安氏後人才拆售祖藏，三本石鼓文先歸沈梧之手，後歸無錫人秦氏，然始終未出無錫一帶。

秦氏祖孫幾代人亦雅好古物收藏，能書善刻，民國間在上海開設「藝苑眞賞社」，專營碑帖書畫，在江南一帶很有影響，後輩中有個秦廷棫，以收藏古陶瓷聞名。可惜三本石鼓文在秦家未能守住，抗戰前賣到日本去了。

一九三二年秋，郭沫若在日本東京文求堂書店，看到一套石鼓文拓本的照片，共四十二張，後來知道這是「後勁本」的照片。原來，那三本石鼓文被日本財閥三井集團的老闆買去，買去後亦是視爲瑰寶，對外秘而不宣，這套「後勁本」的照片是三井的兒子借給朋友看，後來流散在外的。郭沫若見到這套照片抓住不放，並據之考證後寫成《石鼓文研究》一文，一九三三年在日本印行，當時因爲未見到「先鋒本」以及安氏等人的跋文，誤以爲此即最古的本子。差不多與此同時，上海的「藝苑眞賞社」把「中權本」影印出來了，但把其中的「權」字改成「甲」字，冒充「十鼓齋中甲本」，書後的長跋又被刪去，以掩蓋其作僞的劣跡。

巧的是秦家布下的這個迷魂陣，很快又被郭沫若衝破了。一九三六年夏天，上海收藏家劉體智把他所藏的甲骨文椎拓成拓本，彙編成《書契叢編》二十冊，托金祖同帶到東京交郭沫若，希望加以利用和研究。郭沫若從中選出一千五百九十五片，先期進行考證，研究的結果編成《殷契粹編》，於一九三七年五月在日本出版。當他在研究劉體智的甲骨文拓片時，日本的河井仙郎（荃廬）聽說了這件事，他找到郭氏，向他提出建議：將他所珍藏的安國「十鼓齋」舊藏的三種石鼓文的照片，與他交換借閱劉體智的二十冊甲骨文拓本《書契叢編》。這個石破天驚的消息令郭氏頓時激動萬分，原來這個河井就是日本近代著名的書法篆刻家，也是三井的學術顧問，是幫助三井收購中國文物的掮客，安國舊藏的石鼓文拓本就是經他手賣給三井的。現在他手中的三套照片，就是當時進行交易時從上海送去的樣本。郭沫若接受了這個交換閱讀的建議，於是三本拓本的全貌遂一覽無餘，而且前後題跋俱全，這樣所謂「十鼓齋中甲本」的西洋鏡也就被拆穿了。

郭沫若將這三套照片複製了下來，據之撰成考證文字，又把照片寄給國內的沈尹默，請其在國內設法印行，公諸學林。他在給沈氏的信中說：「弟實費卻莫大之苦心，始得入手。此邦人士得窺其全豹者僅一二人，在中國，除舊藏者及弟而外，恐當以足下爲第三人矣。」舊時收藏家之神秘心態，可想而知。

經郭沫若、沈尹默的種種努力，《石鼓文研究》終於在國內印行，不僅刊出了「先鋒本」這一最古的拓本，而且將三本上面的歷代題跋也逐一刊出，並作了考釋和說明，打破了長期被舊時收藏者封鎖的神秘之窗。今天人們據之可以知道，此石鼓文爲秦始皇統一文字之前的大篆，即籀文。石鼓原在天興（今陝西寶雞）三時原，唐初被發現，自唐代杜甫、韋應物、韓愈作詩歌吟詠後，方大顯於世。北宋大觀年間（一一〇七—一一一〇年）遷至洛陽，後入內府保和殿稽古閣。金人破汴，輦歸燕京，置放國子監大成門內。本世紀抗日戰爭爆發後，石鼓隨故宮文物南遷四川，一輛卡車僅載一鼓，其重量可想。抗戰勝利後又運回北京，現藏故宮博物院。

關於刻石的年代，歷代都有不同的說法。唐代張懷瓘、韓愈等人認爲是周文王時物；韋應物等人認爲是周宣王時物；宋代董逌、程大昌等以爲是周成王時物；金代、清代一些學者有的認爲是北魏時刻，也有人認爲爲秦文公時物。本世紀以來，馬衡以爲是秦穆公時物，郭沫若以爲是秦襄公時物，唐蘭則考其爲秦獻公十一年（前三七四年）刻，詳見《石鼓年代考》。

石鼓上文字已多殘損，北宋歐陽修所錄存有四百六十五字，明代范氏天一閣藏本剩四百六十二字。儘管字多已漫漶不清，然其折直間氣韻猶存，被視爲天地間之瑰寶。近人康有爲在《廣藝舟雙楫》中評其：「《石鼓》如金鈿委地，芝草團雲，不煩整裁，自有奇采。」

一九四五年美國空軍對日本東京大轟炸，河井仙郎被炸死，他的住宅成了灰燼，那三套最初的珍貴照片亦同時遭難。而三本宋拓本原件仍在三井之手，深鎖秘藏。直至近年，日本二玄社以原色影印行世，才使孤本不「孤」。

有趣的是一九九二年十二月在紐約佳士得的一場碑帖、法書拍賣會上，又冒出了一部「石鼓文」，佳士得的專家確定爲南宋拓本，估價二~三萬美元，最終以二十六萬四千美元拍出，超出估價十倍以上。不知佳士得的專家們此鑒定何以爲據？

第六章　藏書——皓首窮經的一代悲歡

清末四大藏書樓的興衰

一九九六年十一月，在寧波天一閣藏書樓召開的首屆全國藏書文化研討會上，傳出一個令人興奮的消息——與會代表、浙江省地方誌辦公室主任顧志興向大家宣佈，清末四大藏書樓之一的「皕宋樓」舊址，最近已在湖州（吳興）的月河街重新被「發掘」出來了，雖然現在房屋已被「七十二家房客」所佔據，但昔日的屋宇亭台及院落結構、佈局基本如舊，是一處清代江南藏書樓的重要舊址。目前，經浙江省地方誌辦公室與湖州市地方有關部門聯繫，已決定設法恢復其「皕宋樓」舊貌，逐步撥款將住戶遷出後進行整修，力求建成一處新的旅遊觀光的勝跡。

這個「皕宋樓」是清末四大藏書樓之一，以號稱收藏有二百部宋版書雄視江南。可是在本世紀初竟然被日本人整個兒地捆載買去，這不僅在輿論上引起了軒然大波，同時也幾乎成了中國文化人心理上恥辱的印記，一提起它，就覺得臉上無光。

陸心源（一八三四—一八九四）字剛父，別號存齋，晚號潛園老人，祖籍浙江臨安，世居吳興，咸豐九年（一八五九年）舉人，同治年間（一八六二—一八七四年）曾執掌廣東南韶連兵備道兼管水利關務，官至福建鹽運使，後來因與上司不和，被革職回鄉。鄉居二十年間，陸氏「專意著書，與古人爭尋章摘句之樂，不與今人競奴顏婢膝之容」，至光緒十八年（一八九二年）才在李鴻章的薦舉下，重新被起用，曾召對於勤政殿，委任稽查上海招商局事，然終未能充分施展其才幹。他的最重要的成就，便是他的藏書事業。

陸心源早在咸豐初爲諸生時就開始收集故家秘笈，積聚不下萬冊，在廣東和福建任內，又陸續有所收益。二浙八閩，素爲故家藏書之地，尤其太平天國以來，兵燹不斷，時勢多變，故家藏書多不能守，陸氏便抓住此千載難逢之機，大肆網羅，遂成巨觀。他最重要的收獲是在光緒六年（一八八〇年）用番銀八千餅，一舉購下了上海郁松年宜稼堂的四萬八千冊書籍，於是有了他的守先閣、皕宋樓和十萬卷樓的藏書，奠定了他清末四大藏書家之一的地位。

宜稼堂原是上海富商郁松年（萬枝）的藏書樓，藏書甚富，曾「兼併」了當時著名的藏書樓如：藝芸書舍、水月亭、小讀書堆、五研樓等，人稱其「全國精華集於滬瀆，儼然乾嘉時之黃蕘圃也」。同治年間郁氏宜稼堂藏書散出，陸心源得其精華，宋元舊版有：蜀大字本《左傳》、宋耿秉本《史記》、殘蜀大字本《漢書》、《後漢書》、宋一經堂本

《後漢書》、淳祐湖州大字本《通鑑紀事本末》、宋大字本《諸臣舊議》等等，十餘年間，積書總數達十五萬卷。

關於陸氏所藏宋元舊本，據俞樾所撰的陸氏墓誌銘載，爲宋本二百餘種，元本四百餘種，「素縹緗帙，部居類彙，遂爲江南之望」。對於這批如此豐富而珍貴的藏書，陸氏作了精心的安排。在吳興城東陸氏住宅「潛園」中闢出「守先閣」作爲普通印本的藏書處；稍後又在月河街置一藏室曰「皕宋樓」，以示所藏宋代版本已達二百部之意，專藏宋元古版。再後來，又在「皕宋樓」樓上再闢一室，曰「十萬卷樓」，藏明清精刻、名人抄校與近代著述。三庫總共藏書計四千零六十七部，四萬三千六百九十四冊，約十五萬卷。此爲「皕宋樓」的鼎盛時期。

可惜「皕宋樓」的全盛時期並未維持多久。陸心源去世後，其子陸樹藩掌管家業。陸樹藩長期在上海經商，無暇顧及家中遺書，致使塵封網結。據其自述，他曾與上海工部局商議過捐書事宜，擬於租界內建一藏書樓；又曾與端方商議過，能否在上海建一博物院性質的書樓，將陸氏藏書與盛宣懷愚齋藏書合爲雙璧，永存滬上，但均因細節問題未能成功。不久，陸樹藩因生意失利，更因創辦庚子之難京津救濟會等慈善事業賠資，於是雪上加霜，負債累累，遂生變賣家中藏書的念頭。陸氏藏書量多質優，估値高昂，陸氏爲求保持原藏的完整，又不肯拆零易售，所以國人一時無力認購，最後，經日本人島田翰從中聯絡，終以十一萬八千元賣給了日本三菱財團的岩崎彌之助，存之於靜嘉堂文庫。書入靜嘉堂後，經島田翰重加鑒定，宋元古本的實數爲宋本一百一十部、元本一百五十五部、明刻六百餘部、清刻二千四百五十餘部、抄本七百八十部，並有日本、朝鮮刻本若干。

「皕宋樓」藏書東去之後，在中國知識份子中產生了極大的震動，「世有賈生，能無痛哭！」「目見日本書賈，輦重金來都下者未有窮也。海內藏書家與皕宋埒者，如海源閣，如八千卷樓，如長白某氏某氏，安知不爲皕宋樓之續！前車之鑒，思之能弗懼歟！」至今仍被視爲之爲「二十世紀中國文獻典籍被外人劫掠之重大慘禍。」近年來陸氏長房玄外孫徐楨基先生所撰《潛園遺事》一書獲得出版，對於九十年前皕宋樓事件的起因及經過作了詳細的記敘，使後人從中再次看到了晚清政府的腐敗無能，以及一個江南大戶的興衰史，令人不無滄桑之慨。如果說「皕宋樓事件」有什麼積極的影響的話，那就是從此之後，引起了朝野上下對中國古籍命運的普遍的關注，避免了後來「八千卷樓」藏書的外流，這是有事實共睹的。

「八千卷樓」是杭州人丁申、丁丙兄弟的藏書樓，亦爲清末四大藏書樓之一。其家世有藏書之習，其祖父丁掌六曾在杭州梅東建樓儲書，因感於北宋時其先祖丁顗建有「八千卷樓」，遂亦題其書樓爲「八千卷樓」。其父丁英（字洛耆）亦喜藏書，積書數萬卷，可惜均毀於庚申、辛酉兩次兵火。至丁申、丁丙兄弟時，於光緒十五年（一八八八年）重建總書樓爲「嘉惠堂」，樓中又分別闢出「小八千卷樓」、「後八千卷樓」、「善本書室」等，藏書總數達四十萬卷，亦爲江南一藏書勝地。

丁氏兄弟在清代藏書史上所作出的重要貢獻，首先是他們以自己一己之力，搶救並修復了文瀾閣的《四庫全書》。咸豐十年（一八六〇年），太平軍攻陷杭州，丁申、丁丙兄弟在避難時，發現了因戰亂散佚於市的文瀾閣四庫藏本，於是不顧個人安危，「深宵潛往，於灰燼瓦礫之中掇拾得萬餘冊」，舟運至上海暫藏。戰事停息後，又船運回杭州，並旁搜博覽，或購或抄，使《四庫全書》文瀾閣藏本的數萬冊藏書，得以恢復舊觀。光緒初年（一八七五年），浙江巡撫譚鍾麟組織重建文瀾閣皇家藏書樓，命丁氏經營土木工程，丁氏積極奮發，一年而竣工，受到朝廷的獎賞。獎賞丁申以四品頂戴，諭旨有「嘉惠士林」之褒，於是丁氏自家藏書樓就有了「嘉惠堂」之稱。現在人們所見杭州文瀾閣，從內中藏書到樓宇的建造，均賴丁氏之功力以傳永久，其功其德，將永載書史。

關於丁氏藏書，丁丙於一八九八年曾手編一部《善本書室藏書志》，由其兒子丁立中一一手錄，成四十卷，其中著錄善本書二千六百五十三部，收錄宋元舊版一百四十二種，明刻本一一六十三種，歷代舊抄本（明抄，影宋元抄、名家抄本等）一千一百十種，近代刻本抄本一百八十一種，稿本二十四種，日本、高麗刻本抄本三十二種，此為其兄弟兩人三十餘年的心血所致。關於其「八千卷樓」，丁丙曾寫道：「地凡二畝有奇，築『嘉惠堂』五楹，堂之上為『八千卷樓』。堂之後，室五楹，額曰『書滿家』，上為『後八千卷樓』，後闢一室於西，曰『善本書室』，樓曰『小八千卷樓』。樓三楹，中藏宋元刊本約二百種有奇，擇明刊之精者，舊抄之佳者，及著述稿本，校讎秘冊，合計二千餘種，附儲左右……」。

可惜丁氏兄弟的這批藏書亦未能維持很久，一九〇七年，丁丙去世八年之後，丁氏後人因經商失敗，虧耗巨大，不得不作賣書還債之打算。此時正值大收藏家端方出任兩江總督，聽說「八千卷樓」藏書將散出，遂請著名學者繆荃蓀出面與丁氏後人洽談，最後以七萬五千元成交，收藏於端方倡議建立的我國最早的公共圖書館——江南圖書館，一九五〇年代以後歸入南京圖書館。抗日戰爭時期，南京淪陷時，圖書館的職工冒著生命危險將這宗藏書運到蘇北等地，藏之於寺廟之中，方才得以保全，直至抗戰勝利後才又運回南京。這宗藏書歷經戰火沒有失散，而由國家集中收藏，應是藏書界的幸事。

清末四大藏書樓中歷史最長、藏品最豐富、保存最完好的藏書樓，是常熟瞿氏的「鐵琴銅劍樓」。瞿氏藏書始自乾隆年間的瞿紹基，前後五世，越一百五六十年，在私家藏書中歷史之長，僅次於寧波的天一閣，最終納入國庫，得到妥善安置，亦是善始善終。

「鐵琴銅劍樓」，因清嘉道年間瞿氏得唐代鐵琴（鐵琴爲木質，外包鐵衣）一張和銅劍一柄故名。藏書樓建於乾隆年間，以所藏珍本、善本達十餘萬冊著稱於世，藏書之多且精，一時無以超越，與山東聊城楊以增的「海源閣」有「南瞿北楊」之稱。其藏書於瞿氏第三代主人瞿鏞手裡又大獲增益，瞿鏞繼承父志，生活上一直保持「一裘三十年」的古樸家風，而以田產租米之財，皆用於購置文物書籍、金石古印，並編著了《鐵琴銅劍樓藏書目錄》二十四卷，詳細著錄了藏書的規模與特色，共收錄圖書一千一百九十四種，其中宋刻一百七十三種、金刻四種、元刻一百八十四種、明刻二百七十五種、抄本四百九十種、校本六十一種。其下限爲元人著述，明清著作未入目錄，按四庫分類排比，並校讎異本文字，爲其善本書藏書志。據說瞿鏞篤於藏書，不爲名利所動，光緒皇帝曾欲得其一珍本秘笈，賞其三品京堂官，並發帑幣三十萬兩，以易其書，而瞿鏞恪守祖訓，竟不奉詔，民間傳爲佳話。

瞿家第四代傳人瞿啓甲亦爲守藏書立下汗馬功勞，光緒二十四年（一八九八年），端方曾令瞿氏呈獻圖書給江南圖書館，瞿啓甲不從，後從里中父老勸，影寫了百種罕見之本進之，遂免於遭難。民國初年，瞿啓甲被衆人選任議員，倡設常熟縣立圖書館，爲此率先捐獻一部分藏書入館。

一九二三年，爲避戰亂，瞿氏子孫將書移於上海，瞿啓甲深恐時局不穩，於一九四〇年去世前立遺命：書勿分散，若不能守則歸之公。其子濟蒼、旭初、鳳起，在上海淪陷時期，苦苦守書不失，歷盡艱辛。

一九五〇年代後，瞿家第五代人，分六次將此五代之世傳藏書，捐入了北京圖書館和常熟市圖書館，而常熟古里鎮上的藏書樓址，成爲人們旅遊觀光的一處名勝古跡。

清末四大藏書樓中唯一地處北方的是山東聊城的楊氏「海源閣」，主人是楊以增（一七八七—一八五五）。楊氏爲道光二年（一八二二年）進士，官至漕運總督，人稱有「兩漢循吏之風」。藏書十餘萬卷，設「海源閣」以儲之。樓上藏宋元精版，樓下爲宋元明清和清初版及殿版、抄本，另有碑帖拓片、古物、字畫，另貯於後院，室凡五間，皆充棟。因藏書中有宋版《詩經》、《尚書》、《春秋》、《儀禮》、《史記》、《漢書》、《後漢書》、《三國志》，遂又稱「四經四史之齋」。楊氏後代有楊紹和、楊保彝、楊敬夫，整理和保存藏書，著有《楹書偶錄》、《宋元本書目》，刊有《海源閣叢書》，洵爲一時之盛。可惜藏書於一九三〇年不幸被盜，地方軍閥、土匪劫掠不少，致使藏書損失大半。

餘經王獻唐先生整理後，歸入濟南市圖書館。

清末四大藏書樓在中國近代藏書史上居有重要地位，縱觀其興衰，可知中國知識份子讀書、藏書、守書三不易，亦爲書林一段掌故云。

周氏家族與弢翁藏書

安徽建德（今東至縣）的周氏家族，是清末民初以來，全國數得着的名門望族之一。這個家族自從出了直隸總督周馥之後，進而「香火」大旺，能人輩出，不僅在第二代人中出了像周學熙這樣的北洋實業界領袖，在第三代人中出了周叔弢這樣著名的「儒商」，在第四代人中，還出了一批對現代學術界很有影響的大學問家，如：周一良、周煦良、周紹良、周珏良、周果良、周禹良等。

這個家族有一個顯著的特點，就是歷代人都非常重視爲繼承傳統文化，家訓中把教育子孫讀書習字，都提到了絕對的地位。也許是這個原因，再加上經濟上的實力，使得他們在幾十年中，接連又冒出幾個收藏界的「大王」來——周明達（今覺）是爲中國頭號的「集郵大王」；周明泰（志輔）是爲明清戲劇資料的史料大王；周叔弢（明暹）不僅是實業界巨子，還是著名的收藏家，是一九五〇、一九六〇年代向國家捐獻文物和藏書最多的人之一；周紹良收藏歷代古墨，是當代收藏古墨的「大王」。既便是周學熙，身爲北洋時期的財政部長，又掌管著一大批北方的官私企業和銀行，亦於閒暇時收藏宋元古版書，而且極有分量，只是沒有留下詳細目錄而已；至於第四代人中的各類藏書，更是不勝枚舉。像周馥這樣一個官宦兼實業型的家族，居然「冒」出這麼多收藏家來，而且代有人出，這在豪門貴族中是非常罕見的。

周馥（一八三七—一九二一）名玉成，字玉山，初任李鴻章文牘，後協助李鴻章辦理洋務，一八八八年任直隸按察使，一八九九年任四川布政使，庚子之後調任直隸布政使，協助李鴻章處理教案。二十世紀初以來，官運亨通，歷任直隸總督兼北洋通商大臣、山東巡撫、兩江總督、閩浙總督、兩廣總督，位列封疆，權傾一時。一九一七年張勳復辟時，還任他爲協辦大學士。他去世時民國已有十年，末代皇帝溥儀尚在活動，對周馥之死下了一道「諭旨」，予謚「愨慎」。後來，周家刻印周馥的文集就用了這個謚號，名《周愨慎公全集》，這很能說明周氏與朝廷之間的密切關係。

周馥有六子三女，六子爲：周學海、周學銘、周學涵、周學熙、周學淵、周學輝，其中除周學涵早卒外，其餘五位都於光緒年間，先後取掇巍科，步入仕途。三個女兒，大女兒嫁安徽廬江劉秉璋之子劉述之；次女早喪；三女兒嫁袁世凱的第八個兒子袁克軫（鳳鑣）。其中於國計民生影響最大的是周學熙。

周學熙（一八六五—一九四七）字緝之，又字止庵，晚號松雲居士，又號硯耕老人，一八九三年癸已科舉人，旋以道台候補山東，被袁世凱任命爲山東大學堂總辦。庚子年開始操辦官私實業，歷任天津長蘆鹽運使、直隸按察使、工藝局督辦。先後創辦了唐山啓新洋灰公司、北京自來水有限公司、中國實業銀行、大宛實業銀行，這期間還兩度出任北洋政府的財政總長。一九一八至一九二〇年，先後在唐山、天津、青島、新輝等地開設了華新紗廠與興華棉業公司，一九二二年在秦皇島創辦耀華玻璃公司，在唐山開設啓新機器廠……被尊爲「北方實業巨頭」，與江南著名實業家張謇一起，號爲「南張北周」。他使周氏家族，開始了由官宦之家向民族資產階級的轉化，也使諸多官方企業開始向私營企業轉化，所以在很大程度上，周學熙是個掌握了北方官僚企業命脈的人。

周學熙這樣一個大官僚、大實業家，卻也有藏書的雅興。他的藏書中曾有一部南宋孝宗年間的坊刻本《王狀元集百家注編年杜陵詩史》（簡稱《杜陵史詩》）。這部書不僅珍貴在是宋版宋印，而且以其資料之全令學界刮目。此書彙集了宋代文學家王禹偁、王安石、沈括、蘇軾、秦觀、張耒等七十餘家的注釋和評語，這對後人正確地理解杜詩，提供了歷代文學家們的研究成果。從收藏角度看，此書又遍鈐明清兩代藏書大家的收藏章和鑒賞印，有如華夏、朱大韶、季振宜、徐乾學、宋犖等等。況且印本本身確爲「字大如錢，紙潔如玉」，是傳世唯一的一部孤本，彌足珍貴。周氏得書後，盛以紅木匣。後來見他的內弟劉世珩極其欣賞，愛不釋手，就送給了他。

劉世珩是周學熙妻子的弟弟，蘇松太道道台（上海道台）劉瑞棻之子，以藏書知名江南，亦爲周氏家族「外延」部分的收藏家。劉世珩曾官天津造幣廠監督、辛亥革命後「不食周粟」，在上海當寓公閉門藏書、讀書，藏書樓叫玉海堂，曾得宋版和元版《玉海》各一部，又得山陽丁氏舊藏宋嘉祐本篆、正二體石經，還以刊刻多部大部頭的叢書聞達當世，諸如《聚學軒叢書》、《貴池先哲遺書》、《玉海堂景宋元版本叢書》、《宜春堂景宋元巾箱本叢書》和《暖紅室傳奇彙刻》等。劉世珩得姐丈周學熙贈之《杜陵詩史》，喜出望外，遂以楠木匣函之，並在匣子上刻字記事。一九二六年劉世珩去世後，所有藏品由其子劉公魯繼藏，劉公魯一生不曾外出做事，埋頭家中碑刻書畫。劉公魯抗戰中去世後，遺下家眷十口人只能變賣文物度日。此《杜陵詩史》抵押在蘇州何亞農處，何亞農又賣給了王季常。「文革」中王季常去世，此書從王季常家流出，被蘇州古籍書店以五千元收購，現藏蘇州市圖書館。前幾年，王家後人爲此書還在打官司，認爲此書是他們王家的，被傭人偷去賣掉的。而賣書人稱，她的母親確系王家傭人，此書是王老太太臨終送給她母親的，因爲王老太太晚年全靠她母親服侍，並且爲之送終。目前未知結局如何。劉世珩藏其他宋元古本二十餘種，在抗戰中當鄭振鐸爲中央圖書館在淪陷區搶救古籍時，陸續買去，現在當存臺灣。

周今覺（明達）是周學海的長子，郵票收藏大家，有中國「郵王」之稱，他收藏的清末紅花小連張舉世無雙。一九二四年，他參與發起將「神州郵票研究會」改組爲「海上郵界聯歡會」；一九二五年又發起成立「中華郵票會」，出任會長。一九二六年，郵票會在他的主持下，在上海成功地舉辦了一次「銀盃競賽郵展」，並主辦了集郵雜誌《郵乘》，親撰多篇學術文章，主辦刊物以及郵票會會務的活動經費都由他本人承擔。他的藏品曾拿到紐約參加過國際集郵展覽，爲中國人捧回了第一枚國際郵展的特別銅獎。後來周氏因商業受損，將郵品出讓給了廣東巨商郭植芳，郭植芳將藏品帶去了香港。

周學熙的長子周志輔（明泰），是收藏明清戲劇資料的權威，無以倫比。他早年即對

《易經》、《三國志》等經、史都有深入研究，有專著出版，而且酷愛京劇，不僅是像一般票友那樣捧捧角，學學唱，他是從對歷史負責的態度出發，極細心地做了大量收集史料，尤其是零散史料的工作。其中尤爲不易的是收藏了上萬張的戲單資料。這種戲單，當年北京從光緒年間起，各大戲館每天演出都有隨座奉送，木刻印製，極爲古樸。絕大多數人看完戲隨手就扔掉了，而周志輔卻細心地收集起來，從光緒七年（一八八一年）直到戰後的一九四七年，時跨半個世紀。一九三〇年代初曾編印過一次，書名爲《五十年來北平戲劇資料》，全書六冊，當時就賣四塊大洋，相當於兩袋麵粉的價格，約合現在爲一百六七十元。此外還有合肥方氏昆弋《伶官譜》、昆弋《身段譜》甲、乙編、《樂譜萃珍》、《樂譜選萃》、內廷劇目《江流記》、《進瓜記》、《內廷承應戲目》、《乾隆九年春台班戲目》、《昇平署臉譜》等。周志輔於三十年代曾編過《幾禮居戲曲叢書》，其中有《都門紀略中之戲曲史料》、《咸道以來梨園繫年小錄》、《五十年來北平戲劇史料》、《清昇平署存檔事例漫抄》，其中《清昇平署存檔事例漫抄》，是從浙江海鹽朱氏舊藏的清昇平署五百餘冊中抄錄出來的，其有心如此。五十年代前，周志輔離滬赴美之前，把這些資料都交由合衆圖書館的顧廷龍保管，僅戲單就裝了好幾大箱，顧老先生爲之編製了《幾禮居藏戲曲文獻錄存目錄》一份，得書千餘種，分雜劇、傳奇、樂譜、散曲、亂彈、劇本、清內廷戲曲、曲話、曲目等二十八類。周志輔所藏戲劇唱片悉數捐贈給北京戲曲研究院。其著述極豐，有《三國世系表》、《漢郡邑省並表》、《幾禮居筆記》、《幾禮居隨筆》、《讀曲類稿》、《枕流答問》等等，早年有關歷史學的著述，曾被開明書店收入

《二十五史補編》。周先生前幾年已在美國西雅圖去世，享年九十九歲，差一點成爲百年老人。

周家值得大書特書的是後來出任天津市副市長的周叔弢先生。

周叔弢（一八九一—一九八四）名明暹，號秋浦，又號弢翁，是周學海的第三個兒子，與周今覺是同胞兄弟。他少年時在揚州讀書，父母雙亡後移居天津，跟其四叔周學熙學習實業，先後出任過青島華新紗廠董事、唐山華新紗廠董事兼經理、天津華新紗廠經理、灤州礦務局、唐山啓新洋灰公司、耀華玻璃廠董事、代理董事長、董事長等職，一九四四年任啓新洋灰股份公司總經理。中共建政後被毛澤東稱爲「搞水泥的實業家」，出任天津市副市長、全國政協副主席等職務，除了行政上、實業上的卓越成就外，弢老還是我國現代最成功的藏書家之一。

晚年周叔弢先生

周叔弢把自己一生經營實業所得的大部分積蓄都用來購買古籍善本書和金石文物，除了藏書曾手編《自莊嚴堪善本書目》傳世外，其餘藏品均未留下目錄，然而後人仍可以從他歷次捐獻國家的各種捐獻記錄中，窺見他的收藏規模和特色，更可見其愛國愛民的博大胸懷和高尚情操。

叔弢先生十六歲開始購求古籍，研究版本，因收得清宮舊藏宋刻本《寒山子詩集》，曾以「寒在堂」名齋。所藏宋元珍品有宋婺州本《周禮鄭氏注》、建安余仁仲本《禮記》、《三禮圖》、宋書棚本《魚玄機詩集》、敦煌卷子唐《曲子詞》一卷、《陶淵明集》十卷、《陶靖節先生詩注》，還花重金從國外買回流到日本去的中國珍籍宋本《東觀餘論》、《山谷詩注》等。歷代書畫藏有珍品：明代宋克《急就章》、明項聖謨《且聽寒響》卷、錢貢《城南雅集》卷、宋人《盥手觀花圖》等，均極爲名貴。

早在一九四二年弢老在自訂善本書目時，就爲藏書寫下了遺囑，其中說道：「生計日艱，書價益貴，篋錄善本，或止於斯矣！此編固不足與海內藏書家相抗衡，然數十年精力所聚，實天下公物，不欲吾子孫私守之。四海澄清，宇內無事，應舉贈國立圖書館，公之世之，是爲善繼吾志。倘困於衣食，不得不用以易米，則取平值也可。毋售之私家，致作雲煙之散，庶不負此書耳！壬午元旦弢翁至囑！」

一九五〇年代以後，弢老親自實現了這個「舉贈國立圖書館」的遺願。

一九四九年，他將花重金購買的宋版《經典釋文》第七卷捐贈故宮博物院，使之缺卷之書合成完璧；一九五〇年爲振興教育，他將家祠「孝友堂」中珍藏的三百八十餘箱共計六萬餘冊書籍，以及明刻本《南藏》，捐獻給了南開大學，將「孝友堂」及其所在周圍的土地亦一併捐給了國家；一九五一年將他精心收藏的《永樂大典》兩卷捐給了北京圖書館；一九五二年，將他藏書中的至精部分，即宋、元、明代的刻本、抄本、校本、和稿本共七百十五部，計二千六百七十二冊，捐獻國家，入藏北京圖書館；一九五四年，又向南開大學捐書三千五百餘冊；一九五五年，將清代善本三千一百餘種，共二萬二千六鳥多冊捐入天津圖書館。一九五二年至一九六一年，又分三批，將珍藏的歷代法書繪畫珍品捐贈天津文化局；一九五三年，將吳平齋舊藏的「二百蘭亭齋」的全部印譜，捐贈故宮博物院。

十年內亂前夕，當弢老準備再次捐獻時，「文革」亂起，造反派在「掃四舊」的名義下，抄了他的家，把準備捐獻的物品全部抄走。所幸有周恩來的關懷和保護，這批文物未被破壞和失散，在後來落實政策的時候，得以發還。一九八〇年代初，弢老已近九十高齡，又重新檢視爲藏品，將善本書一千八百餘種、九千一百九十六冊；各類文物一千二百六十二件，全部捐獻國家，分別藏於天津圖書館和天津藝術博物館。這是弢老的最後一部分藏品，其中有敦煌卷子二百五十餘卷；清代銅、泥、木三種活字印刷的版本書七百餘部；戰國、秦漢古印九百餘方；還有一大批隋唐時期的佛經寫本，均爲難得一見之精品。

爲使古籍善本尤其是稀見之本能夠廣爲流傳，爲學界所利用，弢老在收藏的同時，還刊刻了許多珍品，如宋本《寒山子詩集》、《宣和宮詞》、《孝經》、《屈原賦》、《十經齋遺集》等等，其刻印之精，紙墨之好，可與董康、陶湘、徐乃昌、劉世珩等人的刻本相媲美，爲學界所稱道。

一九八四年二月，人們敬仰的叔弢先生因病逝世，享年九十三歲，臨終前仍不忘將一萬元存款及一萬五千元國庫券捐獻國家！當時聞此者無不感動落淚——老先生是眞正實踐了爲國爲民，鞠躬盡瘁，死而後已的至高理想的人。

周家第四代人中又是英傑輩出。其中周一良是北京大學著名歷史學教授，著作等身，著有《世界通史》、《亞洲古代各國史》、《魏晉南北朝史論集》等。周煦良是英國愛丁堡大學畢業的留洋碩士，曾任暨南大學、四川大學、光華大學、武漢大學、華東師範大學外語系主任、上海市政協副主席等職，翻譯過大量外國文學作品，如《外國文學作品選》、《福爾賽世家》、《神秘的宇宙》、《珍妮的肖像》等，著有《挽歌》、《紀念》、《怎樣建立新詩的格律》等，還多年來擔任了《外國哲學社會科學文摘》月刊的副總編、上海外文學會副會長、第五屆全國政協委員等職務。一九五〇年代初向市政府捐獻藏書近三千冊。周紹良在收藏界享有盛名，數十年來他集中收藏清代具有年款的墨，並用餘力旁及他種，收藏宏富，考證甚勤，每有所得必記以短文，藏善本書必爲之作跋，十年前曾選出藏墨一百方印成一書，名《清代名墨讀叢》，其中有康熙、乾隆、道光三朝的「御用」墨、阮元墨、周亮工墨、宋犖墨、郎廷極墨、紀昀墨、劉墉墨、陳鴻壽墨、吳大澂墨、俞樾墨、李國松墨……每墨撰一考識短文，中多第一手材料及獨到見解，於藏墨者有極大參考價值，他被推爲當代藏墨第一家。

在周家「叔」字輩中還有周明夔、周進和周明錦，亦爲學界名宿。周明夔又名叔迦，字志和，早年在青島就研究佛學，一九三〇年起歷任北京大學、清華大學、中法大學、民國大學等高校的哲學系主任，講授中國佛教史，一九四〇年在北平創辦中國佛學院，任副院長，一九五〇年代後任中國佛學院副院長兼教務長，著有《牟子叢殘》、《中國佛學史》、《印度佛教史》、《八字概要》等，還曾將沈埋於地下數百年的房山石經，發掘整理，椎拓全部經文一萬五千餘石塊，歷時數載，使這一舉世無雙的文化寶藏得以重見天日。周進字季木，號楠，長於簿錄之學，在北京的書齋叫「居貞草堂」，以收藏自娛，尤以收藏古陶瓷四千餘件知名，有《季木藏匋》四冊行世。一九五〇年代後，將其收藏的吉金碑石捐獻給了故宮博物院。周明錦爲現代著名篆刻家，可惜年僅二十二歲就病故了，周叔弢爲其編印《恧厂印存》一冊傳世。

周氏家族，第一代人做官；第二代人經商；第三代人經商兼做學問，餘事收藏；第四代人幾乎都成爲大學問家，眞正地體現了中國人的「代有才人出」的傳統理想，與其他一些豪門故族代代漸衰的情形相比，眞可謂輝煌至極。除去其對於中國現代收藏史的影響而外，這個家族對於教育的重視，尤其家教的嚴謹，亦是值得當代學者探討的課題。安徽東至周氏家族，作爲傳統中國的一個家族史的典型，將給人們帶來多方面的啓示。

「八千麻袋」與羅振玉

「八千麻袋」是指清末內閣大庫中本來「奏准」準備銷毀的清宮檔案，後來歷經種種曲折，被羅振玉搶救出來的部分。此事在清末民初鬧得紛紛揚揚，滿城風雨，又經過好幾個藏書家之手，從一個側面足以說明，清廷大廈的腐朽早已深入骨髓，其傾覆是勢在必然。

內閣大庫是清宮最重要的檔案庫之一，貯藏著清代歷朝內閣和宮廷的檔案文獻，如題本、實錄、史書、起居注、表章等。庫房包括兩座：紅本庫（俗稱西庫）和實錄庫（俗稱東庫，全稱爲實錄表章庫），同時那兒還是明代文淵閣的舊址，明代文淵閣的大批藏書，包括元人從南宋朝廷劫掠的大批書藏，由元入明，再由明入清，數百年來，一直「掩埋」在這裡，竟無人過問。

清廷內閣大庫所藏的檔案，按時代劃分，有幾個部分：一是明檔：清初爲修明史而徵集的天啓、崇禎時題行稿等檔案，及舊存實錄、誥敕等。二是盛京舊檔：清入關前，後金天聰、崇德年間的滿文老檔等，是清初由盛京移來的。三是清朝檔案：清入關後形成的題本等各種檔案、圖冊、試卷等。具體來說又可分爲幾類：內閣承宣或進呈的文件；記載皇帝言行和國家政務的文件；官修書籍及爲修書而收集的文件；內閣日常公事的文件等等，無疑，這是一大宗明清歷史的原始材料，是研究明清政治、軍事、社會、外交等各種政策的形成和發展的最權威的史料。可惜晚清政府的腐敗，已不願顧及這些「古紙卷兒」，使這一大批珍貴史料幾度瀕臨毀滅。

內閣大庫所藏檔案文獻，由於年積月累。數量越積越多，庫地漸覺不敷應用，而且年久失修，屋漏蟲蛀，致使清初順治、康熙、雍正時期的檔案損壞相當嚴重。光緒二十五年（一八九九年）李鴻章奏請將「潮濕黴爛之副本撿出，派員運往空閒之處，置爐焚化，以清庫貯」，獲光緒首肯，於是，銷毀了「遠年新舊各本及新舊記事檔簿」一大批。

一九〇九年溥儀繼位，載灃攝政，令閣臣翻檢庫中清初攝政典禮舊檔，閣臣未檢得，說是庫中無用舊檔太多，請予焚毀，於是又獲「旨允行」，庫檔既宣告將銷毀。這時有位翰林聽說後，就到庫中尋覓一些試策及累科名人試策，以備使用，甯海章一山（梫）於庫中竟「檢得」宋寫本玉牒殘頁，拿出宮來拍了照片分送同好，有一份竟然也傳到了張之洞和榮慶手裡。一天，榮相請張之洞午宴，羅振玉也在座。張之洞問：「大庫中怎麼會有宋代玉牒？」羅振玉答：「這就是《宋史・藝文志》上著錄的《仙源集慶錄》、《宗藩慶系錄》呵！南宋亡後，元代試行海運，先運臨安國子監書籍，所以得到此。且據前人考證，明代文淵閣舊址，恐即今之大庫，今既得此，則此外書必多，可問閣員。」張之洞後向閣員調查，果然如羅振玉所說，但他們都認為此為殘破無用之書，是應遵旨銷毀。

羅振玉聞此，急忙將舊藏《文淵閣書目》呈張之洞，認為雖殘破也應整理保存，大庫既不能容納，建議可先歸學部，書籍可入藏正準備設立的京師圖書館。當時張之洞以大學士身份任軍機大臣，兼管學部行政，贊同羅振玉的主張，遂奏請以大庫所藏書籍設學部圖書館，不得銷毀，而且「片紙隻字不得遺棄」。又命其部屬、學部參事羅振玉前去具體接收。

羅振玉前往大庫，見內閣中書吳縣曹君直（元忠）、寶應劉翰臣（啓瑞）正在庫中整理，將選存的部分置放西頭屋，淘汰無用的置放東頭屋。羅振玉見被淘汰無用準備銷毀者亦堆積如山，便隨手翻檢，發現其中多為「近世史上最可寶貴之史料」，心想，不是明明說「片紙隻字不得遺棄嗎」？為何廢棄者竟如此之多？又見架上有地圖數十大軸，遂問：

「這也是要廢棄的嗎？」答曰：「舊閣已無用，應焚毀」。羅氏隨手取一幅展閱，乃清初所繪。於是知道事有蹊蹺，急忙以電話彙報張之洞，張之洞即刻派員將那些指爲無用者，全部運往學部，使這部分圖書和檔案得以免遭還魂之災。

羅振玉又發現內閣大庫的院子裡堆積了大量「紅本」、「題本」（清代歷朝皇帝、批示過的奏摺和文件），高如丘阜，問何以堆置院中？答此皆奏准待銷毀之物。羅氏隨手抽取兩束，竟然一爲管幹貞督漕時的奏摺，一爲阿桂征金川時的奏摺，心想如此重要史料，怎能焚毀？返回學部後即將情況告知寶熙，請寶熙轉呈張之洞。寶有難色，認爲既已奏准，何以再報？羅氏心急如焚，再三強調，寶熙方代爲轉陳。張之洞也以既已奏准，低回甚久，最後告寶熙此事交羅參事（振玉）辦理，速設法運到學部，但不得漏於外間。羅振玉得到張之洞的支援，認爲此批檔案眼下有救，得抓緊趕快辦理。於是不顧其他人的推諉和非議，勇於任事，全力以赴。

這批陳年老檔案數量也實在驚人，光裝箱須得五六千箱。人問：「若部中不肯出此費用怎麼辦？」羅氏說：「部裡不肯出，我來出好了！」人說：「無論運輸還是保存，都要花錢，你個人如何出得起？不如再報香帥（張之洞），看他如何說。」羅氏此時認爲，張之洞已有難爲之處，不能再去麻煩，一切都只有他自己擔當，況且夜長夢多，宮中人一致要求焚毀，僅他一人拚命要保存，事情的難度是明擺著的。

後來還是會計司長宗梓山出了個好主意，建議用麻袋裝，裝袋之後才好搬運。有小洞的廢舊麻袋不能盛米但可裝書，價錢僅是木箱的十分之一，整個費用不過千元，羅振玉一聽喜上眉梢：「這筆錢如部裡拿不出，我來付！」於是，堆積如山的「紅本」「題本」被裝入了八千只麻袋，浩浩蕩蕩地運到了學部，費了三天時間，堆在學部堂後的堂屋裡，此為「八千麻袋」的由來。

可是問題並未結束，學部唐尚書第二天召羅振玉問：「你要保存史料，我何嘗不贊同，只是這堂後堆了這麼多麻袋，萬一別的部來人看到，豈不懷疑我們學部開大米莊了嗎？最好設法運到別的地方去！」羅氏說：「這好辦，拿紙把窗戶玻璃糊上，他們看不見不就完了嗎？」唐尚書一時雖答不上話來，可也不同意長期存放學部，遂令羅還是另尋地方。這「八千麻袋」史料，好像成了羅振玉個人的事了。

「八千麻袋」果眞在學部呆不長久，就被趕到國子監，國子監丞徐梧生起初不同意，幾乎又起衝突，經人調解，才得入駐。辛亥革命後，又被從國子監趕出來，運到午門樓上當時的歷史博物館。民國以後，教育部亦對此無興趣，幾乎又遭到焚毀，派人選出一部分後，其餘後來竟當廢紙以四千元賣到了西單同懋增紙店，仍裝在麻袋裡。紙店擬將送定興、唐山兩地還魂造紙。可憐的羅振玉這時急急趕到，以三倍的價格（一萬二千元）自己掏錢全部買了下來。定興部分運回北京；唐山部分運到天津。他從中檢選了一部分史料，刊印成《史料叢刊初編》十冊。一九二四年，羅振玉從中又檢選了一部分，其餘部分以一萬六千元（包括了倉庫的儲存費）賣給了北京大藏書家李盛鐸。李盛鐸存之未久，基本未經翻檢，一九二八年以一萬八千元賣給了前中央研究院歷史語言研究所。至此，「八千麻袋」幾經輾轉遷徙，甲撿乙盜，濕潮蟲蛀，原十五萬斤只剩下十二萬斤了。

前中央研究院歷史語言研究所後來據此整理出了《明清史料》甲、乙、丙三集。一九三六年運到南京一百箱史料，一九四九年前夕又運到臺灣。未運去南京的部分，存放午門和端門，一九五二年由故宮接收，歸屬故宮明清檔案館保管，現存中國第一歷史檔案館。

羅振玉自己留存的部分，後來運到旅順，一九三六年移送奉天圖書館（後並入瀋陽博物館，一九五〇年代後稱東北圖書館）。羅振玉利用這批資料，編印了《大庫史料目錄》六編、《明季史料拾零》六種、《清史料拾零》二十六種、《史料叢編》二集、《清太祖實錄稿》三種。一九四九年東北圖書館又編印了《明清內閣大庫史料第一輯》上、下冊。一九五二年這批史料再度進京，現存中國第一歷史檔案館。

綜上可知，「八千麻袋」是由羅振玉從腐敗的官府中搶救出來的，現在研究明清史的學者，自會感激這位晚清時代難得的學者。「八千麻袋」的種種遭遇，已成為本世紀最富傳奇色彩的藏書故事之一。

「上第二子」與寶禮堂

北京圖書館的館藏善本書目中，有一批書名下注有「潘捐」二字，這原是上海前公共租界多達一百十一部共計一千零八十八冊的珍貴典籍，有一百零五部是宋版，六部為元版，不少為海內孤本，在抗日戰爭中曾流入香港，是一九五〇年代後方得復歸的國寶。

潘宗周（一八六七—一九三九）字明訓，廣東南海人，一九一九年到上海，藏書有佞宋癖，遇有善本，重值不吝，但除宋元舊版則不屑一顧。其藏本均經第一流古籍鑒定專家張元濟、徐森玉二人鑒定過，鎭庫之寶爲得之於袁世凱兒子袁寒雲（克文）之手的宋刊《禮記正義》。這部書爲宋王朝南渡後三山黃唐所刊，原藏山東曲阜的孔府中，海內孤本，係孔府中傳世之寶，不知何時何故流入袁寒雲之手。寒雲向以「皇二子」自居，亦喜藏書弄墨，自號爲「後百宋一廛」，每遇善本，輒題詩題記，鈐上「上第二子」紅印，以記鴻爪。題於這部宋版《禮記正義》上的題詩，是爲其一位女友而寫，情眞意切，句句哀婉動人。袁世凱死後，揮霍成性的袁寒雲家境日窘，終於落到了靠變賣古物度日的境地，一日攜《禮記正義》登門求售，潘氏見書大喜，即以十萬兩銀子成交，兩相情願，各自歡喜。書至潘家，適値新居落成，因顏其居曰寶禮堂，此爲寶禮堂之由來。潘氏得書後又請董誦芬（康）募工鋟刻，印了一百部，變一身爲百身，此幾百年來深藏秘府中之珍籍方得公諸士林，甚得世人讚賞。從此之後，袁寒雲所藏珍本便有十之六七源源流歸寶禮堂了。

一九四一年太平洋戰爭爆發，上海淪爲孤島，寶禮堂一百十一部宋元古槧已由潘宗周兒子潘世茲（原聖約翰大學教授，一九五〇年代後任復旦大學圖書館館長）繼承。潘世茲深恐此大宗國寶落於日寇之手，遂與英國駐上海一文化機構聯繫，請其設法將藏書轉入安全地帶，俟天下太平之日再取回。英方得知消息後大爲震驚，立即派出一艘軍艦，載上國寶，專程護送至香港，上岸後又有專車直接送入匯豐銀行保險庫中儲存，一切安置得極爲謹愼、周密，誰知此一存竟達十年之久。這其間曾有美國人、日本人多方設法意欲高價囊括這批書，美國文物收藏家侯士泰是最爲活躍的一個。他攜帶大量美元到港，不時穿梭於

寶禮堂第二代主人潘世茲先生

香港和美國之間，到處探詢故家舊族的藏品，隨時準備收購。潘世茲始終堅不爲所動，每年支付滙豐銀行極高昂的租金，一直到一九五一年。

一九五一年潘世茲從香港致函國家文物局局長鄭振鐸，主動提出將寶禮堂藏書全部捐獻國家，並談到眼下尚無精於此道之人具體辦理此事。鄭振鐸接信後非常高興，時值中央已注意到大批滯留香港的文物隨時有漂泊海外的危險，並已撥鉅款準備派員赴港搶救、收購。周恩來還專門批示道：「必須購買有歷史價值的文物，不得買古玩。」恰巧此時徐森玉的兒子徐伯郊由港來京，徐伯郊在香港一家銀行供職，家學淵源，亦喜藏書、能鑒別，而且與諸多藏家均熟識，具備完成文物工作的條件。遂由鄭振鐸出面與徐伯郊聯繫，後又由鄭振鐸邀請郭沫若、徐冰、陽翰笙、王冶秋等知名人士在文化俱樂部與徐面談，以國家名義正式委託徐伯郊在香港代購珍貴文物，並具體辦理有關接收潘氏寶禮堂藏書的一切事宜。經徐伯郊往返奔走，此大宗瑰寶終於安全抵達上海，政務院又爲此特批了專列，由上海直運北京，入藏北京圖書館善本室，大大豐富了這個國家圖書館的善本藏書。爲紀念潘世茲的愛國功績，北京圖書館在編印善本書目時，特將寶禮堂藏書注上了「潘捐」二字，以示其功績不沒。

前幾年江蘇廣陵古籍刻印社重新影印了《禮記正義》，亦是一百部，潘世茲親撰序文，並購下多部，分送國內外各著名圖書館，以志紀念。潘先生的妻子兒女出國後，一人孤居上海一條僻靜的弄堂裡，度著寂寥的晚年，他腿有疾，行走不便，一日三餐全由小保姆料理。就在這種情況下，潘老仍以頑強的毅力英譯了著名的中國古代蒙書《三字經》，向世界介紹源遠流長的中國文化。近幾年此書在新加坡插圖印行，被李光耀親定爲新加坡兒童必讀課本，還被聯合國教科文組織定爲世界兒童品德修養的必讀讀物，了結了潘老晚年的最後一件心願。一九八八年，他的名字被收入《世界名人錄》（美國版）。與人談及古典文獻的整理及當年捐書的豪舉時，潘老仍精神抖擻，感慨萬千，言辭中充滿了一個華夏子孫的拳拳之情，令人久久不能忘懷。潘世茲逝世於一九九四年春。

風雨天一閣

寧波市內月湖西岸的濃蔭深處，有一幢我國現存最古老的藏書樓——天一閣。天一閣建閣於明代嘉靖四十年至嘉靖四十五年（一五六一—一五六六年）間，是明代兵部右侍郎范欽辭官回家後所建的藏書之所。經現代學者們考證，天一閣不僅在中國藏書樓中資格最老，在亞洲亦名列第一，在世界範圍內名列第三。

范欽酷愛書籍，每到一地都留意收集，而且他和當時一些只注重古版本的藏書家們不同，他頗有些「厚今薄古」的意味，比較重視爲收集當代人的著作，所以他的藏書中明代史料就特別多，如明代地方誌、政書、實錄、詩文集等。而像《軍令》、《營規》、《大閱錄》、《國子監監規》、《武定侯郭勳招供》之類的官書，應屬當時的「內部資料」，而且只有像范欽這樣的高官才有可能獲得，這些又恰恰是後人研究明代社會的難得資料，故極爲名貴。范氏藏書除自己歷年零星購置外，還曾整批購進豐氏萬卷樓部分藏書，又與王弇州等人相約互爲抄錄所藏，最終達七萬餘卷之巨。

這七萬卷的藏書及藏書樓，居然經歷了四百年的歷史風雨，中間有過幾次大的劫難，最終書未散盡，樓亦未損壞，不能不驚爲藏界之奇。

第一次劫難是在乾隆年間。清政府要設立四庫全書館編纂《四庫全書》時，要求各地進呈古籍，「搜羅古今載籍，以光策府，而裨藝林」，「用昭文治之盛」，並且點名要范氏天一閣進書。范氏後人無奈不得不應詔進書，共進了六百三十八種，其中清初人的著作只有七種，其餘均爲前代人的著述，在當時就不多見。後來被收入《四庫全書》的有九十六種，列入《存目》的有三百七十七種，對《四庫全書》的編纂確是一大貢獻。爲此，乾隆皇帝還特恩賞一部《古今圖書集成》給范氏後人，以示嘉獎。問題是當年進呈的珍本古籍到《四庫全書》編完後並未全數發還，大部分被承辦者私下扣留，這使天一閣既獲得了極大的榮譽，又遭受了極大的損失。

近代以來，寧波地處沿海，戰亂不斷，天一閣成了帝國主義、貪官污吏和流氓小偷掠奪、盜竊的物件。鴉片戰爭英帝國主義佔領寧波城時，曾闖進天一閣，掠取輿地類書數十種而去。咸豐年間太平天國軍隊進駐寧波時，范氏後人避居他地，當地小偷乘亂潛入樓中，拆毀閣後牆垣，偷運藏書，竟然論斤賤賣給了一個奉化的造紙商人，不少珍貴書籍一下子變成了造紙原料。有個瞭解天一閣藏書人的人發現後，出數千金購下這批剩餘「造紙原料」，不幸的是後來他家遭火災，這批書與他家書屋全部毀於一旦。這是天一閣第二次遭劫。

第三次是在一九一四年，上海的幾個舊書商雇用了一個叫薛繼渭的竊賊挖樓潛入閣內，竊去藏書達一千多部。薛繼渭在閣中潛伏達數十日，「迨知覺，已去大半，嗚官究治，止定獲到二賊罪名，書仍不能還閣」。這批書全部被運到上海，輾轉由上海幾個舊書店陸續售盡。當時以吳興蔣氏買去最多，號稱孤本的明抄《宋刑統》即在其中。後來蔣氏藏書亦散，明代別集歸入北平圖書館。商務印書館得一批登科錄及明季史料，在「一・二八」滬戰中，隨著東方圖書館的被炸，亦化為灰燼。及至一九五〇年代，除《古今圖書集成》外，只剩下了一萬三千多卷，僅及原藏書的五分之一左右，而且不少書遭受蟲蛀黴爛，成了斷編殘簡。

近幾十年，天一閣成為全國重點文物保護單位。當年散出之書，經努力收購，竟收回了三千餘卷。在保存下來的圖書中，以明代地方誌和科舉題名錄兩類書最為完好，不但紙墨精良，而且大都保持了明代包背裝的裝幀形式。現藏明代地方誌二百七十一種，其中百分之六十五爲海內孤本；登科錄、會試錄、鄉試錄三百七十種，大部分也是僅見之本。經閣內工作人員幾十年的整理和辛勤搜求，目前藏書已達二十餘萬卷，其中善本占七萬卷，並新蓋了藏書館舍，向廣大讀者開放。天一閣歷經四百年滄桑，今仍爲江南一大藏書重鎮。

小蓮莊畔嘉業堂

浙江湖州南潯鎮，名園毗連，皆爲近代以來以絲業致富的大戶莊園。其中水塘面積最大，現今保存最爲完好的，要數萬古橋西的小蓮莊。陳從周曾描述其佳境：「池廣十畝，即古之桂瓢池。山石繞池而迭，亭踞山而榭依水，錯落有致。碼頭旁，亭廊山石佈置得宜，具界而不界、隔而不隔之意。其中靜香詩堀，爲四面廳，頂格之妙，爲海內孤本……」。

小蓮莊的第一代主人名叫劉鏞，字貫經，原籍浙江上虞，清代康熙時遷居南潯。他少年時曾在棉綢布店當學徒，後來自己從事絲市買賣。鴉片戰爭後，外國資本大肆廉價收購中國農副產品，南潯作爲浙北蠶桑業的中心市鎮之一，絲市貿易盛況空前，所謂「小賈收買交大賈，大賈載入申江界，申江番國正通商，繁華富麗壓蘇杭」（溫豐《南潯絲市行》）正是指此。劉鏞善於經營，不數年以出口當地的「緝里絲」發家，到同治初年已殖財數十萬，成爲當地著名的絲商和豪富。

劉鏞總結他的經商經驗時認爲，除了天時地利人和的條件，還一要官府裡有人，二要與洋人打交道，三要讀點書。而要做到官府裡有人和與洋人打交道，都必須讀點書。所以，他非常重視對後代的教育，他的兩個兒子都成大學問家，他的孫子劉承幹成了大藏書家，他的曾孫輩中大都畢業於上海聖約翰大學，後來從事金融業和房地產業，一直到一九五〇年代。

劉家第一代人經商，但在官場上也捐了個頭銜，叫候選員外郎，累贈光祿大夫。第二代人發奮讀書，大兒子劉安瀾，字紫洄，幼時隨父避亂於海上，十四歲又回南潯讀書。他精通詩詞，尤其留意清代著述，雖科場失意，屢試屢蹶，但留下一部《國朝詩萃》（未完稿，後由劉承幹完成），可惜年僅二十九歲就去世了。安瀾的弟弟劉錦藻，字澂如，蓄志勵學，按照其父親的理想走科舉之路，終成一代大學問家。劉錦藻於光緒十四年（一八八八年）鄉試中舉，二十年（一八九四年）中甲午科進士，分發工部主事，晉升郎中後逢丁憂（其父劉鏞一八九九年去世），曾回南潯辦理喪事和慈善事業，光緒二十七年（一九〇一年），爲陝西賑災捐銀六萬兩，獲頒五品京堂。不數年又從京城回到浙江，從事實業和編纂。一九〇四年浙江鐵路公司成立，劉錦藻和湯壽潛分任正副總理，不久又和張謇等在上海合辦大達輪埠公司，並經農工商部奏派爲總理。一九一〇年，劉錦藻將自己所輯的《皇朝續文獻通考》三百二十卷進呈朝廷，得賞內閣侍讀學士。民國後他又陸續增訂爲四百卷，上接《清文獻通考》，下至清亡，是研究清代歷史的重要參考書，在一九三三年刊行後，第二年劉錦藻即病逝，年七十三歲。劉錦藻這部巨著的完成，借助於他豐富的藏

青年時代的劉承幹先生

書。他曾任職內閣，又頗得內閣大庫藏書之便，日積月累，蔚爲大觀，現在江蘇省揚州市圖書館裡，仍收藏著當年劉錦藻的部分藏書。此外，他還有《堅匏庵詩文鈔》《絅宧尺牘附楹聯》兩書傳世。劉錦藻在上海的舊居，是青海路一〇五弄的四排高敞的中西式三層樓房，一九三〇年完工，他本人住第一排，四個兒子分居另三排，後歸中國船舶總公司七一一研究所，近年已被拆掉。

南潯劉家第三代人中最負盛名者，即爲嘉業堂藏書樓的主人、大藏書家劉承幹。

劉承幹（一八八二—一九六三）字貞一，號翰怡、求恕居士，是劉錦藻的長子，因其伯父劉安瀾早逝無後，就在四歲時過繼給了安瀾。他一九一一年攜家定居上海，在滬的舊居在北京西路小學校園內（現已拆）。劉承幹出生在這樣一個既擁有百萬資財，又充滿傳統文化氣息的家庭中，就爲他後來的藏書和刊刻事業，奠下了重要的基礎。

劉承幹是光緒三十一年（一九〇五年）的貢生，後來由於科舉停廢而沒有進一步的功名。然而劉家三代人都樂善好施，劉承幹也曾以先後在各地賑災三萬多銀兩，而獲得了四品卿銜，朋友們因此又稱他爲「京卿」。他「弱冠即喜治乙部之書」，長於古籍版本知識，有一定的鑒別能力和水平。政治上雖屬於守舊派，曾捐鉅資助修光緒陵墓，進呈自編的《綸旅金鑒》一書，獲溥儀賜「欽若嘉業」和「抗心希古」匾，但在文化上貢獻很大。一九一四年沈曾植任浙江通志總纂時，聘其爲分纂，一九二〇年至一九二一年還任職清史館。他嗜書成癖，千金一擲，平生聚書五十七萬餘卷，十八萬冊有餘，刻書一百七十九種，二千九百二十六卷，還有名家舊藏的碑帖拓本數千種，是民國以來成就最大的藏書家。

劉承幹二十八歲時大規模聚書。那年他去南京參觀「南洋勸業會」，結果卻被「狀元境」一帶的書市所迷住。他大批買書，引起書店老闆們的矚目，等他回家後，專程送書上門的書賈便絡繹而至。辛亥革命後，他遷居上海，江南一帶許多清朝遺老此時也避居上海租界，一些生活暫無著落者便出售家藏舊書，劉承幹來者不拒，照單全收，加上踵門如市的書賈，使他的藏書樓有如吸納衆流的大海，短短六七年中，竟有汪洋之勢。

劉承幹在上海的藏書樓名「求恕齋」，實在容納不下急劇增進的藏書了，就在家鄉南潯祖居小蓮莊畔，新建一棟藏書樓。一九二〇年動工，花費十二萬元，於一九二四年落成，命名爲嘉業堂。

嘉業堂占地二十畝，書樓是一座磚木結構、中西合璧式的兩層樓房，東西闊十丈六尺，南北深十五丈九尺，前後兩進，每進面寬七間，左右廂房各六間，共五十二間。兩進書樓中間正方形天井占地約二畝，平鋪方磚，不生雜草，爲夏季曝曬圖書而設計。前進樓

嘉業堂藏書樓

下東側爲「宋四史齋」，珍藏宋版《史記》、《漢書》、《後漢書》、《三國志》，並陳列自印典籍的樣本；西側「詩萃室」，藏劉氏父子所編的《國朝詩萃》正續稿本及所據以引用的二千餘種清人別集。樓上中央一室爲「求恕齋」，不置書籍；東側藏宋元刻本，明初精刻亦擇優附藏；西側三楹，左右爲臥室，收藏珍秘鈔本，如煌煌四十二巨冊明鈔的《永樂大典》、南北諸閣四庫佚存本、歷代名賢稿本；後進底層正廳爲「嘉業堂」，置十三經註疏、南北監本廿一史、汲古閣十七史、武英殿二十四史、同文局石印二十四史、新陽趙氏刊二十一史……「嘉業堂」的樓上爲「希古樓」，藏殿本桃花紙印的《圖書集成》、明萬曆間抄《明實錄》、民國初年抄《清實錄》，以及《全唐文》、《全唐詩》等大型叢書……樓中特製的書櫥、書箱均十分考究，大部分爲楠木和紅木。齋室各處又裝飾以畫屏，紅木嵌大理石衆多。樓的南面爲小花園，花園正中有三四畝地大的蓮池，環以假山，中疊石島，島上又有亭翼然，名「明瑟」，豎一巨石，爲阮元舊藏的「嘯石」，中腹一孔，吹之聲如虎嘯故名。

嘉業堂的藏書有四大特色。

其一爲宋元版珍籍豐富，計有宋版六十五部、元版七十四部、宋元明遞修本（所謂三朝本）二十一部。這些珍本秘笈，主要得自於繆荃蓀的藝風堂、莫友芝的影山草堂，及袁克文、孫廷翰等人。其最著名的四部宋刊史書：蜀大字本《史記》和大字監本《三國志》，是得自於費念慈（屺懷）的後人；白鷺書院本的《漢書》和一經堂本的《後漢書》，則是郭嵩燾（筠仙）的舊藏。劉承幹特闢「宋四史齋」以珍藏。爲使這四部珍籍能嘉惠士林，廣爲流傳，他又請來當時仿宋體刻得最好的刻工陶子麟進行影刊，並請著名的版本目錄學家葉昌熾從事校勘，由於卷帙浩繁，從一九一四年開始刻印，直至一九二八年才告全部完成。

其二爲名家稿本、鈔校本衆多，約達二千種。前不久去世的百歲老人、華東師大古籍研究所的周子美教授，曾在嘉業堂工作過八年，手撰一部《嘉業堂鈔校本目錄》，全面介紹了嘉業堂這一宗藏書的情況。胡道靜曾評價這些稿本、鈔校本說：「雖曰大海一勺，實爲樓藏菁英所托，若掌之在熊也。」（胡道靜《嘉業堂鈔校本目錄·天一閣藏書經見錄》總序）其中明代各朝皇帝實錄就將近三千卷，五百冊，大部分是抱經樓的舊藏，少量是從天一閣流出及劉承幹零星購得。最珍貴的爲明鈔《永樂大典》四十二冊。《永樂大典》在八國聯軍洗劫北京時慘遭焚毀，剩餘者尚不及原書的百分之四。一九六〇年中華書局將歷來徵集到的影印出版時，僅七百三十卷，而劉承翰所藏就達八十八卷，占現存世卷數的百分之十二，是個了不起的數字。鈔本中還有各種史學秘本，如徐松從《永樂大典》中輯出的《宋會要》稿本、修《四庫全書》時翁方綱撰寫的《四庫題要》原稿一百五十冊（內有提要近千篇），最重要的還有劉承幹花費數萬元，請人到北京抄來的全部清朝各帝的《實錄》和清朝國史館未用的名臣列傳二千多篇，可謂山高水闊，洋洋大觀。

其三是明刊本集中，約有二千部。嘉業堂的明刊本，較重要的一是史部，有明代政制、經濟和邊防方面的；二是集部，有明人文集六百多種。這些明刊本有十分之六目前存我國臺灣中央圖書館，形成該館善本庫的特色之一。該館收藏明人文集約一千部左右，而半數就來自嘉業堂。

其四是大宗的地方誌資料。嘉業堂全盛時收藏的地方誌達一千一百九十二種，共四千餘部，其中有二十九種爲海內孤本，如萬曆年間《鄖陽縣誌》、嘉靖年間《滑縣誌》、康熙年間《處州府志》等，彌足珍貴。

劉承幹一生無聲色犬馬之好，唯書是嗜，他自稱：「生平嗜書，與世俗之珠玉貨財同」，一旦獲知有故家舊藏佳本出售，就不惜代價購回。一次繆荃蓀有意出讓十四種宋刊本、四種鈔本，索價二萬元，劉承幹不贅一詞，照單全購。他收書歷時二十多年，耗資三十餘萬元，終成民國以來藏書第一大家。

他曾希望「余之爲是樓，非徒藏，又將謀所以永其傳」，要求「吾劉氏子孫其世守勿替」（劉承幹《嘉業書樓記》），但事實未能如其願，一九三〇年代中後期，劉氏由於專事藏書與刊刻，放鬆了對滬上房地產業與鄉間絲業和田產的管理，家道中落，入不敷出，加上社會動蕩，日寇入侵，導致藏書開始流散。抗戰前，其鎮庫之寶如「宋四史齋」中的宋刊《史記》、《漢書》、《後漢書》和《三國志》就已易手，其他如宋刊中的珍本《鶴山先生大全集》、《竇氏聯珠集》，抄本中的《永樂大典》殘本、《宋會要》稿本及《明實錄》等，均被迫散出。這令嗜書如命的劉承幹痛心不已。抗戰爆發後，尤其一九三七年「八・一三」上海事變，戰火波及南潯，十一月日軍佔領了南潯，嘉業堂一度成駐軍之所，後來日僞又多次騷擾書樓，盜匪乘亂橫行，幾次潛入書樓偸書。在這種情況下，劉承幹深知大亂之中書不易保，不得不賣出了。

據不完全統計，從一九三七年到一九四二年，劉承幹從嘉業堂共運出圖書三千四百五十一部，其中宋元刊本一百三十一部，明刊本二千零九十九部，清刊本三百八十六部，批校本一百十二部，稿本、鈔本三百六十四部，刊本時代不甚明確者三百五十九部。這些藏書運到上海，除一小部分被私人購去外，絕大部分歸入各大圖書館。一九三九年鄭振鐸、徐森玉、張壽鏞在滬爲中央圖書館搶救古籍時，就從劉家購去一千二百多種明刊本和三十六部抄校本。至於宋元刊本，後來又歸入中央圖書館的有《唐書》等三十一部，歸於香港大學的有《范文正公集》等十五部。幸虧早在一九二九年，劉承幹已將他所收藏過的宋元刊本一六二部，編成一部《吳興劉氏嘉業堂善本書影》，取每書各影攝一頁或數頁，總算雪泥鴻爪，還不至於全無蹤跡。

一九五〇年代後，嘉業堂尚餘圖書十一萬冊，劉氏已入老境，兒孫均務他業，藏書繼續流散。一九五一年十一月十九日，劉氏致函浙江省圖書館，該館當時的館長正是他的老朋友張宗祥。他在信中表示，向國家捐獻嘉業堂藏書樓及其內中藏書，以及全部設備和四周的空地，將這一江南名樓劃入浙江省圖書館的名下。該館接收後即成立管理組，對藏書樓進行精心的保養和管理，使之基本保持了當年舊貌，一九八一年，被列爲浙江省重點文物保護單位。

劉承幹留存上海的圖書，在一九五四年賣給復旦大學圖書館，計二千餘種。復旦大學出版社於一九九六年出版了《嘉業堂藏書志》一厚冊，基本上彙集了國內有關嘉業堂的所有資料。

一九五〇年代後，嘉業堂藏書不僅在教學與科研上發揮作用，而且在外交上起過重要作用。一九六一年周恩來在上海會見朱芳芳女士，得知她是南潯人時便說：「你們南潯有個嘉業堂藏書樓，中印邊界麥克馬洪線有一部分參考資料，就是從這個藏書樓裡找到的。」據說在一九六〇年代末期，有關中蘇邊界問題的古代資料，也是從嘉業堂藏書裡找到的，可見當年劉氏收集之功力。

劉承幹不僅畢生嗜書、藏書，還花費大量錢財用於刻書，並親自參加校勘。他總是設法把自家收藏的珍本秘笈刊刻出來，先後經他刊刻的書籍有：《嘉業堂叢書》五十六種、《吳興叢書》六十四種、《求恕齋叢書》三十種、《留餘草堂叢書》十種、《嘉業堂金石叢書》五種、單行本有《八瓊室金石補正》一百三十卷、《舊五代史》一百五十卷目錄二卷、《史記》一百三十卷、《漢書》一百二十卷、《三國志》六十五卷、《晉書評注》一百三十卷……他不僅是民國以來藏書最多之人，也是以一己之力刊刻古籍最多的人之一。

今日小蓮莊和嘉業堂已成南潯鎮的文化旅遊勝地。劉家第四代人如今已是七八十歲的老人，劉承幹的長子劉訢萬先生今年八十六歲，爲上海文史館館員。第五代、第六代人已赴世界各地，事業各自有成，每逢歸國探親，都要回南潯嘉業堂祖居相聚。

墨海樓與萱蔭樓

蔡同德堂藥號早已聞名滬上，蔡同德亦爲婦孺皆知。而蔡家另一有名人物近年來卻鮮爲人曉，這就是享年僅二十七歲的藏書家、寧波人蔡鴻鑒。蔡氏人雖年輕，藏書竟達三萬一千二百零九冊之多，而且善本約占全部藏書的三分之一，是近代上海和寧波地區的著名藏書家。一百多年過去了，他的藏書還經常被人們提到，如唐弢在《晦庵書話》中講：「墨海樓舊藏袁刻《文選》，一向被當作稀有的宋本看待」，即是指蔡氏的藏書。袁元龍在《萱蔭樓與墨海樓》一文中，也提到了蔡氏藏書，並詳述了該批藏書歸李氏後，於一九五〇年鄭振鐸、馬衡鼓勵李慶城先生捐書的情況。可見這位年輕的藏書家雖因人壽短促，收藏不及丁（丙）、陸（心源）、蔣（汝藻）、劉（承幹）諸氏之富，但是他的收藏還是頗爲世人所重的。

蔡鴻鑒字棊卿，號秋蟾，自號季白，一八五三年至一八八〇年在世。其先世居鄞縣東鄉，其父蔡筠以經營商業起家，始徙居寧波城內。現寧波市蔡家巷內尙有蔡氏舊居的石刻牆門殘跡，現海曙區中心小學的前身即爲蔡氏星蔭義學。鴻鑒承先人餘蔭，席豐履厚，盛年氣銳，不滿二十歲即出遊上海。每遊輒脫手數千金，買書藏書，接納聲伎，廣交名流，不久於黃浦西南築一別業，爲其額曰「二百八十峰草堂」，從此久居上海，風流倜儻，名冠一時。

蔡鴻鑒的藏書樓曰墨海樓，所儲有三個主要來源。

第一，童年時曾受業於鎮海姚燮，姚氏歿後，所遺大梅山館藏書即由蔡氏斥資收買下來。

第二，清咸豐十一年（一八六一年）太平天國軍隊進入寧波前後，寧波藏書家抱經樓盧氏子孫避地鄞江橋，歹徒乘亂進入抱經樓，連日劫走藏書，論斤出賣，於是盧氏藏書大部散落於市肆。蘇松太道道台楊坊得其十之六七，尚有散落於市肆及鄞城居民手中者，數年後，多半爲鴻鑒陸續收得。

第三，清季咸同兵燹以後，江浙故家望族大半中落，多將舊藏書籍字畫出以易米，鴻鑒慷慨好施，重義輕財，因而「得書無虛日」。有故家子弟攜書求售者，鴻鑒輒以高價購下，如來者仍不悅，便詢其所需數額，往往使之滿意而歸。久而久之，遠近知其名，挾書求售者日踵其門，日積月累，竟得書七萬餘卷（號稱十萬卷），二萬六千餘冊。

墨海樓藏善本古籍極豐，中有宋刻本《周禮》六卷、宋刻本《通鑒紀事本末》四十二卷、元版《資治通鑒綱目》五九卷、元刻《黃帝內經素問》十三卷、元刻《宋文鑒》一百五十卷等等。其所以名其藏書樓曰墨海樓，清人王榮商《墨海樓觀書記》中說得明白：

「墨海，古硯名，而蔡君棻卿以名其藏書之樓，蓋喻其所蓄之富云爾。」蔡氏的詩作中也多有藏書與讀書的記載，如「有酒可飲書可讀兮，開我高軒陳圖棻兮，招我嘉賓偕討索兮！」（銘座）；「遙夜高樓孰與親，琴書長伴苦吟身」（遙夜）；「髫齡喜翰墨，東西常塗沫。弱冠解吟詠，几窗置紙筆。千金揮泥沙，萬卷收典籍。終歲伴蠹魚，空山掃落葉。南樓弆圖書，東軒列金石。旁搜闡百氏，志在前賢席……」（《贈蔣幼節太常卿即題其閑促齋詩文集》）。又如「曩者姑勿論，爲君述近歷。坐臥侶煙霞，嘯傲樂泉石。園居隔塵囂，但聞鳥聲劇。圖書十萬卷，卷卷加硃墨……」（《柬惲次遠彥彬太史都中》）等等。蔡氏於自家藏書，除自編《墨海樓書目》外，於淸光緒元年（一八七五年）左右請椒江周郇（字叔匀）先生就《墨海樓書目》補寫各書提要，俾成《墨海樓書錄》，惜此項工作只做了幾個月即中輟，僅撰寫出經部書提要四十九篇，裝訂成《墨海樓書目補提要》一冊傳於世（有一九三三年中國圖書大辭典編輯館影印本）。

除去藏書外，蔡氏又嗜金石古玩，並能識別眞贋。又好遊山玩水，曾溯江涉湘，泛洞庭，浮彭蠡，探匡廬，其滬南別墅中，亦雜蒔花木，幽深曲折，恣人遊賞。憑藉家底富厚，蔡氏本人又好客重義，一時知名之士若王子裳、褚叔篔、萬劍盟輩咸館其家，禮以上賓，並刻燭分題，倡和成集。久之，滬上知名琴手、弈者、歌女、書法家、篆刻家亦麇至其門，倚爲東道主。他個人著作有《眞跡過眼錄》、《墨妙過眼錄》、《墨海樓書目》、《二百八十峰草堂集》等，各有稿本藏於家。

蔡鴻鑒去世後，兒子蔡和霽亦嗜書成癖。蔡和霽字滌峰，號月笙，小字悅生，自幼聰慧，能讀父書，專攻鐘鼎文兼及花卉，詩詞亦清雅可誦，有詩集《餐霞仙館集》傳世。和霽繼其父志，數年中陸續收購其父所藏中未備之書，先後共得約二百種，近五千冊，因所得多明代書，因而稱作「明存閣」藏書。惜秀而不實，壽命較其父更短，年僅十九歲便病歿了。

蔡鴻鑒之孫蔡同瑺（一作同常）與蔡同德同輩，繼承了墨海樓藏書，後傳至曾孫蔡賓年手中。同瑺在滬經商，一九二一年投機失敗，瀕於破產，幸蔡氏前曾與寧波李氏合資開設一泰巽錢莊，尚得在此錢莊透支白銀十萬兩，得解燃眉之急，然後來終因無力償還此鉅款，不得不以家藏墨海樓藏書二千八百七十九種三萬零四百四十一冊抵銀四萬兩，權作了清理之資。一九二三年由蔡賓年著錄藏書，計爲二百十六箱。

從此墨海樓歸於寧波李氏所有，並於一九三〇年更名爲萱蔭樓。但蔡同瑺在以書抵債時，自家還保留了三十五種，中有宋刻本《文苑英華纂要》八冊，一九三五年六月，其鄉先輩張壽鏞先生六十壽辰時，他將此珍籍送給了張，用以祝壽。現藏北京圖書館善本室。

墨海樓易手之後，夏敬觀等社會名流感於世事多變，曾紛紛題詩詠其事，有曰：「擔經曾從復莊遊，充棟藏書墨海樓。聲伎滿前仍篤學，吟明入座盡名流。才追風月三千首，跡溯林園六十秋。莫恨促齡由語綺，有孫洛誦集長留。」（夏氏自注云：「君於滬南有別業，結集吟社，一時稱盛，距今六十餘年矣。」）「棲遲滬瀆結名流，充棟書藏墨海樓。七萬卷書孫抵債，五千行目世長留。」

有趣的是書至寧波「仁成李氏」家後，仍與蔡家瓜葛不斷。李家於一九三〇年延聘蔡和鏗（字芝卿，曾任蔡氏義學校長）爲家庭教師，課其子女訪梅及慶城；一九三三年李家又禮聘和鏗主持藏書樓，不僅十二卷《萱蔭樓書目》完工於和鏗之手，「萱蔭樓」之名稱亦由和鏗所提出。兩家書緣，一直延續到抗日戰爭時期。

一九四九年後，萱蔭樓最後一位主人是李慶城（任職上海圖書館，已退休）。一九五〇年當時中央人民政府文化部副部長鄭振鐸偕北京圖書館館長馬衡南下訪書，約見了李慶城，幾經商談，李先生慨然允捐，將藏書全部捐獻給人民政府。具體的捐書交接事項，就請當時華東文化部文物處的郭若愚與李慶城辦理。郭若愚與李慶城來到寧波鄉下，誰知李先生當夜竟被當地公安部門抓走了，說他是地主，逃避土改，躲在上海不回來等等，並且很快就將遣送到下面交基層農民批鬥。郭若愚書一冊尚未拿到，人倒先沒有了。連忙找當地的文物部門開證明，出示華東軍政委員會的介紹信，出面交涉，這才把人放出來，把捐獻的書拿出來。這批珍貴的圖書，後來分別歸浙江圖書館及北京圖書館。北京圖書館得書不多，僅有明太祖至穆宗十朝《實錄》十種及稀見地方誌二種，共十二種計三百六十四冊，其餘悉歸浙江省圖書館。列入浙江圖書館特藏書庫的，有四百九十八種。至此，經蔡鴻鑒這位百餘年前的年輕藏書家辛勤收藏的圖籍，經歷了百年坎坷，終於得到了妥善的歸宿和充分的利用。

江南書藏與京津書藏

江南一帶歷來是藏書之地。從明朝保存至今的著名藏書樓有范欽的寧波天一閣和徐光

愚齋主人盛宣懷

啓的九間樓（現樓宇仍在，只是已爲民居）。從清末進入民國的大小藏書家、藏書樓更是不勝枚舉。官宦人家的藏書最著名者爲清末郵傳部大臣盛宣懷，以愚齋藏書稱譽海內，藏書十餘萬卷，在一九三〇年代被其後人「三家分晉」，最好的本子賣掉了，餘下的一部分贈聖約翰大學，一部分贈交通大學，一部分贈山西的銘賢學校。書入三校之後，經行家整理，發現內中僅地方誌即達六百多種，海內孤本占七種；三百多種醫書中有三十種是早已失傳了的海內孤本。

學術界和工商界中的藏書家，著名的有藝風堂主人繆荃蓀，小綠天主人孫毓修，海日樓主人沈曾植，玄覽堂主人鄭振鐸，涉園主人張元濟，小校經閣主人劉晦之，寶禮堂主人潘明訓、潘世茲，荀齋主人陳清華，簣進齋主人封文權，讀有用書齋主人韓應陛，合衆圖書館主持人葉景葵，玉海堂主人劉世珩、劉公魯，積學齋主人徐乃昌，密韻樓主蔣汝藻，適園主人張石銘等。

張元濟（一八六七—一九五九）的藏書在學界極有影響。他主持商務印書館時，「每削稿，輒思有所檢閱，苦無書。求諸市中，多坊肆所刊，未敢信，乃思訪求善本及收藏有自者」。乃不惜鉅資購求善本，並創辦涵芬樓與東方圖書館，先後購得大宗江南藏書世家書藏，如焙經鑄史齋、秦漢十印齋、謏聞齋、密韻樓、持靜齋、藝風堂等，使東方圖書館的藏書達四十六萬三千冊之巨，其中善本五萬冊，孤本達二百零五種，為海內第一。一九三二年二二八事變，東方圖書館被日寇炸毀，所幸善本五百餘部已先期轉入了租界內的銀行保險庫。一九五〇年代後，張先生提請商務印書館董事會通過，將此一大宗瑰寶全部捐獻中央文化部，現藏北京圖書館。除涵芬樓所藏之外，張元濟先生家中尚有涉園藏書。涉園為其十世祖張奇齡讀書處，世代藏書，於清嘉道間散失殆盡，先生感於先祖事跡，仍以涉園為書樓。海鹽一帶地方文獻及其先世著述、舊藏，先後得書四千餘種，抗戰中全部捐入合衆圖書館，一九五〇年代後又與合衆圖書館藏書一起，全部捐獻給國家。

張元濟先生

京津地區的藏書大家，除前述的周叔弢之外，要數李盛鐸和傅增湘最為著名。

李盛鐸（一八五八—一九三七）字

傅增湘先生

椒微，號木齋，曾任京師大學堂總辦，民國後曾擔任約法會議會員及參政院參政，亦是外交上的活躍人士。他的「木樨軒」藏書亦有十萬卷之巨。出使日本期間，曾花重金將流散在日本的宋元古本購回。藏宋版書達三百餘部，明刊本二千餘部，抄校本及稿本亦二千餘部，合計這些善本，占了木樨軒藏書的半數。倫明稱他「吾國今日唯一大藏家！」抗戰前夕，他的藏書已零星散出，到了敵僞時期，由僞臨時政府花四十萬元僞幣整批購下，交北京大學文學院收藏，現在成北京大學圖書館的一批極具特色的藏書。

傅增湘（一八七二—一九五〇）的藏書樓叫「雙鑒樓」，傅晚號藏園居士，四川江安人，著名的教育家。藏書中以「雙鑒」即元刊本《資治通鑒》和百衲本《資治通鑒》最出名。他共收有宋本一百八十餘部，比當時的北平圖書館還多。一九四七年，他將藏書中三百七十三部約四千三百多冊捐獻給北平圖書館。一九五〇年代，傅增湘去世後，其子傅忠謨（晉生）又將家中遺留的四百八十部古籍，約三千五百冊，以及藏園居士生前用過的文具二十八件，無條件地捐獻給北京圖書館。這批圖書絕大部分都是傅氏親自點校之本，包括那兩部珍貴無比的「雙鑒」。傅忠謨捐書之舉在學界一直傳爲佳話。

滬上最後一批藏書樓

一九五〇年代之初，上海各界人士，曾掀起過一次大規模的向國家捐獻圖書和文物的熱潮，其中著名的有：廣東南海潘宗周、潘世茲的寶禮堂藏書、安徽廬江劉晦之的小校經閣藏書及大宗文物、江蘇吳江柳亞子的磨劍室革命文庫藏書、浙江杭州葉景葵和浙江海鹽張元濟等的合衆圖書館藏書及藏書樓、浙江南潯劉承幹的嘉業堂藏書及其藏書樓、上海金山姚石子的懷舊樓藏書、蘇州潘承弼的寶山樓藏書及大宗碑版拓片、江蘇常熟瞿鏞的後裔瞿濟蒼、瞿旭初、瞿鳳起兄弟的鐵琴銅劍樓藏書，江蘇無錫大實業家榮德生的樂農精舍藏書及文物、江蘇無錫丁福保詁林精舍藏書及文物，浙江海甯蔣光堉後人蔣鵬騫、蔣鷺濤兄弟的西澗草堂藏書、江蘇如皋冒鶴亭的藏書和大宗藏畫，廣東番禺葉恭綽的藏書和文物等等。這是繼辛亥革命和抗日戰爭之後，江南古籍的又一次大規模的聚散和重新整合，所不同的是，這次重新整合的趨向是國家大型圖書館，將私藏變爲公有，上海灘私家藏書的黃金時代就此宣告結束。

然而在一些民主人士尤其是高等院校的老教授、老先生手裡，由於教學和科研的需要，仍藏有一批數目可觀的善本，這批藏書在十年浩劫之中，大多未能躲過滅頂之災。

華東師範大學的王佩諍教授（名謇，一八八八—一九六九）即《續補藏書紀事詩》的作者，一九三七年到上海，歷任震旦大學、大同大學、東吳大學教授，一生嗜古成癖，並積有澥粟樓藏書。他的藏書多爲地方鄉邦歷史文獻、清人詞集、清人傳記以及金石拓本，還有不少名人字畫，其中屬孤本的地方誌有《天平志》、《姑蘇名賢後記》、明正德原刻本《姑蘇志》等六種，其他一般文史工作者常用之書應有盡有。先生著有《宋平江城坊考》、《鹽鐵論劄記》、《吳中金石記》等十幾種著作，惜僅三種行世，其餘交由中華書局出版，不料「文化大革命」開始，不僅文稿不得璧還，王老先生本人亦罹禍在身，被群豎所圍，日夜鞭撻，含冤去世。先生時年八十，所有藏書於「文革」中損失殆盡。

復旦大學的王大隆（字欣夫，一九〇〇—一九六六）亦是滬上知名學者，是爲蘇州二十八宿硯齋主人王祖列之後。二十八宿硯齋曾以收有宋元古本三十餘種知名天下。大隆先生與其兄大森（蔭嘉）承繼家學亦喜藏書，至「文革」前夕，已積有各類明清精刻及名家批校本、稿本達千餘種，並擇其精華編成《蛾術軒篋存善本書錄》數十卷。一九六六年抄家燒書之風日起，先生不幸病逝，其夫人年邁怕事，爲避紅衛兵抄家，索性一個電話打到上海舊書店，將其蛾術軒藏書全部拉去，論斤賣掉了事。上海舊書店裝了滿滿兩卡車。不久被復旦中文系徐鵬聞知，又急急追去，經與店方周旋，終於將其中的明刻本、抄校本、稿本和先生手批本截住，又載返復旦，由復旦大學圖書館計價購下，所幸《蛾術軒篋存善本書錄》亦在其中，對照書目及追回的書籍，得知其中稿本有吳雲、曹元忠、鄭文焯等六種，名人校跋本有如錢大昕、盧文弨、焦循、潘志萬、趙詒琛、潘祖蔭諸家，尚有不少劉氏嘉業堂的舊抄本。這是十年浩劫初期僥倖「存活」下來的一批藏書。

上海音樂學院的龍榆生教授（名沐勳，一九〇二——一九六六），係一九三〇年代《詞學季刊》的創辦人，在收藏詞學類古籍方面最有特色，包括早已成鳳毛麟角的明代琴譜和民間歌辭，先生均不遺餘力，盡力搜求。從一九五〇年代到一九六六年「文革」前夕，先生曾分幾次將藏書中較好的版本捐獻給了上海圖書館、浙江省圖書館、廣西省圖書館、南寧市圖書館、上海音樂學院和杭州大學詞學研究室，其中包括著名學者王鵬運、朱祖謀、沈曾植、俞陛雲、曹元忠、張爾田、吳梅、趙尊嶽等人的手稿，以及經他們批註、點校的詞學文獻，刻本、抄本兼有之，還有上述前輩之間，往來論學的信劄。一九六六年初，先生因心臟病住院，住院期間，家中藏書、文稿被造反派洗劫一空，先生於病床上知道「文革」形勢大概，心中念及藏書的命運，一天他終於證實了家中被抄的實情，當日病情惡化，不幸去世。被抄走的圖書被市文清組記錄在冊的有五千六百種，其餘不知去向。「文革」後雖有的發還，可惜名抄精校本均不復存在了。

原浙江興業銀行的創辦人之一、杭州人蔣抑卮的藏書的最後一部分，亦是毀於十年浩劫的。蔣先生號鴻林（一八七四——一九四〇），字一枝，又字抑卮，實業餘暇，雅好藏書，尤以清代聲音訓詁之書爲重。他家的凡將草堂藏書，大部分爲錢塘汪氏萬宜樓舊藏，約五萬冊。先生與葉景葵、張元濟等滬上實業界巨子爲多年摯友，當合衆圖書館籌建之初，就立即表示將把藏書捐入該館收藏，並捐助基金五萬元作爲合衆圖書館建築之資。先生病逝後，其哲嗣遵照其父遺志，重理前諾，請葉景葵親往其家取書，葉先生據舊目將原標識留閱者及重複之本留歸其子孫嗣守，其餘納館，共得經史子集、叢書各部二千五百八

千明樓主朱龍湛先生

十四部，合衆圖書館爲之編《杭州蔣氏凡將草堂藏書目錄》一冊。一九五〇年代後合衆圖書館捐入上海圖書館，蔣氏藏書也在其中。先生長子蔣俊吾又將當年葉先生囑其嗣守之書全部捐獻給華東文管會，文管會又轉入了上海圖書館，惜未留下目錄。當年合衆圖書館的主管顧廷龍在凡將草堂理書時，尙有蔣氏之侄蔣庚生在場，蔣氏囑其若有可用之書，可先挑選去。蔣庚生遂選書十五箱，儲在自家書房，大都爲先生句讀、批註之書。到了「文革」不幸被紅衛兵抄家抄走，先是封存於一車庫內，後又運到一家廢紙收購站，竟以三分錢一斤的價格當廢紙賣掉，賣得七十八元人民幣，又被這些「小將」們在一飲食店中揮霍殆盡。從七十八元這數位，又可知被賣掉的那批書的重量是二千六百斤。

民主人士朱龍湛（一九一四—一九九六）的藏書是以收藏明版書爲特色的，他曾發願要收集滿一千部明版書，所以把藏書處名爲「千明樓」。朱先生字敬圃，號荆園，無錫市人，一九五〇年代前任茂福、申新總公司文牘兼實業界巨擘榮德生的秘書。他的祖父朱春潛、叔祖朱富基及父親朱夢華均雅好藏書，朱夢華晚年得寧波人李思浩藏書，皆舊版本，又出任榮氏家塾「豁然洞讀書處」即梅園讀書處教務主任，抗戰後由錢基博介紹任聖約翰大學、光華大學教授，後來轉入華東師範大學。朱龍湛承繼家學，於詩詞繪畫、書法篆刻、金石碑版，版本目錄無不精湛。藏書方面，由重實用轉而重版本，尤重明刻。他認為「明去宋元未遠，所刻亦不乏精版，矧以今之視為明，固猶乾嘉當日之視宋元也。」尤其當他遍查清代著錄，發現清代複刻明人別集不過十之一二時，深感明代文集流傳太少，亟待搶救，如果不及時搶救，日後可能就是一個時代的遺憾，於是發憤收購明版。及至一九五〇年代，朱先生藏書已逾十萬卷，其中鈔本、稿本、名人批校本及明刻本、清初精刻占三分之一，而明刊明鈔已達四百三十三部，清初清刊達一百五十餘種，均以史部和集部為大宗，他如書畫藝術論著、人物傳記、年譜、方志和無錫地方鄉邦文獻亦不在少數。其收藏善本，有如明初刊本《越絕書》、永樂刊本《俟闇集》、《靜修集》、宣德刊本《翠屏集》、正統刊本《宛陵集》、成化刊本《貞觀政要》（黑口、內府大本）、萬曆刊本《翰苑集》、《諸子品節》、天啓刊本《韓非子》、《甑甄洞稿》、《西峰表正琴譜》、清初刻本《樸村文集》、《昌黎詩注》等。凡此種種，或楮墨精良，或經名人批校和珍藏，或傳本稀少，為滬上藏書界所矚目。「一九五〇年代以後，收書日艱」，由於種種原因，朱龍湛的收滿千部明版書的心願未能實現，但更為糟糕的是，這十餘萬卷藏書在十年浩劫中已十不存一。北京的紅衛兵突然南下點火、抄家，一夜間載去圖籍、書畫、碑拓、文物滿滿兩大卡車，十隻大書櫥僅餘下一隻。「文革」後曾發還些許，然而真正為先生畢生鍾愛的明版，已成鳳毛麟角了。

寧波人陳叔言的藏書亦很有特色，且很少爲人道及，然而現今已不知去向。陳先生名獻夏，字式圭（一九〇九—一九六七），父康鼎，字子深，號澹泉，光緒乙酉舉人，叔言先生幼秉庭訓，刻苦好學，畢業於上海光華大學文科，爲業師錢基博、呂思勉先生器重，歷任光華附中、輔仁中學、聶中丞公學（緝槼中學）、培成女中國文教師，後轉入實業，任其表侄中國化學工業社總經理李祖範的秘書。陳氏家富藏書，大半來自其叔祖朵峰先生。朵峰先生在寧波經營房地產，很有錢，喜歡藏書及字畫，還養了不少門客，藏書樓爲「雨鈔堂」，藏書多鈐有「雨鈔堂印」，光緒年間鄞縣誌上有其名，任伯年未成名之前，號爲小樓，即是朵峰先生家的門客，所以「雨鈔堂」中藏任伯年畫很多。陳朵峰的藏書後傳給侄子陳子深，即陳叔言的父親。陳子深自己藏書亦有規模，繼承了一部分，買進一部分，抵押進一部分。陳子深去世後三個兒子分家，遂將家藏圖書一分爲三：老大陳艮初得大部分經部、史部類書，準備與其他三個朋友到上海合開四友書店的，後來經營失敗，書也賣掉了；老三陳君詒，爲寧波中醫，得全部中醫類書十六箱。抗戰中君詒去世，藏書以四千元價讓與寧波名醫徐餘藻，徐餘藻去世後，書歸天一閣。其餘部分爲陳叔言所得，四部皆備，且多精善，有如：宋景定刻本《孟東野詩》十卷、明刻《泊如齋全集》、明成化本《周禮集說》，明刻小字本《朱子語類》、《唐文粹》、信芳閣刊本《清初十家詩鈔》等等，鈔本中有月湖陸氏鈔本《盛明五家詩鈔》、《白茅堂文集》二十五卷等等，尚有古琴譜如《春草堂琴譜》、《與古齋琴譜》、《誠一齋琴譜》、《小雷浪齋考正半字琴譜》

等等。陳叔言名其藏書處爲「後雨鈔堂」，蓋志在承繼陳朵峰先生之志也。曾著有《離騷釋義》一稿，「文革」前夕屢次謀求出版均無下文，「文革」大亂，更無希望，先生遂於一九六七年去世前憤而投諸火，一焚了之。先生去世後，尚存遺書一千一百五十六種八千四百冊，有書目，幾年前被其女婿運往蘇州，今不知結果如何。

復旦大學中文系趙景深教授的藏書也很有名氣，以古代戲曲、小說、民歌、鼓詞及民間小曲等俗文學資料爲其特色。先生任上海昆曲研究社社長，上海社會科學院文學研究所特約研究員，著有《元人雜劇鉤沈》、《元明南戲考》、《明清曲談》、《宋元戲文本事》、《讀曲隨筆》、《小說戲曲新考》、《曲論新探》等著作，爲著名戲劇理論及元明清文學專家，有「一代宗師」之譽。先生平素愛書如命，每遇一罕見鈔本或孤本，輒愛不釋手，於書名頁上記明得書年月及閱讀遍數，遇有心得，便詳加批註，板框上下幾乎塡滿，不足則另續別紙，蟬聯而下，足見先生治學風格之一斑。一九八五年先生逝世後，其夫人李希同及其子女趙一林、趙超林遵遺囑將先生藏書及平生著述全部捐獻給復旦大學圖書館。該館爲之編《趙景深先生贈書目錄》一冊，並闢出專架，予以陳列，共得書二萬餘冊。

在這一時期入諸公庫的，尚有陸澹安的藏書（歸諸山東大學）、吳德鐸的藏書等等。在「文革」期間被迫害致死，藏書被抄後歸諸公庫的尙有李平心的藏書，這裡不一一贅述。

目前，藏書碩果僅存的，在上海地區有黃裳和施蟄存。

黃裳先生

黃裳的藏書在作家中是第一流的。他「淘」舊書的門檻「精」，半個多世紀以來，凡有冷癖書攤、書鋪，從不放過。一九五〇年代初，他抓住中國古代典籍再次重新大聚散、大組合的時機，狠狠地「撈」了一把。其中最爲令藏家們「眼紅」的，是一批三百多年前明末著名藏書家祁承㸁的澹生堂藏書。這一批寶貝書，著實把他忙活了一陣。

澹生堂藏書樓當年與天一閣齊名。除豐富的藏書外，祁氏還以《澹生堂藏書約》和長達四十五個字的藏書閒章飲譽天下。他的藏書的第一次流散在康熙年間，有著血淋淋的政治背景。當時祁承㸁已經下世，他的兒子祁彪佳因聚衆起事，抗清復明，不幸事敗；事敗後又拒絕清軍的聘請，最後自沈於寓山花園的池水之中。他的弟弟、兒子又前仆後繼，繼續反清復仇，結果又遭慘敗。最後由於叛徒出賣，終於招致家破人亡的慘禍——小兒子祁班孫被遣戍遼左，大兒子祁理孫納了賄，雖得赦免，也只能削髮爲僧，從此不得露面。祁家的大批藏書，就是在這種背景下，被黃梨洲和呂晚村大擔捆載論斤秤出的。

事隔三百年，到了本世紀一九五〇年代初，紹興梅市忽又冒出了一批祁家藏書，舉世皆驚。原來，祁氏子孫實在不愧爲祁家的子孫，當年散出的只是澹生堂藏書的一部分，而祁承㸁、祁彪佳等人的著述稿件和親筆批校本，卻由他們的子孫代代相傳，深藏密鎖了三百年，經歷了清初文字獄和禁毀的魔網，冒著殺頭滅門的危險保存了下來，有的甚至藏入夾壁之中，這才是澹生堂藏書的至精至萃部分。

一九五〇年代初，在農村進行土地改革，分房分地，這批三百年前之故物，大概再也無處藏身了，最後散了出來。黃裳所抓到的，正是這一批東西。

書到了黃裳手上，眞叫做老天爺長眼，因爲黃裳實在是位有強烈的歷史責任感的學者。他順藤摸瓜，找來了所有能夠找到的祁家家史資料，包括祁氏信劄、撰述、序跋及批校，非要把三百年前的那場腥風血雨弄個明白不可。經他研究，發現祁彪佳的稿本《遠山堂明曲品明劇品》中，著錄了許多未曾獲見的劇曲，於是又找來了明代呂天成、清代姚梅伯和近人王靜安的著錄本子，排比、校錄、考證，終於得出了祁氏稿本中保留未經著錄的劇曲達三百六十七種之多的結論！接著，他又花費了幾年時間，寫出了長篇的考證文學，使這部「畏禍避仇不敢刻」、「遭難破家不能刻」之書，重見天日。

黃裳的藏書「文革」中大遭厄運，被一抄家隊伍掠去整整兩卡車。經上海圖書館顧廷龍鑒定，定爲「二類書」（即善本書）者有二千餘種。其新文學類書刊、報紙均被踐踏殆盡。線裝書部分「文革」後有所發還，祁氏澹生堂藏書亦在其中，是爲大幸也。一九八九年齊魯書社出版了他的《前塵夢影新錄》，著錄其舊藏六百餘部，每部均有考證說明，讀來饒有情致。近年來先生還寫有不少有關藏書的文章，彙編爲《榆下說書》、《珠還記幸》等等。然而繼續買書的機會畢竟不多了。

施蟄存（一九〇五年生）的藏書在抗戰中和「文革」中已損失殆盡，唯獨那一大堆古碑拓片有幸尚存（紅衛兵不識貨，認爲無用，沒有抄走），共計約有五千份，全是他幾十年來逛廟會、搜地攤「淘」來的。華東師範大學出版社正在爲他編輯出版《古代碑版集錄》（數卷），所收均爲他的「北山樓」藏品，一俟出書，其收藏亦可一目了然。然書一旦出版，碑版原拓就會被香港中文大學載去，施老先生答應了人家，所以出版此書、對上海收藏界來說，亦不知爲好事還是壞事！

第七章　陶瓷——斑斕的冰雪世界

過去的古玩行裡，常常稱書畫碑帖爲「軟片」，而稱古陶瓷爲「硬片」。「硬片」的收藏與研究雖比不上「軟片」的歷史久遠，然而在近百年的收藏史上，尤其現代拍賣業興起之後，「硬片」的價格「隨風」見長，其轟動效應也不弱於「軟片」。

從上世紀英法聯軍洗劫北京圓明園後，中國明清時代精美絕倫的官窯瓷器，引起了西方世界極大的關注，收藏家們動輒不惜千金輾轉搜求，出現了一些專門收藏中國陶瓷的大收藏家。與此同時，唐宋金元時代的官窯瓷器價格也扶搖直上，所謂「一具鈞窯千重廈」即是指這種炙手可熱的盛況。

西方收藏家重金收買歷代官窯瓷器，造成大量古陶瓷珍品的外流，客觀上也刺激了國內收藏界的「胃口」，相繼出現了一批專以玩陶瓷器聞名的「大王」。他們中有的是大官僚、大資本家和專家學者，也有的本人就是古董商人。從現存資料來看，他們中有些人還做了不少研究工作。

觶齋藏瓷與製瓷

在北方的藏瓷大家中，名氣最響的要推曾任袁世凱的賬房的郭葆昌。

郭葆昌字世五，河北定興縣人，十四五歲時經人介紹，到北京西華門一帶一家舊貨和古玩鋪當學徒。西華門是清末朝臣下朝必經之路，有的官員下朝後喜歡逛逛古玩鋪。郭葆昌憑他的機靈，學徒三年，不僅懂得了一般的文物鑒定，還明白了官場上待人接物的一套本領。事有湊巧，上世紀末，袁世凱在天津小站訓練新軍，在北京建造府邸，需要四扇鐵鍜（xiá）花山水花鳥掛屏，郭葆昌得知後就給送到袁府，並且幫助佈置客廳，趁機與袁府上下的人漸漸混熟。袁世凱看他年輕機靈，又長得體面，便把他留下當差，從此便在袁世凱的提攜下步步高升。

郭葆昌步入袁府當了官，對古董的嗜好卻有增無減，尤其在歷代官窯瓷器的收藏與研究上，漸入佳境。郭葆昌藏品中的一件極品，是現存故宮博物院的一件乾隆年間官窯仿戰國時代的雙螭耳圓壺，被文物界認爲是件罕見的藝術珍品。該壺上的是仿古銅釉，也叫茶葉末釉，具有三代和戰國時期青銅器的沈穩色調，加之造型逼真，若不上手細看，很難辨認是銅器還是瓷器，仿造得惟妙惟肖，令人歎爲觀止。北京有老古董商近年撰文說，此件瓷器是郭葆昌從琉璃廠買下後，捐獻給故宮的。

郭葆昌關於古瓷研究的著述有：《瓷器概說》、《觶齋瓷乘》、《柴窯瓷瓶考》、

《校注項氏歷代名瓷圖譜》等。其中《觶齋瓷乘》是他的藏瓷目錄，而《校注項氏歷代名瓷圖譜》，則是他對明代大收藏家項子京（元汴）藏瓷的考證，問世以來，一直被古玩界推爲扛鼎之作。

《校注項氏歷代名瓷圖譜》一書，由郭葆昌的北平觶齋書社於一九三一年印製，由許寶蘅題寫書名，四開本一巨冊，內用黃綾封面，作如意裝，外包以西式牛皮紙護封，全書中英文對照，每頁天頭地方均印有淺黃色海浪花紋，有如皇帝龍袍之下擺，處處透露了一副皇家氣派。此書裝潢之獨特，可以想見郭氏當年之氣盛。

此書係項子京晚年所著，著錄其生平所見所藏宋元明諸窯名瓷八十三件，一一爲之圖解。郭氏認爲：「三禮圖考訂名物，始著圖像；考古圖宣和博古圖錄集釋古器，爰寫眞型，自時厥後，器物圖譜，蕃衍浸多。而捃錄窯器以成編，則自明項元汴歷代名瓷圖譜始。」此說確定了該書的歷史地位。郭氏並進一步考證，項氏原著在明末大亂年間散出，進入清怡王府，「順治已酉歲，大兵至嘉禾，項氏累世之藏，盡爲千夫長汪六水所掠，蕩然無遺。此本當亦捆載而北，比入怡府，百餘年扃秘弗彰，故好古之士，未嘗稱引焉。」

後來該項氏稿本在清末從怡府散出，被英國人卜士禮所得。卜士禮攜返倫敦，不幸竟毀於火。幸虧在書「未歸卜氏之前，已有畫師李澄淵嘗爲人臨寫數過，一線之延，賴以不絕」，「卜氏後復求得李氏摹本，據以譯印。海外流傳甚廣。歐美瓷籍，莫不濫觴於此。」

郭葆昌於卜氏藏本之外，亦藏有一部李氏臨摹本，而且年代較之卜氏得本爲先。郭氏又據之校勘，發現微有出入，又研究書中的訛「黃」爲「王」，以及「申時行著諡」二事，乃知此本即是項家子侄錄下的副本。郭葆昌得此副本，「循覽歷年，窺其得失」，認爲「大抵墨林（即項子京）精於鑒賞，而疏於考證，製造之事，又非所習，歧說間出。」「項氏此譜，於瓷籍爲首出，今既知其誤處，不爲辨正，眞諦何自而明？是用不揣弇陋，以篋藏李氏臨本爲主，參之卜本，與豐潤張君允亮從事校訂。」書中凡項說之誤者，郭氏一一加以辨明，書中所述事物，則附以簡注，訛奪之字，均爲之勘補，各器泐色，均列表正名。郭葆昌以自己的收藏和學識，爲收藏界和陶瓷研究學做了一件大好事。

郭葆昌於陶瓷不僅精於收藏和研究，與衆不同的是，他還精於實踐，曾親自在江西景德鎮督造仿雍正、乾隆年間的官窯瓷器，被稱爲民國瓷器中「官仿」精品。

辛亥革命後，袁世凱竊據總統，一九一五年又組織籌安會，鼓吹帝制，準備當皇帝，並宣佈將於一九一六年元旦廢除民國紀年，改爲洪憲元年。這其間，爲配合「登基大典」，袁世凱委派郭葆昌去江西，仿效清朝歷代皇帝的樣子，督造有年號款識的官窯瓷器。郭葆昌到景德鎮後，原先清朝末年的御器廠已解散，他利用江西瓷業公司的實力，重金聘回原御器廠的技術高手，選用精良瓷土、彩料、燃料，仿照雍正、乾隆官窯粉彩各件的樣子仿造，不惜工本，精益求精。每件瓷器入窯焙燒之前他都要親自過目，出窯時也逐件檢驗，不合要求的即砸碎。經他督造的那些「官仿」粉彩瓷器，件件造型端莊，胎釉精白，彩質純淨，巧奪天工，與雍、乾官窯粉彩相比，毫不遜色，只是款識不同。這批瓷器共有兩種款識，一種是專給袁世凱用的「居仁堂」款，另一種是他爲自己燒造的「觶齋」

款。這批瓷器據說共有六千件，近年民國瓷器進入收藏圈後，「居仁堂」和「觶齋」款也成了炙手可熱之物。

郭葆昌曾印過他的藏畫目錄，書名爲《觶齋書畫錄》，由當過民國大總統的徐世昌和著名收藏家、蕭山人朱文鈞（現故宮博物院專家朱家啓先生之父）分別作序。有趣的是，徐世昌在序中並非談論郭的藏畫，卻津津樂道於郭的藏瓷。序中說：「觶齋精鑒別古今名人書畫，雖然收藏未富而考訂皆精確。其於宋元以來製瓷，考證尤精審。其督九江關時仿造康乾年間器皿，幾可亂眞。余曩在京師，見所製有靜遠堂款識者，亦爲當時所推許。近百年來，考辨瓷者，始無其匹。」可見其藏瓷的影響深遠。

郭葆昌一九四〇年在北京去世，他的後人靠變賣他的藏品度日。一九五〇年代初他的兒子郭昭俊在海外仍是變賣老子的藏品。舉世矚目的國寶「二希」即是從他手上賣出的。

南北「硬片」大王

在南方一帶玩「硬片」的收藏家中，要數梁培、仇炎之、丁惠康、顧麗江最富盛名。梁培是廣東人，一九五〇年代前在上海開過賭台。他在江西路、廣東路口開辦一家藝林古玩店，目的是廣交收藏界的朋友，收集古瓷珍品，並不認眞做古玩生意。現在海外收藏界好談論仇炎之，譽之爲世界五大陶瓷收藏家之一，而實際上上海五馬路（廣東路）上的老古玩商都知道，梁培的藏品無論是質量和數量，都遠超過仇炎之。他收藏的宋代鈞窯洗子就有好幾十個，明清瓷器、宣德瓷器就更不消說了。他早年在法國留學時曾與陳毅是同學，一九五〇年代前去香港，藏品也帶出去了，後來客死美國。近年來北京的陳重遠先生撰寫回憶錄，傳出梁培藏品曾在香港拍賣的消息，可知其藏品早已星散了，可惜未留下完整的目錄。

仇炎之（一九一〇—一九八〇）是江蘇太倉人，早年師從上海昔古齋古玩店的老闆朱鶴亭，學做古瓷鑑定和買賣。他自己後來在靠近外灘的朋街（現在的中央商場一帶），開了一家小古玩鋪，專做明清瓷器的生意。朋街處於外國人開的銀行和洋行的高樓包圍之中，有二三十家店面，主要是外國人開的古玩店和雜貨鋪，仇氏亦擠在其中，於是跟外國商人和外國收藏家逐漸有了廣泛的接觸，後來還做了一位瑞士籍的收藏家的義子，並移居瑞士。

當時古瓷中以明代瓷器最値錢，明代瓷器中又以有年款的瓷器更爲上品。這主要是因爲外國人喜歡明瓷，他們認爲明瓷的式樣、花紋、工藝都遠超唐宋瓷器，所以價格越炒越高。仇炎之就精心專「攻」明瓷，歷年所積，竟把明代所有的年號的瓷器都收齊了，而獨缺一款——「建文」年款，甚以爲憾。

這個「建文」，是朱元璋的一個孫子朱允炆繼承皇位以後用的年號。可是這位可憐的皇帝（史稱明惠帝）在位僅四年，皇位就被他的叔叔朱棣（即明成祖）奪去了，並將皇都從南京遷到了北京，而朱允炆只好倉惶逃命，有人說他當了和尚，也有人說他已經自殺，總之是從此失蹤了。由於「建文」這一年號僅用了四年，這期間所燒造的瓷器相對就很有限，而有其年號的瓷器就更加有限。到了民國年間，「建文」瓷器就只剩下一件，而充斥市面的衆多的「建文」款都是假貨。眞正的「建文」是一隻筆架，絕世孤品，極爲名貴，曾被清末大收藏家張叔未（廷濟）收藏，後來又轉到另一位藏家譚敬手裡。

仇炎之以收藏明清瓷器聞名上海灘，那只獨一無二的「建文」款筆架幾乎成了他的心病。最後，他拿出了獨缺「建文」的明代各個年款的全套明瓷，來換那隻筆架，終於把「建文」款抓到了手。這在上海收藏界算是一樁了不起的豪舉了。

一九四六年，仇炎之以二百萬法幣資本於上海嵩山路四十四號開設了仇炎記古玩號，同年又當選了抗戰勝利後重新組建的上海市古玩商業同業公會的候補監事。他與國內當時最大的古董出口商盧吳公司亦有來往，通過該公司吳啓周介紹，又認識了一些英國大古董商，與其合作古玩的出口和托運等事項，同時通過盧吳公司，也大做「洋莊」生意，不數年，竟成巨富。

仇炎之一九四九年移居香港，結束了在滬的經營活動，他的藏品全部帶去香港，在香港和瑞士繼續經營古代陶瓷生意。據說他曾以千元港幣，購得一隻別人都以爲是假貨的明代成化鬥彩雞缸杯眞品，同行無不眼羡他的眼力和膽識。

一九八〇年，仇炎之在瑞士病逝，其遺產由他的裔嗣繼承。他的後輩在仇氏去世的當年，就急忙把仇氏畢生的收藏搬上了拍賣場，於同年暮春和十一月二十五日，以及一九八一年五月，由蘇富比拍賣行在香港富麗華大酒店和倫敦進行了公開拍賣。其拍得的價格之高，現場氣氛之火爆，其中顯示的仇氏收藏的規模，著實令國內外收藏界大開了一番眼界。其中一隻宣德龍盤估價六十至八十萬港元，最後竟拍至二百五十萬港元；一隻明成化鬥彩高足杯，寫意繪畫，估價在一百五十萬元上下，結果竟拍至四百二十萬港元；那只憑個人眼光以一千港元買來的明成化鬥彩雞缸杯，買家競相喊價，每攀百萬，最後竟衝到了四百八十萬港元；一隻宣德年款的雪花藍大碗，竟拍到了三百七十萬港元。一九八〇年十一月二十五日蘇富比拍賣的仇氏藏瓷共一百七十五件，一九九四年五月又拍賣了仇珍藏的明代雕漆與清朝鼻煙壺，在拍賣過程中再度引起激烈的競爭，其中一件明初永樂年款的人物庭園觀瀑剔紅漆盒，原估價在八十至一百二十萬港元，結果拍到了二百二十萬港元成交，高踞工藝品成交價位之首。其收藏過的蘇州瑪瑙鼻煙壺、墨玉留白雕人物雲閣題詩鼻煙壺、馬少瑄內繪人物肖像玻璃鼻煙壺以及瓷胎琺瑯花鳥八角鼻煙壺，分別以超出估價近半或一倍以上的價格成交，再次刷新了蘇富比拍賣鼻煙壺的紀錄。

仇炎之生前與上海博物館多有交往，一九七九年六月和十月，曾兩次向上海博物館出售古陶瓷器藏品，共一百六十七件，其中一件新石器時期馬家窯文化彩陶壺被上海博物館買下後列爲一級藏品。

綜上可知，仇氏藏品在最近十幾年內有過幾次大的「亮相」，即一九七九年賣給上海博物館的一百六十七件；一九八〇年在香港拍賣的一百七十五件，以及一九八一年、一九九四年又拍賣掉的一批，包括三十件珍珠母鑲嵌漆器和鼻煙壺。作爲一代古瓷收藏大家的歷史，就此可劃上句號了，可是其中種種創造輝煌的訣竅，外界卻少有人知。

據北京的陳重遠撰文說，仇氏所藏的那只宣德雪花藍大碗，最初是在北京琉璃廠的老古玩行家范岐周先生手裡買去的，那時才值五百至八百元，而且是天津勸業場的一家古玩鋪才花五十元錢，從一個收舊貨的人手裡買來的。那個收舊貨的人又是從一個破落子弟手裡，只花五元錢就買下的。那個破落子弟是晚清天津的一個鹽運使的後代，那時凡是從事鹽業販運、經營和管理的人，沒有不發財的，他的先人僅做了三年管鹽的官，就家財萬貫，買了不少古玩，可是到了民國以後，家境日衰，他的後代又不懂古玩，隨意糟蹋，把宣德雪花藍大碗拿去盛鹹盛醬，最後竟以之換五元錢買大煙抽了。那時誰能想到這五元錢之物，竟能騰雲駕霧似地身價飛漲，直漲到三百七十萬港元了呢？文物有聚散離合、沈浮升降，然而一旦到了仇炎之這樣的大手筆那裡，才能幻化出奇妙的光柱來。仇炎之是從上海灘發跡的，從一個學徒工做起，很能說明民國時期，「海派」商人的種種特性，值得社會學家、經濟學家和新一代收藏家們去探究。

上海灘上還有一個「玩」瓷器的名人，叫丁惠康，無錫人，一九〇四—一九七九年間在世，是著名錢幣收藏家丁福保的兒子。他一九二七年畢業於上海同濟大學醫科，一九二八年和一九三四年，先後在上海創辦了著名的肺病療養院和虹橋療養院，一九三五年獲德國漢堡大學醫學博士學位。一九五一年被聘爲上海市文物管理委員會顧問，一九六六年被聘爲上海市文史館館員。

丁惠康作爲海上名醫，又是著名收藏家，他收藏的古代陶瓷曾印過一部非常典雅的目錄，書名《華瓷》，所著錄名貴古瓷有：晉越窯大角犠、黑釉雞壺、唐代越窯刻花壺、黑均藍彩雙耳罐、均窯黑斑天藍大罏、黑均藍彩壺、藍彩銀釉壇、唐三彩刻花盤、唐三彩天雞壺、宋代鈞窯天藍紫霞大缽、鈞窯天藍洗、鈞窯三足爐、定窯暗雕荷花大碗、官窯菱花碟、哥窯菱花碟、北龍泉刻花八角碟、天目古飛鳳盤、磁州窯飛鳳畫壇、磁州窯黑白花罏、元代內府黑釉大罏、龍泉窯劃花蓋壇……以及明代洪武、宣德、成化、正德、嘉靖、隆慶、萬曆、天啓、崇禎以及明建窯、法華窯的瓷器。清代瓷器中，有康熙、雍正、乾隆時代所謂新三代的珍瓷。該書共著錄珍瓷九十件，由葉恭綽作序，又自序一篇，闡述了中國陶瓷的歷史發展、沿革，並說明自己收藏珍瓷的目的，是有感於文物大量外流而致，「鼎革以來，海禁大開，國內文物菁華，輒輸海外……而此不求，更復何求！」丁惠康的這些藏品，後來有些存在他的一位女友處，另一部分於一九五〇年代後，陸續賣給了上海博物館。他的藏品均爲珍品，賣掉一件就夠他吃用一兩年的，過一陣子錢花得差不多了，就再賣一件。除了藏瓷，他亦熱心古畫及歷代其他文物的收集，一九四九年前有一次曾賣掉四十幢里弄房屋，花「血本」用以收購古畫。一九三九年春，還聯合上海美專校長劉海粟及其他收藏家，在上海發起「中國歷代書畫展」，展過後又出版了《中國歷代名畫大觀》，將珍貴的藏品公諸於衆，提出了「展我先民遺跡，發揚民族精神」的口號，影響很大。

一九四九年，丁惠康赴北京參加了「全國少數民族文物展覽會」，將家藏臺灣高山族文物和書籍共計五百餘件捐贈給中央民族學院，同時又將西周青銅大鼎、唐二色釉大壺捐贈給中國歷史博物館。同年十一月，又收購了常熟瞿氏「鐵琴銅劍樓」所藏文物，包括宋元孤本和其他古籍共一千一百餘種，全部捐贈給北京圖書館。他珍藏的宋馬遠《雪屐觀梅圖》、明仇英的《劍閣圖》等精品佳構則爲上海博物館所收藏，中央人民政府教育部、文化部都曾分別授予褒獎狀，以示表彰。

還有一位顧麗江，上海人，一八八八至一九五六年間在世，一生從事實業，曾任華東煤礦公司董事，華商上海水泥公司常務董事等職，一九四九年後被聘爲華東軍政委員會貿易總顧問。顧先生從事實業之餘熱愛文物收藏，從本世紀初以來，收藏各類文物二千餘件，其中尤以歷代古瓷既精且多，如戰國青釉印花龍首提梁壺、唐黃道窯黑釉彩斑瓷罐、明弘治官窯刻龍盤、清康熙窯青花花鳥觚等。一九五六年，顧先生將其畢生收藏的文物二四百四十七件，全部捐獻給上海博物館。上海博物館於一九五七年春節，舉辦了「顧麗江先生捐獻文物展覽會」，以表彰他對祖國文博事業所作的貢獻。

本世紀初在京津一帶玩瓷器出名的還有一個沈吉甫。沈是浙江寧波人，是北京城裡俄國人開的道勝銀行的買辦，後來辭去買辦職務，自己在西交民巷獨資開辦了懋業銀行，在京前後經營三十來年，是位老資格的金融家。

沈吉甫業餘喜收文物，銅器、古玉、明清雕花硬木家具，均收藏不少，尤其嗜好歷代名瓷，收藏達千餘件，跟琉璃廠的一些老闆、夥計混得很熟。老闆們知其嗜好，就常常用包裹包了「貨」上門求售。

沈氏家住鑼鼓巷蓑衣胡同十三號，一所有百餘間房間的深宅大院裡，而主人只有他和女兒兩人，老伴去世後也未續弦，父女相依爲命，由十幾個僕人服侍著，許多房間都堆放著他歷年收集來的古董和家具。「九・一八」事變時，沈氏已年近古稀，女兒出嫁後他孑然一身，倍感孤獨寂寞，又怕東三省失守後北京也難保，自己的萬貫家財將不知所終，於是索性關了懋業銀行，賣掉房屋和財產，到天津租界裡去圖安寧去了。

他的古玩和明清硬木家具要一次性賣掉，琉璃廠的古玩商曾有意合夥買下，終因資金不足未能如願。後來，日本人設在北京的古玩商號山中商會的經理高田知道了，見有利可圖，就以二十四萬銀元全部「吃」進了。沈吉甫清點完自己的藏品，不無遺憾地對高田說：「我辛苦搜集了三十一年，這下全歸了你高田了！」

山中商會是國際著名的古玩珠寶商行，主要業務就是將中國的文物拿到歐洲去賣高價。沈吉甫的藏品到了山中商會，其結局自然是雲流四方了。

北京樂篤周先生亦為玩瓷行家。他一八九四到一九七九年間在世，早年留學法國，一九一九年回國後，長期從事藥材業，一九三一年在北京創辦宏仁堂國藥號，後又在上海、青島、天津等地開設分號。一九四九年後當選為上海市第一屆政協委員，第三、四、五屆南京市人民代表，是工商界的知名人士。

樂篤周愛好收藏，其藏品尤以歷代官窯瓷器和明清紫檀家具最精。後來，陸續全部捐獻給國家。一九五二年，他將清乾隆窯青花雲水筆筒等七件珍品捐獻給上海博物館；一九五六年將清康熙景德鎮官窯青花鳳穿牡丹瓶、清雍正景德鎮官窯青花人物大筆筒等四十件文物珍品，捐給上海博物館；一九五八年，又將明清紫檀家具共計一百六十六件，捐給上海市文物管理委員會，受到市政府的表彰。

本世紀上半期，北京城裡喜歡收藏瓷器的達官貴人中，還有一位女玩家，人稱「三奶奶」，其眞名叫夏佩卿。夏氏是江蘇常熟人，三歲喪母，父親把她帶到北京，交給她的姑媽撫養長大，姑夫是享譽中外的「瑞蚨祥」綢緞莊的老闆。夏氏從小在豪門大宅間走動，見多識廣，對大戶人家客廳裡擺設的各式瓷器很有興趣，逐漸也玩起了瓷器和珠寶，與琉璃廠的古玩店老闆們混得很熟。後來，嫁給了一個來自上海的古玩商葉叔重。

人們稱其「三奶奶」，是因爲葉叔重在家中排行老三，人稱「三爺」或「葉三」，於是就稱她爲「三奶奶」。葉叔重的二哥叫葉月軒，也是古玩行中人，兄弟倆都是一九五〇年代前中國最大的文物出口公司盧吳公司的國內代理人。葉叔重曾長期在北京爲盧吳公司收集文物，住在鮮魚口一座三進大院裡，夏佩卿由此更成了半個古玩行中人，鑒賞文物的機會更多了。她人長得眉清目秀，腦筋活絡，許多文物過目不忘，不久亦成了看瓷器和玉器的一把好手。上海五馬路老闆洪玉琳和戴福寶，都曾得到過她的幫助。

舊時大家庭的女主人都有不少私房錢，夏氏把私房錢幾乎都用來買了粉彩小件瓷器和玉器。她爲葉家共生下十二個孩子，現已八十五歲。一九四八年，他們全家搬到上海，住在巨鹿路上的景華新村。

一九五〇年代初，葉先後向國家文物局和上海市文管會捐獻過五千餘件文物，但因葉叔重過去幫盧吳公司走私大量珍貴文物，一九五六年法院判其入獄，後轉到青海勞改農場勞動改造十年，當時他們還有六、七個孩子未成年。從一九五六年葉氏入獄以後，夏佩卿原先拿來玩玩的瓷器和玉器，就陸續充當了全家的柴米之資。養活一個十三口人的大家庭，還要每周一次地往青海寄食品和日用品，這樣的日子延續了幾十年。夏氏始終沒有出來工作過，她至今的養老及撫養一個精神癡呆的女兒的費用，仍是靠她過去的那些私房玩藝兒！可以推想她的藏品的質量和數量。

葉叔重入獄後，房管部門收去一部分他們原先居住的房子，夏氏藏品的安置就成了問題，同時亦怕文物部門來抄家，於是她把藏品分別寄存在一些朋友家裡。原上海胸科醫院的副院長顧愷時先生與葉家是朋友，是爲夏氏寄存文物最多的一家，共計二百八十件歷代珍瓷，還有一些玉器珠寶掛件。十年浩劫期間，爲防止紅衛兵前去抄家，顧愷時夫婦將其捐入上海博物館，計二百二十五件。其中一件宋代定窯白釉印花雲龍紋盤子，被列爲該館珍品之一。

定窯是宋代五大名窯（汝、官、哥、鈞、定）之一，位於河北省曲陽縣。宋代印花瓷，歷來推定窯爲最佳。夏氏收藏的這隻盤子，白釉中微泛黃色，是定窯瓷器的典型色調。盤外還可看到流釉，俗稱「淚痕」，亦爲定窯瓷器的典型特徵。該盤盤心內印紋十分清晰，一條騰越於雲霧間的行龍，毛髮飄然，龍爪舒展，神態威嚴，專家認定「其印花技藝達到了宋代印花工藝的最高水準」。據說，此盤於一九四八年出土於河北省曲陽縣的法興寺內，出土時共有十件，其中有六件已流出國外，此件是尚留國內的四件之一。

據夏氏講，一九四九年前爲培養大兒子外出獨自經營，曾將一箱清代康、雍、乾三朝所謂「新三代」瓷器，交給大兒子帶到香港。後來這批瓷器輾轉到了仇炎之的手裡。一九七〇年代末仇炎之參加拍賣會大獲成功，據說拍的就是夏氏的這批舊藏，仇炎之也因此興奮過度而引發心臟病，不久便去世了。

文物的收藏，常常與主人的大喜大悲連在一起，古今中外這類故事眞是不少。

藝苑眞賞

無錫市的秦家是個大戶，歷史上就很有名，家藏文物珍品很多。到了本世紀初，主人秦清曾喜藏古碑拓片，並開設了「藝苑眞賞社」，經營古碑拓片，並將家藏的珍貴碑版影印出版，曾印過《石鼓文》、《華山廟碑》和著名的《張黑女墓誌》，廣爲流傳，影響極大。

秦家後代後來陸續來到了上海，有兩個兒子，秦廷槭和秦廷棫，一個是五官科醫生，一個是肺癆科醫生，均以醫術名噪滬上。而在收藏上暴得大名的是小兒子秦廷棫。

秦廷棫（一九一七—一九八四），號明之、仲玄，一九四二年同濟大學醫學院畢業，是肺科醫生，在丁福保的兒子丁惠康創辦的虹橋療養院裡擔任肺癆科主任。後來他離開虹橋療養院，自己在南京西路開了一家診所，就在現在上海美術館對面的一個弄堂裡，一直到一九五〇年代。

秦廷棫喜愛古陶瓷藝術品，有了錢就大事收羅。他家祖輩都愛好書畫文物，其曾祖秦學治擅刻圖章，其祖父能書善畫，其父秦清曾雅好古玩，尤以收藏碑帖出名。秦廷棫自幼受家庭的熏陶，從二十歲就開始收集古代藝術品，藏有古代陶瓷、書畫、銅器等文物一千多件，尤以古陶瓷爲嗜，亦有較高的鑒賞能力。一九五〇年代，過去的有錢人有的被打倒，有的逃跑，而古玩界「四大金剛」（指上海四位大古玩商：葉叔重、張雪庚、洪玉琳、戴復葆）手裡尚有大量瓷品、陶俑和銅器，一時賣不出去，就找到秦廷棫，秦氏多是來者不拒。

來找他看病的病人當中，有些就是收藏界或古玩界、考古界的朋友，他爲這些朋友看病，也請他們幫自己看看文物，如眞僞之鑒別，時代年份之確定，風格流派之歸屬等。這些朋友中有金祖同、蔣玄佁、郭若愚等，志同道合，都有收藏癖，後來就成立了一個「美術考古學社」，差不多每一二周聚會一次，地點就在秦廷棫的診所，談古論今，鑒賞文物，十分得意。秦廷棫是其中的骨幹分子。他的藏品既多而精，如唐郟縣窯藍褐釉罐、宋登封窯劃花瓶、宋白釉黑花瓶、宋當陽峪窯白釉刻花枕等，均爲陶瓷精品。一九六一年他參與「上海博物館之友」活動後，還參加過上海博物館舉辦的藏品展覽會，共展出漢陶舞俑、唐胡人駱駝等一百零三件展品，令人大飽眼福。他還把自己的藏品拍成照片，出版了兩本書，一是《中國古代陶瓷藝術》，一是《中國瓷器的發明》，均爲有影響的古陶瓷著錄和研究專著。其中《中國瓷器的發明》一書，由秦氏與蔣玄佁合著，不僅有論文，而且刊出一百三十餘幅藏品照片。

秦氏於「文革」中首當其衝被抄家，所有的藏品均被抄走，診所也不讓開了，藏品後由博物館保存，他本人生活無著落，最後被安排在街道醫院裡看X光片，領一點薪金過日子，那一段日子過得很淒苦。後來，他的女兒嫁給了一位老幹部的兒子，這位老幹部瞭解到他家的情況後，就給當時的上海市市長彭沖寫了一封信，彭沖指示，抄家抄去的東西應當歸還，落實政策。於是，凡是當年從他家抄走的東西，大箱小箱，林林總總，再從博物館藏品中揀出來，全部物歸舊主，秦家自是皆大歡喜。

秦家日子好過沒有多少年，因一件意外事故，秦廷棫不幸去世。沒過多久，他的妻子和老父親也相繼去世了。這個收藏世家的歷史，隨著近年來藏品的星散也漸告結束。

現在上海的收藏界老人，知道秦家尚有些收藏，其中有大名鼎鼎的北魏墓誌——《張黑女墓誌》。一九五〇年代初，上海博物館曾以一萬元價向秦家徵購，秦家不允，「文革」中抄家歸入上海博物館，後來落實政策發還，現在據說在秦家一位老人手上，已有多年未露面了。

這部《張黑女墓誌》，原是秦廷棫父親收藏的。現存南北朝墓誌爲數不多，南朝以梁《蕭敷墓誌》（現存上海博物館，宋拓孤本）爲代表。而北朝就以此《張黑女墓誌》爲代表，是北方魏碑中最棒者。《張黑女墓誌》全稱爲《魏故南陽太守張玄墓誌》，又稱《張玄墓誌》，北魏正書石刻，刻於普泰元年（五三一年）。原石久佚，清代道光年間著名學者、書法家何紹基覓得此墓誌舊拓本後，始大顯於世。該墓誌拓本爲剪裱本，凡十二頁，每頁四行，滿行八字，爲傳世孤本。書法峻宕樸茂，結體扁方，有分隸遺韻。近代著名藏書家沈曾植曾評說：「筆意風氣，略與《劉玉》、《皇甫驎》相近，溯其淵源，蓋中嶽、北嶽二《靈廟碑》之苗裔。」何紹基的評價是：「化篆分入楷，遂爾無種不妙，無妙不臻，然道厚精古，未有可比肩《黑女》者。」可知推崇之至。秦氏獲此帖後，曾以「藝苑眞賞社」的名義影印流傳，狄平子的有正書局亦出過影印本。前些年上海辭書出版社出版的《中國美術辭典》上，還著錄爲「現藏上海博物館」，是因爲不知原物早已發還舊主，而且目前其芳蹤尚不甚明瞭。傳世佳構的命運，多有曲折，越是值錢就越是撲朔迷離，扣人心弦，有如是者。

紫泥清韻

一九九七年，上海博物館與香港中文大學文物館，聯手舉辦了一個別開生面的展覽會——陳鳴遠紫砂陶藝作品展。這個展覽，彙集了兩館收藏的有陳鳴遠款識的紫砂器共一百件，分爲文玩、博古、茶具及像生四類，其中尤爲引人注目的是像生型的茶具、文玩和陳設品，其惟妙惟肖的程度，令中外人士大開眼界。

陳鳴遠是活躍於康熙年間的一代紫砂陶藝大師，是繼明末製陶藝術大家時大彬之後的又一個「壺家妙手」。據《宜興縣誌》載，陳鳴遠是江蘇宜興人，字鶴峰，號壺隱，其創作的紫砂壺和文房雅玩有幾十個品種，構思奇巧，善於創新，尤善於將菜園裡的瓜果蔬菜「捏」到他的作品中去，因而妙趣橫生。這次展出的作品中，有一半是「茄子」、「青瓜」、「白菜」、「玉米」、和「花生、竹筍」之類，其形神俱臻，令觀衆爲之傾倒。

紫砂陶藝盛行於明清，在中國飲茶史和陶藝史上有著特殊的地位，反映了文人的審美意趣。自從文人與製陶工藝手藝人合作以後，這種傳統的工藝就進入了一個嶄新的境界。這方面，陳鳴遠上承明代，下啟清代，可謂立了大功。由於他的技藝超群，市場上眞品供不應求，導致了仿製品泛濫，以至於目前人們面對那些精湛絕倫的紫砂製品，總不敢貿然承認。這次展覽的作品說明中，只是說「展出具陳鳴遠款印的紫砂器共百項」，而不講「展出陳鳴遠作品百項」，這一細微的差別，道出了陳鳴遠款紫砂器產品之多，及鑒定上的難度。

上海博物館這次參展的藏品中，有十八品是當年上海灘收藏家龔心釗的舊藏。龔心釗字懷西，安徽合肥人，辛亥革命後曾任財政部長和外交官，家財萬貫又嗜收藏。他收藏的印章、錢幣、碑帖都十分豐富。商鞅方升和戰國郢爰均係他的舊藏，陶瓷藏品中，著名者有唐代邢窯盈字蓋盒和北宋定窯的刻花遊鵝碗，均爲舉世矚目的珍品。此外，紫砂壺和陶製蟋蟀罐也是他藏品中的一大特色。

龔氏藏壺與他收藏的歷代印章一樣，都作了精心的包裝，盛以癭木盒或紅木盒。盒子用絲絹或織錦包面，盒內又貼了多方藏印的朱色印文，有時更在盒內外貼上龔氏親筆寫下的各種標簽、題識等紙條紙片。可知他對於這些藏品不僅是收藏，而且是作了精心考證的。

龔氏藏品的這種獨特的包裝和題識，還使後人獲得了一條線索。其舊藏的一些珍品，目前已流落海外。美國舊金山亞洲美術博物館藏的一隻大彬壺，該壺的盒子裝潢類似上海博物館中龔氏藏品的裝潢，盒上鈐有四方印章，還貼著六張題識紙條，其中寫道：「時大彬爲陳眉公製小瓜壺。癸酉（一九三三年）得自松江張氏。甲戌（一九三四年）裝，乙亥（一九三五年）懷希記。」

香港中文大學文物館收藏的陳鳴遠款蠶桑盤的白色錦裝盒內，也保留了龔氏的兩枚標簽，盒外一張寫「鳴遠春蠶食葉碟」，盒內一張寫「鳴遠春蠶食葉盤」，並鈐了六枚收藏章：「瞻麓齋」、「龔齋」、「懷西珍藏」（兩枚）、「龔釗」及「陶冶性靈」，很能說明龔氏對此藏品的鍾愛之情。

龔氏收藏的紫砂器中，最重要的是一把大彬壺、一把曼生壺，還有一批陳鳴遠款識的茶壺和各種文房清玩。在鳴遠壺中，有一把丁卯壺十分有名，從乾隆年間至今，一直流傳有緒。該壺初歸樊桐山房的朱琰，後於同治年間歸蘇州的吳大澂。吳大澂曾請道州的何慶涵爲其先人撰寫墓誌，將此壺作爲答謝歸於何氏。民國元年，何氏的後代何星叔與趙某交換藏品，以此壺換了一塊龍紋玉璏。其後，壺又轉到褚德彝手裡，從褚家散出後又到了經氏、陳氏之手，陳氏將其賣到日本長崎。一九二七年春，日本人川瀨左一從長崎攜此壺又來上海，龔心釗得知後，以田黃等名貴石章與之交換獲得。可惜這件藏品後來從龔家散出，其他名壺如「清淡見滋味壺」、「兩腕習習清風生壺」、「勇者不懼壺」及「甲午之望日爲儼齋先生製壺」均曾在龔府秘藏，現又「雲遊四方」了。

一九九七年在香港展出的「馬上封侯壺」、「獸形壺」和「四足亦壺」等藏品，已被確認爲是陳鳴遠當年的傑作。「馬上封侯壺」通體構思奇特，壺身整體是一段椿樹，壺流、壺柄均設計爲橫斜的枝條，一匹臥馬成了壺的蓋紐，雄踞壺上，以諧「馬上」之音；壺的下面又有一隻猴子正在抓蜜蜂，並作向上攀折狀，以合「封侯」之諧音。如此合成「馬上封侯」之吉祥寓意，令人捧腹不止。

龔氏曾經記述他的紫砂器收藏的來源。他說，明末清初時蔣時英及其婿陳子畦（陳鳴遠之父）在松江設店，其製做的紫砂器後來全歸於松江張氏各房收藏。民國後，張氏子孫將藏壺攜來上海出售，由金山程雲龍作介紹，龔氏得以購得不少。

龔心釗的紫砂藏品和歷代印章，於一九六〇年由他的後人出讓給上海博物館，共計六百餘件。該館副館長、著名陶瓷研究專家汪慶正認爲，儘管現存的龔氏藏品中，並不能全部肯定都是眞品，但龔心釗是近代紫砂製品收藏大家之一，這一點卻是無疑的。

與龔心釗差不多同時究心收集紫砂壺的，還有他的侄婿陳克立及江南大收藏家龐萊臣。陳氏藏品見於一九八五年臺北淑馨出版社出版的《陽羨砂器精品圖錄》，其中鳴遠砂器占十七品。

龐萊臣的收藏享有盛名，然世間僅知其收藏書畫有名，印有《虛齋名畫錄》、《名筆集勝》等藏品圖錄，卻鮮有知其還是位紫砂收藏大家。龐氏撰有一部《虛齋名陶錄》，是爲稿本，現存美國華盛頓佛利爾美術館。此書分爲上下兩冊，上冊著錄茶壺，下冊著錄文玩器具，每件藏品均有全件器物及款印的拓本圖片，又加以詳細的文字說明。此稿本中共著錄陳鳴遠作品三十四品，可見其收藏之富。後來佛利爾美術館「按圖索驥」，收購了龐氏舊藏的十九件紫砂器，其中有八件爲陳鳴遠作品。

另外，香港中文大學文物館所收藏的紫砂藏品，多爲北山堂主人所贈，而北山堂主人主要得自於張虹（一八九〇—一九六八），張虹與黃賓虹相熟，藏品多購自上海。

唐雲先生

大石山人

在藏壺的大家中，還有一位是現代著名畫家唐雲。唐雲（一九一〇—一九九三）字俠塵，號頻羅、藥翁，浙江杭州人，因居住西湖大石山，又自號大石山人或大石。一九三七年移居上海，賣畫爲生，不僅收藏了大宗歷代書畫，如八大山人、揚州八怪、趙之謙、吳昌碩、齊白石等大家的畫作，同時還是一位極爲成功的紫砂壺的收藏家。

唐雲於紫砂陶藝最用心處，是畢生都在「追蹤」曼生壺的蹤跡。凡是有曼生壺處，必然有他的身影出現。人家擁有一把曼生壺已稱了不起，而他竟收至十餘把。

曼生壺是指乾隆年間的書畫、篆刻、製陶藝術家陳曼生參與製做的紫砂壺。陳曼生（一七六八—一八二二）名鴻壽，字子恭，號曼生，又號曼公，杭州人，嘉慶六年拔貢，曾官淮安同知。他於篆刻取法秦漢，擅切刀，縱肆爽利，爲浙中篆刻藝人宗法，並對後代取法者影響頗深，爲西泠八大家之一。他官溧陽知縣時，對紫砂茗壺發生了興趣，還結識了宜興刻壺名手楊彭年兄妹。後來他竟親自參加創作，設計了十八種紫砂壺的樣式，交由楊彭年去具體製成。於是，經他設計，並刻了詩詞書畫和銘文的紫砂壺，就以造型新穎明快、典雅雋永而風行一時，世稱「曼生壺」，尤其受到文人雅士的寵愛，逐漸名揚天下，成收藏品類中的一朵奇葩。

唐雲嗜壺成癖已成海上美談。上海博物館的老專家、甲骨文字研究學者郭若愚曾收藏了一把曼生壺，唐雲聽說了，竟然夜間十一點鐘去敲郭家的門。郭先生以爲有什麼急事，而他居然就是爲了看看那把壺！

上海博物館初創時期，各類藏品均要求齊全。老館長徐森玉聽說館裡沒有曼生壺，是個重要缺陷，指示要設法弄兩把曼生壺充實館藏。這時有關人員找到了唐雲，建議他能否割讓兩把，唐先生當即表示捐獻，支援新生的博物館的建設。當時由於從各地徵集到的藏品很多，有時堆在倉庫裡一時還來不及整理和鑒定，所以眞贗混雜，有時連負責人也一時弄不清家底。後來整理倉庫時，居然在一大堆陶品中發現了兩把曼生壺！此消息一出，唐先生第二天就趕到了，他必須親眼看看這兩把新「出現」的曼生壺。大家都說他神了，曼生壺怎麼也躲不過他。

一九八四年六月，全國美展中國畫展在南京舉行，匡亞明擔任主任委員，唐雲擔任評委。展覽期間，他得知匡亞明手上有把壺是曼生壺，即赴其府上觀賞，當時反覆把玩，愛不釋手，心中有意，可又不好意思開口，只好悻悻而返。誰知回滬後此竟成一樁心事，總也割捨不下。第二年春天，他竟專程爲此而去南京，鼓足勇氣請亞明割愛。亞明聽後甚爲感動，就說：「你這唐老哟，爲了一把壺如此跑來跑去，弄不好鬧出心病來怎麼辦。既然你喜歡你就拿去好了，我送你了！」唐先生如獲至寶，遂捧壺而歸。

唐雲收藏紫砂壺有百把之多，曼生壺十餘把，其中至精者八把，於是名其居曰：八壺精舍。十年前，紫砂壺名家製品價值連城，動輒十幾萬、幾十萬，曼生壺尤爲個中翹楚，唐雲的曼生八壺，簡直可敵唐宋名畫了。

曼生壺當年是由於陳曼生與楊彭年的成功合作而身價百倍的，二百年後，唐雲不僅收藏紫砂壺，還身體力行，與當代製壺藝術家許四海有過一段愉快的合作，人稱之爲「雲海壺」，把他們兩人名字的最後一字都嵌進去了，以示紀念。他們或由唐雲設計壺樣，再由許四海揑壺；或由許四海先製壺坯，再由唐雲在上面作畫題字後進窯。所製的「雲海壺」約有二十餘件。有的由唐雲題上蘇東坡的詩句：「欲把西湖比西子」，「從來佳茗似佳人」；有的是他的畫，如《東坡品茗圖》，仿陳曼生題詩爲：「笠蔭暍，茶去渴；是二是一，我佛無說。」詩、書、畫、壺均情韻交融，令人於壺外又覓得一句哲理。

現在「雲海壺」又成了大家追逐的物件了。「雲海壺」曾在香港展出，確也轟動一時。

第八章　古玩——方寸之間千秋史

古錢天地

上海西區靠近中國福利會的地方有一條小馬路叫安福路，過去叫巨潑來斯路。這條街的七號是幢三層樓的小花園洋房，綠樹合抱之中顯得十分幽靜。這個地方現在已是「七十二家房客」，大門上釘了好多人家的信箱，而在本世紀一九四〇年代卻是個對中國錢幣收藏界發生過重要影響的地方，是中國泉幣學社的誕生地，並連續舉辦了二十多年學社的例會和研究活動。小園的主人是泉幣學社的常務副會長、著名實業家羅伯昭。

在中國泉幣學社創建之前，錢幣愛好者們曾創建過兩個規模不大、時間不長、但同屬民間性質的錢幣組織。一個是一九二六年張叔馴、程文龍等人創辦的古泉學社，還創刊了

中國泉幣學社舊址(上海安福路七號)

《古泉》雜誌，但僅刊出了一期，影響不大。第二個是一九三六年丁福保、葉恭綽、張叔馴等發起，成立了中國古泉學會，並創刊《古泉學》季刊，可惜僅出版了五期又告中斷，未成氣候。羅伯昭等人一九四〇年創辦的中國泉幣學社是第三個泉界收藏組織，也是在一九五〇年代前歷時最長、影響最大的一個。

創辦中國古泉學社，羅伯昭出力最多、貢獻最大，並把他的寓所作爲學社舉行例會的活動場地，學社的刊物《泉幣》也主要靠他出資支援。然而出於對泉界前輩的尊重，羅氏率大家公推丁福保爲社長，羅伯昭爲副會長，鄭家相爲總編輯，王蔭嘉擔任校對，戴葆庭爲爲會計員。這個組織的早期成員僅十三人，個個都是實業界和錢幣界有影響的人物，由於抗戰時政局動蕩，他們從四面八方彙集上海灘的。

泉幣學社成立後主要做了四個方面的工作：一是創辦《泉幣》雜誌，自一九四〇年七月至一九四五年九月，共出版三十二期；二是定期召開「社友談話會」（後改爲「泉幣」學社例會），自一九四〇年八月三十一日至一九四六年三月十六日，共舉行了一百七十八次，每次例會均有記錄（一九九二年上海書畫社影印出了該會議記錄，名爲《中國泉幣學社例會記錄》）；三是組織壽泉會活動，從一九四〇年十月至一九四一年八月，共組織了十次，還編輯了《壽泉集拓》十篇；四是廣交朋友，發展學社社員，組織上海以外的地區成立泉幣學社分會，開展活動，推動了全國範圍內的錢幣研究和收藏，舉辦展覽、交流活動，展示了當時全國的收藏規模和鑒賞水平。這個組織在一九五〇年代後經羅伯昭的積極爭取和組織，曾恢復活動，並編印過《壽泉集拓二集》，斷斷續續地維持到「文化大革命」爆發。

中國泉幣學社第七十四次例會社友合影。前排左起：張絅伯、諸葛韻笙、丁福保、張翼成、鄭家相；後排左起：楊成麒、戴葆庭、王蔭嘉、張季量、陳亮聲、羅伯昭、馬定祥。

過去的古錢收藏界，最爲知名者爲無錫人丁福保。丁氏（一八七四—一九五二）字仲祜，又字梅軒，號疇隱居士，別署濟陽破衲，原籍江蘇常州，先世遷居無錫。清末曾奉端方、盛宣懷之命，赴日本考察醫學，任京師大學堂及譯學館教習，民國後久居上海，創辦醫學書店、虹橋療養院等，於收集古錢、刊刻古籍尤爲著力，是上海活在傳統文化圈內的著名人士。丁氏一生收藏宏富，除古錢與古籍之外，還收有劉鐵雲身後遺留甲骨龜片一批，在古泉界始終被尊爲領袖人物，所藏「新莽大泉」、鎏金「開元通寶」、「乾封泉寶」等，均爲稀世珍品、一九三六年「中國古泉學會」成立時，就被推爲會長，一九四〇年「中國泉幣學社」成立，又被推爲社長，同年冬，上海古泉收藏界的老人組成「壽泉會」，他是成員之一。丁氏一生收藏、著述、刊印並舉，刊印中除最著名的《古錢大辭典》、《佛學大辭典》、《全漢三國魏晉南北朝詩》之外，尚有《丁氏醫學叢書》八十五種和《說文解字詁林正編》、《說文解字詁林補遺》、《說文鑰正續編》，均爲幾十年心力所致，嘉惠士林之壯舉。丁氏晚年將所有房屋、田地及藏品悉數捐獻給了國家。一九三五年曾捐入上海市立圖書館圖書一萬五千冊；一九三八年捐入震旦大學二萬冊，古錢幣自周至清一全套，該校爲之設「丁氏文庫」以志紀念；一九五〇年代後將東周至清末的古泉三全套及甲骨等文物捐給上海文物管理委員會，一般古籍捐入上海圖書館和復旦大學，一千多種善本則捐入北京圖書館，其中包括購自常熟鐵琴銅劍樓的宋元古本十餘種。事後先生曾請同鄉繪一捐書圖卷，丁氏親自撰寫題記，其中有云：「自今以往，不蓄財產，勿造新屋，勿置一切精好之物，須將書籍、碑帖、古泉等散去，空其所有，本無一物帶來，亦將無一物帶去也。」其胸懷曠達有如此者。丁氏有一子名惠康，留德醫學博士，在滬行醫，任虹橋療養院院長，亦富收藏，聲名卓著。

除了丁福保之外，泉界歷推「南張、北方、西羅」爲三足鼎立之大家。「南張」是指湖州的張叔馴；「北方」是指天津的方若（藥雨）；「西羅」即是指四川人羅伯昭。

張叔馴名乃驥，字齊齋，是房地產巨商、著名藏書家、南潯張石銘的七子。戰前他父親去世，他分得了二百萬家產，收集古錢有了充足的財源。他一般的錢不要，專門高價收購稀有品種。別人有一枚「鐵翻銅」已經認爲不得了了，他居然有幾百隻！朋友們向他討教，他會拿出一串「鐵翻銅」請你鑒賞。泉界又稀罕北宋最後一年靖康元年所鑄的錢，史稱靖康錢。這種錢因僅鑄造一年，鑄量極少而成了珍貴品種，版式卻又非常繁雜，有元寶與通寶兩種，而元寶以篆、隸二書爲錢文；通寶以篆、眞二書爲錢文，其中通寶小平又有眞、隸二書合書於一錢者。除了銅、鐵鼓鑄外，還有銀質通寶錢；形制有小平、折二、折三等式。很能反映北宋末年「亂世年年改號，窮士日日更名」的窘況。而張叔馴正是這種珍貴古錢收藏大家，是民國間集藏靖康錢的「冠軍」。馬定祥曾說：「余見齊齋藏靖康錢獨富，舉凡靖康之小平、折二、折三、元寶通寶，篆、隸、楷（眞）書，銅、鐵錢，以及鐵母，幾乎賅備。」抗戰時張氏去美國，所有藏品亦帶走，如今不知流落何方。

羅伯昭先生夫婦

羅伯昭（一八九九—一九七六）名文炯，號沐園，四川巴縣人，一九二一年畢業於上海聖約翰大學，一九四九年前長期從事桐油的銷售和貿易，曾任美商生利洋行渝萬分行總經理，一九五六年公私合營後，任上海市工藝品進出口公司經理，上海市第二、三、四、五屆人民代表，黃浦區政協副主席、黃浦區副區長。羅氏自一九二〇年代初就開始對收集古錢發生了興趣。在四川時期，他得到毛厚青（四川畫家、收藏家）協助，收購了成都人楊介仁的全部藏泉，其中有眞篆二書淳熙背利銅、鐵靖康元寶、咸豐寶雲當五十、闊緣厚大的永通萬國錢、順治背寶川等，又得樊楚材所藏全部泥範、鐵梁五銖及一品方貝貨泉（因貝字長而方形得名，此泉原爲翁友三舊藏，樊氏以一部宋版書換得，後歸羅氏）。一九三五年後來在漢口三年，他兼任漢出口部經理，在實業之餘，與泉界朋友成立「泉友會」，時常邀請武漢三鎭的同好聚會、品評藏品，後來定於每周日共聚其府上，討論泉學，交換藏品，成泉界朋友的活動中心。這期間與之交往最密切者爲漢口廣東銀行行長陳仲璧（廣東順德人），羅曾從其手中購得六銖（無太貨二字），和戰國秦權錢「第十八」、天聖鐵母等珍貴藏品。由於羅氏廣交四方，以泉會友，名聲大振，各地朋友攜泉求教、求售、求交換者日踵其門，使他在不長的時間內，成西部地區的藏泉首富。一九三七年抗戰爆發後羅氏返回重慶，一九三九年又遷居上海。此時上海是藏家雲集，商界、文化界的著名人士，凡是不願當漢奸，又不願去大後方的，很多都躲到上海租界裡來了。他與丁福保、張絅伯等發起成立了中國泉幣學社，並先後在《泉幣》雜誌上發表了《南漢錢史》、《建國通寶錢考》等九十六篇考證文章，影響很大。據記載，羅氏的珍藏還有：通行泉貨、楷書元符鐵母、景和小泉、明仁宗洪熙通寶小平、保大元寶、乾元重寶背四瑞雀、大宋通寶當拾大錢、大字宋元鐵範、鐵端平背利折十、折二紹興鐵範等等，不可勝數。

一九三九年冬，羅伯昭在《沐園自述》中說：「余之志願，再期十年收集，十年作譜，譜錄既成，然後以全部藏泉公諸邦國。」一九五七年他實踐了自己的諾言，將畢生收集的一萬五千四百二十七枚珍貴古錢，包括他在一九四〇年代花五千大洋收購的「新幣十一銖」在內，捐贈給了北京中國歷史博物館，受到中央文化部的褒獎。其後又陸續收集，並於一九六二年擇其精華捐贈給上海博物館，受到上海市人民政府的褒獎。更爲不易的是，當他看到古錢商手中有一枚「壯泉四十」，正是上海博物館缺藏的品種，立即不惜高價買進，然後無償地捐獻給上海博物館。一九七六年羅氏不幸去世，享年七十七歲。他的子女遵照其父遺囑，將羅氏後期收集的古錢幣全部捐獻給上海博物館和家鄉的四川博物館。

大漢奸方若原名方城，字楚卿、藥雨，是北方古泉一大家。抗戰時期，方若在日本領事館的卵翼之下，成巨富，娶旅日僑商湯某之女爲妻，先後創辦了利津、益津、新津三大公司，經營房地產，其勢力擴充之快，使一些老房地產者望塵莫及，僅利津公司一項事業，方若所佔有的股本就約值二十九萬餘元。後來天津日租界裡除去日本人所有的房屋外，大部分歸入了方若系統的三個津字公司。方若發家後，曾大量收集古物，以古錢和石經爲多，兼及書畫、印章、端硯，天津最早的遊藝園「大羅天」（今天津日報社址）內，附設許多古玩攤鋪，是當時天津唯一的古玩市場，方若是收買古錢的最大主顧。古玩商爲他四處尋找貨源，因此能在短時間內積成巨觀。他收藏的精品及研究心得，彙編成了幾本書：《言錢錄》、《言錢別錄》、《言錢補錄》、《古錢雜詠》等，皆自費鉛印或油印出版。「九・一八」前後，日本浪人多次在天津挑起騷亂，方若爲安全計，一度曾將古錢存入法租界的鹽業銀行保管庫，後來經同鄉人張絅伯介紹，整批賣給了上海楊慶和銀樓的少東家陳長庚，售價十五萬元。

陳長庚字仁濤，在滬經營房地產，是永興地產公司的老闆，亦爲收藏界的名家，不僅嗜古錢，還嗜唐宋名畫。一九五〇年代之前去香港，藏品亦全部帶去。一九五〇年代後國家設法從他手中買回來，成中國錢幣博物館的基礎藏品。一九四五年日本投降，國民黨政府將方若以漢奸罪逮捕入獄。入獄前方將四大箱古物和貴重物品寄存在物華樓金店，被人檢舉，由國民政府接收人員搜去。一九四九年方若獲釋。一九五〇年代人民政府將其剩餘藏品裝了二十幾箱運往北京，並請清華大學等考古系專家加以鑒定，同時留給方若部分財物爲生活費用，一九五四年方病死。

在古錢收藏界還有幾位有重要成果的值得一敘，他們是：鄭家相、蔣伯壎、張絅伯、戴葆庭、馬定祥、王蔭嘉、孫鼎、陳光甫、沈子槎、彭信威、顧景炎等等，他們大都生平嗜錢如命，勤奮鑽研，而在晚年則將藏品陸續捐獻給了國家，是各地博物館的良朋益友。

鄭家相（一八八八—一九六二），浙江鄞縣人，自幼受其父影響，對泉幣頗有興趣。一九一六年在寧波中學任教時結識了錢幣專家張絅伯，從此興趣更濃，逐漸成泉幣鑒賞家。一九二四年他在南京收購了當地古遺址出土的大量南朝梁代錢幣的泥範，進行系統的整理和研究，撰寫了《梁五銖土範考》，並自號「梁範館主」、「梁範富翁」。抗戰期間到上海，任《泉幣》雜誌總編，連載了他的《五銖研究》和《半兩研究》等文。他編選的《泉拓》六冊十六卷，包括周秦至清代及外國的錢範，影響很大。他的泉幣類著作還有《中國古代貨幣發展史》、《中國古代貨幣冶鑄法考》、《歷代冶煉法考》、《明刀之研究》、《古代的貝幣》、《古錢的偽造及鑑別》等。後來他把歷年收集的古錢及其他藏品陸續捐獻給國家，捐給南京博物院一一九件梁五銖錢範，捐給寧波天一閣大量青銅器及瓦當、量器。一九六二年鄭家相去世後，其夫人吳秀卿秉承先夫遺願，將先生生前所藏文物六千四百零九件（其中錢幣五千九百六十九枚，書畫三百零五件，陶瓷九十六件，青銅器七件，符印十七件，雜類十五件），以及二百五十六冊古籍圖書，全部捐獻給上海博物館。

蔣伯壎（一八九四—一九六四）原名蔣壽銈，江蘇吳縣人，一九二〇年開始收集錢幣。他的藏品有四大特色，一是地區特色，其「大蜀通寶」、金質「西王賞功」等珍品是他在重慶時收藏的稀世珍品；背面有「天」、「地」、「離」字諸品系清末浙南地區農民「金錢會」的「義記金錢」，是他在金華和麗水工作時收到的珍品；二是錢幣配套，如光緒銀元，自伍分、壹錢、伍錢、壹兩等五枚均齊全，各省製造的大清銀餅，亦力求品種齊全配套；三是資料齊全，如日本東亞貨幣學會的會刊《貨幣》每卷十二期，共出版數十卷，他全部收齊，一期不漏；四是拓本豐富，他藏有各類錢幣的拓本一萬餘張，成研究錢幣的重要資料。一九六三年，他把所藏古錢全部捐獻給上海博物館，又把一九五〇年代前的《泉幣》雜誌全部捐給浙江省博物館。一九六五年蔣伯壎去世後，他的子女又將其遺存

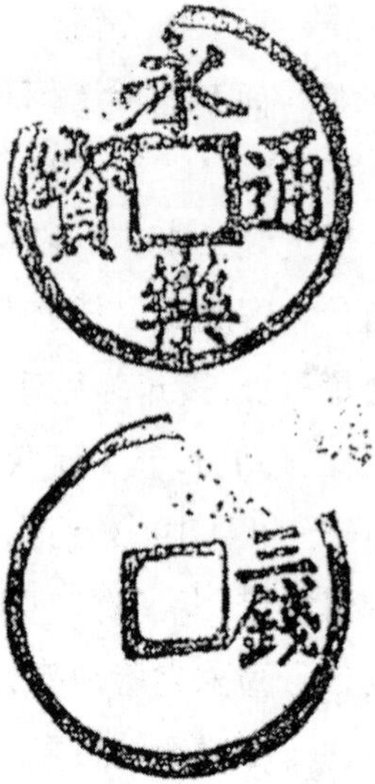

明代珍錢——永樂通寶折三
王蔭嘉先生舊藏

的清代至民國的，以及中共革命根據地的紙幣三千餘張捐給國家。

張絅伯（一八八五—一九六九）名晉，浙江寧波人。一九二七年到上海，曾任明華銀行總行經理兼青島分行經理，業餘致力於研究中國古錢，收藏宏富，成錢幣界知名人士。曾參加上海西人泉幣會，中國古泉學會，中國泉幣學社，並參加《泉幣》雜誌的編輯工作，對錢幣學、錢幣史及錢幣的考據均有研究。著作有《何謂泉貨學》、《貨幣釋名》、《泉錢辨名》、《新莽貨幣志》、《後素樓清錢談》、《兩銖泉考》、《小五銖錢考》等。一九五○年代後，歷任第一、二屆全國政協委員，第一、二、三屆全國人民代表大會代表。

戴葆庭（一八九五—一九七六）字足齋，浙江紹興人。畢生致力於錢幣的收集和研究鑒定，先後協助丁福保編纂了《古錢大辭典》、《歷代古泉圖說》等。他所收藏的珍貴錢幣，一九五○年代後捐入中國歷史博物館、上海博物館和天津歷史博物館，捐入中國歷史博物館的太平天國「平靖勝寶當千」等一百十九枚，極爲珍貴，這一舉動受到中央文化部的嘉獎。編著有《足齋泉拓》、《壽泉集拓》、《戴葆庭集拓中外錢幣珍品》等。

王蔭嘉（一八九二—一九四九）字蒼虬，號殷泉，江蘇吳縣人。愛好金石考古和版本目錄之學，尤愛好收集歷代錢幣，收有歷代古泉、古今紙幣、金銀幣和錢範等數萬枚，其中吳王張士誠「天佑通寶」錢等五種爲罕見之精品。其藏品於一九八六年捐入上海博物館。王先生還是上海泉幣學社的主要發起人之一，「壽泉會」的倡議者之一，參與了《泉幣》雜誌和《壽泉集拓》的編輯工作，先後在《泉幣》雜誌上發表論文八十餘篇。他的珍藏明代永樂通寶折三，被上海博物館列爲館藏精品之一。

孫鼎（一九〇六—一九七七），安徽人。畢業於上海交通大學，歷任上海華通開關廠總工程師、上海新安電機廠總經理、上海市機電一局總工程師等職。一九五〇年代後曾當選第三、四屆全國政協委員，第三、四、五屆上海市人大代表，民建中央委員。孫鼎業餘愛好收集古物，一九三〇年代已成規模，以青銅器、古封泥和錢幣爲大宗。其中西周旅鐘、楚公蒙鐘等青銅器爲歷見著錄、流傳有緒的「熟坑」；戰國到漢代的古封泥亦爲傳世罕見之物；錢幣中有北宋應運元寶、南朝小篆文景和等，大都爲孤品；古籍中有隋開皇九年手寫《持世經》卷、唐上元三年手寫《妙法蓮華經》卷等珍品。一九七九年，孫夫人景俊士遵先夫遺願將其生前庋藏文物二千零八件全部捐獻給上海博物館。

沈子槎（一八八一—一九六九），浙江吳興（今湖州市人）。早年參加抗日民族鬥爭和民主運動，一九四七年參加中國民主建國會。一九五〇年代後出任上海公私合營國際貿易公司聯合董事會董事長，被選爲民建中央常委，上海市第一至第五屆人民代表，上海市工商聯執行委員。沈子槎愛好收藏古錢，一九五五年至一九六三年間，將所藏古泉四千四百九十四件分別捐贈給上海博物館、浙江省文管會、南京博物院、吳興縣博物館、寧波市

丁宗祺先生

古物陳列所和嘉興市中心博物館。一九五九年，又捐入中國歷史博物館古泉三千八百六十三枚。

銀行家陳光甫（一八八一——一九七六）的收藏與衆不同，他喜收外國的金銀幣。他曾任上海商業儲蓄銀行總經理，短短十餘年，把一家全國最小的銀行發展成國內數一數二的私營大銀行，創造了中國金融史上許多個「之最」，被外國人尊爲「中國的摩根」。陳光甫收藏的金銀幣中，有英、法、美、日、德、意、奧、埃及、波斯、印度、暹羅等四十多個國家的共一千餘枚，其中一八三〇年帝俄時代所鑄的白金盧布、一八一九年日本幕府時期鑄的壹兩金幣、一五八八年的西班牙金幣等，都是極爲罕見的珍品。陳光甫一九四九年離滬赴香港時，將這些珍稀金銀古幣交由當時上海商業儲蓄銀行總經理任克家保管，後來任克家多次請陳光甫取回，但陳一再表示：「全部持贈吾弟，聽由任意支用。」一九六五年任克家病逝。一九八〇年十一月，任克家夫人黃梅貞遵照先夫遺志，將金幣五百七十二枚，銀幣四百八十九枚，銅、鎳、鋁、鉛幣三百五十八枚，共計一千四百十九枚，全部捐贈給中國人民銀行上海分行。

羅伯昭的好朋友丁宗祺也是終生都「玩」古錢的行家。他是蘇州人，自號「白衣居士」，一九一三年生。早在十幾歲的時候就得到蘇州著名泉家王蔭嘉、蔣伯壎先生的指點。所藏「重半兩七銖」小型紀重圓錢，爲世間所僅見。一八五七年製的「上海貳錢」銀幣更是鮮爲人知的珍品。除嗜古錢外，還收藏古陶瓷、青銅器、玉器。歷經曲折，藏品大部分散失，其中戰國時期的玉器「玉舞人」讓歸上海博物館，這是古代玉器中不可多得的藝術精品。所藏一大宗早期的香烟盒內畫片（俗稱「香烟牌子」），半個世紀前全部讓歸上海巨富基民地產公司總經理周漢良，得黃金三百五十兩，傳爲收藏界佳話。

當今改革開放之時，泉幣收藏成一大熱點，各地相繼成立了泉幣聯誼會，出版了各式泉幣刊物，交流藏品，研討課題。中國人民銀行還發行大型刊物《中國錢幣》，對泉幣的收藏和研究更起了推波助瀾的作用。各地先後湧現出一批新的泉幣「大王」和專家，其中一位最富特色的，要推杜維善先生。

杜維善先生

杜維善，川沙人，一九三三年生。少年時代在上海度過，一九四九年隨其父杜月笙赴香港定居，在港讀完中學後，赴澳大利亞攻讀地質學。他酷愛收藏，收集了幾千種世界各地的地質標本。返港後涉足商界，並開始收藏古幣，最多的是秦半兩、漢半兩和五銖。一九八〇年代末，他從考古學家夏鼐的論文中，得知新疆出土文物中發現中亞古國薩珊王朝古幣的消息，因而萌發了收藏和研究古絲綢之路沿途中亞細亞古國貨幣的念頭，目前他收集的中亞古幣，號稱全國之冠。一九九〇年代初，他先後向上海博物館捐獻了三百九十九枚，其中包括阿赫美尼波斯王朝、薩珊王朝、埃蘭王朝、安息王朝、西突厥和蒙古帝國等五十多個國家各個時代的錢幣。尤爲可貴的是，伊利汗國的阿八哈汗、帖古迭兒汗、阿魯渾汗等九位大汗的金銀幣，竟被他收齊。杜氏還是聯合國教科文組織的學術團體——東方錢幣學會在港的兩個會員之一，近年擔任上海博物館的錢幣特別顧問，學術研究上很有成就。他研究古幣以出土錢幣作爲斷代依據，用考古資料與史料結合的方法，把半兩和五銖分朝、分類排比對照，出版了《五銖繫年彙考》。

近年來，上海人民出版社邀集全國錢幣專家和文博部門，對我國數千年來的貨幣作了一次大規模的整理和研究，出版了《中國歷代貨幣大系》十二巨冊，對我國各個時代的泉幣作了分類研究，影印了大量有代表性的古泉拓片，可視爲當代古泉研究的重要成果。

古印今昔

一九八四年十一月，上海博物館舉辦了「毛明芬女士捐贈華篤安先生珍藏文物——明清篆刻和尺牘展覽」。文化界上了年紀的人，尤其書法篆刻界的人都知道，這是一宗非常了不起的收藏。

華篤安是江蘇無錫人，一九〇〇至一九七〇年間在世。曾任常州大成紗廠廠長，上海安達紡織公司代理經理、副總經理。後來擔任上海棉紡織工業公司基原室副主任。華先生從一九五〇年代初開始對收藏發生興趣，在朋友的建議下，把藏品投資重點集中在明清璽印和明清尺牘兩個方面，先後彙集了江南一帶久負盛名的四位璽印收藏家即丁輔之、葛昌楹、高洛園、俞序文四家的舊藏，上自明代中葉流派印的肇始期的作品，下迄清代篆刻鼎盛期的作品，集著名印人共二百五十家，一舉成享譽海內外的明清篆刻流派印章的收藏大家。

丁輔之是清末四大藏書樓之一、杭州八千卷樓主人丁丙的後代。在丁丙時代，其家收藏浙派諸家印章已具規模，輯有《百石齋西泠八家印譜》十二卷，一八六七年成書，分列丁敬、黃易、蔣仁、奚岡、陳豫鍾、陳鴻壽、趙之琛、錢松八家小傳及逸事記，每頁一印，頁背載釋文及側款。及至丁輔之，收藏更有進之，僅丁敬（丁敬身）的印章就收了七十二方，號稱「七十二丁庵」。而丁敬又是西泠印社中的第一塊牌子，年紀最大，前幾年拍賣行中拍賣他的一方印章，居然高達十萬元。丁輔之本人亦善篆刻與鑒賞，一八七九至一九四九年間在世，是西泠印社的創始人之一。篆刻用刀勁健，佈局安詳，得浙派佳趣，書法以商卜文爲師，並集成聯語。有《西泠八家印選》四卷，卷末有丁氏自跋，一九二五年成書；又有《秦漢丁氏印譜》二卷行世。

一九四〇年代末，丁輔之去世了。土地改革後其家道中落，他的後人擬將其藏品出以易米。時值華篤安有意投資收藏品，聽朋友介紹此「七十二丁庵」爲國寶，就毅然買下了。後來他看到一部《丁丑劫餘印存》，知道與丁氏同時的藏印大家尚有葛昌楹、高洛園和俞序文三家，遂一鼓作氣，又將其他三家的藏品一舉「吃」下。

《丁丑劫餘印存》是丁氏等四人於抗戰期間，避居上海租界時集拓的印譜，各自拿出了自己最爲得意的藏品，共印二十一部，錄印近二千，收入刻者二百七十三人，每人均附以小傳，於一九三九年成書。是書收羅宏富，選擇謹嚴，是爲近代著名巨譜，因時逢丁丑，所以定名爲《丁丑劫餘印存》。一九五〇年代後其餘三家家境亦大不如前，遂同丁家一樣，將藏品售出解窘。

葛昌楹家世爲浙江平湖巨富，祖上又以傳世藏書聞名，有傳樸堂藏書樓。抗戰中全家避居上海，藏品均挖地窖深埋。其收藏的明清各家印章曾輯爲《傳樸堂藏印精華》十二卷，吳昌碩題扉頁，羅振玉作序，葛氏自跋，共收藏印四百餘方，作者一百二十四家，每頁一印，下拓邊款，於一九二五年成書。另有《吳趙印存》六卷和《明清名人刻印彙存》十二卷，兩部印譜，前者於一九四三年成書，收集吳熙載、趙之謙的刻印；後者亦於一九四三年成書，爲葛氏與胡詮兩人的藏印彙編，羅振玉、高野侯、丁輔之三人作序，共收治印作者二百十六人，亦爲巨觀。

高洛園是杭州人，家裡開有「高裕豐棉布店」，收藏古印頗豐，曾將其藏印輯成印譜《樂只室印譜》十一卷和《樂只室古璽印存》十卷。《樂只室印譜》爲明清各家刻印譜錄，一九四四年成書，每頁一印，附拓邊款，卷末附各家小傳，所收除姓名印外，還有詩詞、齋、堂、館、閣印，爲印譜中所僅見。高洛園的二哥即高野侯，亦爲現代著名篆刻家和畫家，又工隸書，擅花卉，尤擅梅花，亦喜收藏，因藏有王冕墨梅卷而顏其居曰「梅王閣」，風格清雋絕俗，入一時名流。

四家中的第四家俞序文亦以收名家印章聞名。

華篤安彙集四大家的藏品爲己有，僅「西泠八家」的印章即達七百多方，而丁敬的作品已達八十餘方，可謂百川歸海，屈指第一。此外尚有清代篆刻名家鄧石如、吳讓之、近代吳昌碩、趙之謙、黃士陵等人的精心之作。這批流派印章大多見諸著錄，流傳有緒，具有很高的藝術價值。可見華篤安當年的舉措，是頗有見地的。

華氏所收藏的明清名家詩翰、尺牘也極珍貴，其中《明賢尺牘》中有于謙、李東陽、祝枝山、文徵明、徐渭、顧亭林等手翰；清代的《杭人詩翰》及《杭人尺牘》中有毛西河、朱彝尊、袁子才等歷史名人手跡。

「文革」浩劫中，華篤安及時地將他的珍藏交上海博物館代管，使這批珍貴藝術遺產免遭秦火。「文革」未結束，華先生已先於一九七〇年逝世，他的夫人毛明芬秉承先夫遺願，於一八八三年九月將家藏印章和尺牘共計一千八百八十五件，一併捐獻給上海博物館，成該館藏品中反映浙西印派藝技的一大特色藏品。

在歷代璽印的收藏上享有盛名的還有一位龔心釗。龔心釗字懷希，號仲勉，安徽合肥人，寓居上海，一八七〇至一九四九年間在世。他十九歲中舉、二十六歲中進士，是清代最後一任科舉考官。光緒年間出使英、法等國，還出任加拿大總領事，是清末著名的外交家之一。其兄弟龔心湛曾在北洋軍閥時期擔任安徽省長、財政總長兼代國務總理，一九二四年任段祺瑞政府內務總長。家財巨萬，世傳合肥城裡有半城的房子是他們龔家的，可知其財勢之壓人。

龔心釗平生篤好收藏文物，人類歷史上最早的量器——商鞅方升就是他收藏的。另有戰國的越王劍，宋代米芾、馬遠、夏圭等名家書畫、宋代汝窯瓷器，歷代錢幣、碑帖，以及陳曼生等製的紫砂壺，林林總總，皆成大觀。尤其與衆不同的，是他那多達二千餘方，而且裝潢精美的歷代官私印章。

龔氏早年的古印收藏有一部目錄《瞻麓齋古印徵》八卷，顧復初題扉頁，錢鏡塘、袁渭漁等作序，龔照篪作跋，一八九三年成書，每頁一印，選擇精審。可是後來陸續又有大批收穫，尤其抗戰前出土了大量銅印，龔氏所收遂超過原印譜中好幾倍，雖未留下印譜，印章卻被安置在一批特製的盒子裡。他的藏印，每一印都有三層「包裝」，最裡面是依照印章的大小雕成的象牙小盒，外面包一層楠木小盒，最外面是一層紅木盒子。他家中有的是錢，兩千餘方印章，每章用三層盒裝，家中就得長年雇傭著一些人，專門服侍這些印章，製作小盒子，個個都是在大小不同的材料上慢慢掏挖成形的，極爲精美，這在收藏家中是絕少見的。

這批古印有一部分是清末山東大收藏家陳介祺的舊藏。陳介祺以最先收藏毛公鼎聞名當世，其歷代古印璽的收藏譜錄爲《簠齋印集》。一八七二年，他將自己的藏品彙同當時南北收藏大家如吳雲、吳式芬、吳大澂、李佐賢、鮑康等人的藏印，鈐拓而成清末收錄最爲宏富的一部印譜；初稿共十部，每部五十冊，每頁一至四印；一八八三年重編，每部增至一百九十四冊，集印一萬零二百八十四方，因是舉類分列各種印式，故名《十鐘山房印舉》。一九二二年商務印書館涵芬樓又有影印本行世。其中陳介祺的藏印一部分就歸入了龔心釗的瞻麓齋，爲戰國至六朝的銅、玉、石刻的官私璽印。

一九六〇年，龔心釗的第三代後人，即「理」字輩的龔理華、龔理曾、龔理荃、龔理宸、龔理青，共同將其家藏文物捐入上海博物館，共計六百餘件，受到上海市政府的表彰。捐獻的瓷器中有唐邢窯盈字蓋盒、北宋定窯刻花遊鵝碗，還有一大批紫砂壺和陶質蟋蟀罐。據龔氏之女，年逾古稀的龔安英老人告訴博物館的負責人說：她父親所藏的蟋蟀罐大都是「趙子玉」款的作品，而紫砂器則以「陳鳴遠」款作品爲其代表。

除了華氏和龔氏外，本世紀上半期鍾情於古印璽收藏的文人學士和官僚，並不乏其人，他們或以收藏甲骨名，或以收藏青銅、書畫名，而他們收藏璽印的名聲反而被掩蓋了不少。

古文字學家羅振玉向以收藏甲骨聞名，而其收藏古印和古封泥的印譜先後卻出了五部：《磬室所藏璽印》四卷（一九一二年），《齊魯封泥集存》一卷（一九一三年），收集漢官印、封泥二十一方，漢諸侯王屬官印、封泥五五方，漢列侯屬官印封泥三十九方，郡縣官印封泥二百七十一方，無考各印、封泥三方，新莽官印封泥六方，私印封泥五十四方，全書共彙輯古印封泥四百四十九方。《赫蓮泉館古印存》爲羅氏收藏的隋唐前後的印譜錄，一九一五年成書，一九一六年出版續集。正續兩卷所載，共計一千二百餘方，且選擇謹嚴。還有《隋唐以來官印集存》一卷，收錄隋至明官印二百八十八方，一九一六年影印。《凝清室古官印存》二卷，是為六朝以前的官印譜錄，一九二三年成書，全書輯錄百印，精小簡潔，是為印譜中的善本小品。以上五部印譜，合之總數，可知羅氏所藏古印及古封泥已達二千餘方，已屬大家之一。

另外，劉鶚的《鐵雲藏印》四集共四十八卷，每頁一印，亦達二千餘印；金石學家吳式芬的《雙虞壺齋印存》八卷，亦收官私璽印一千餘鈕，選擇亦精審；清末太傅陳寶琛的收藏亦很有規模，其《澄秋館印存》十卷，寶熙題簽，羅振玉題扉並序，一九二五年成書；已輯錄了古印七百餘方，且抉擇極精；《澄秋館藏古封泥》五卷，輯錄漢代官私印封泥共二百四十八方。現代著名畫家黃賓虹的《竹北訡古印存》、中國實業銀行總經理劉晦之的《善齋璽印錄》、著名畫家吳湖帆的《梅景書屋印選》、山東王獻唐的《兩漢印帚》、近人陳漢第的《伏廬考藏璽印》、近人周進的《魏石經室古璽印景》、吳熊的《封泥彙編》、故宮博物院前院長馬衡的《封泥存真》等，均為他們收藏歷代古印和古封泥的眞實記錄，反映了那個時代文人墨客的收藏雅趣。一九五〇年代後，這些「雲煙過眼」之物，大都由他們本人或他們的家屬捐獻給地方各級博物館，變私藏為公藏，成公共享用之物。

竹刻縱橫

十年浩劫時期，上海南京路上流傳著一個眞實的「金磚鋪地」的故事。

一天，一隊高舉造反大旗的紅衛兵，衝進了南京東路後面的一條弄堂。這條弄堂原屬一家人家，有幾十幢房子，主人是寧波人，在一九五〇年代前開有好幾家錢莊，又投資房地產，鈔票是多得不得了。紅衛兵不知從哪兒得來的消息，認定他家有金銀財寶，於是蜂擁而入，揪住主人的衣領要他向毛主席像請罪。他們把主人心愛的收藏品一律視爲「四舊」，摔摔砸砸，砸不碎的就一腳踢出門外。可是，他們沒有找到金銀。於是，又向主人施加壓力。最後，精疲力竭的主人把他們帶到一間房子裡，指著房間地下的方磚道：「你們把這層方磚掀掉吧……」。

方磚被一塊塊地撬起來，鋪在方磚下面的，竟是一地排列得整整齊齊的金條！那些紅衛兵只知道拾撿金條，而那些比金子更珍貴的藏品，卻被他們無知地丟在腦後，甚至任意地踐踏！眞正令主人抱恨終身的，正是他那用畢生心血辛勤收集來的珍藏！

這位主人名叫秦彥沖，他和沙孟海都是回風堂主馮堅（開）的學生，原名康祥，後改名彥沖，人很精明，人稱「猶太人」。他與印章收藏家張魯盦是同鄉，又都在從事實業之餘，收藏文物。秦彥沖的收藏特點，一是收明清竹刻，二是收古代印章、印譜，而以明清兩代印譜收得最全。

民間竹刻工藝在我國，從明代起有四百多年的歷史。歷史上最負盛名的有兩大派系：一是嘉定（古稱練水）派，出了很多高手；另一派是南京（金陵）派，也出了不少名手。到了乾隆朝，乾隆皇帝喜歡上了這種竹刻品，還專請了嘉定的高手去皇宮裡刻竹。上有所好，下必甚焉，無形之中，竹刻藝術就更加風行起來，成文人雅士們的收藏品類。

明朝竹刻藝術最好的，首先是金陵派的濮仲謙（名澄），以字行，爲金陵派開山大師，有巧思，善選材，刻法用刀很淺，但相度體形概括性強，寥寥數刀，變成名作，被人視爲至寶。他亦工於刻犀牛角、玉器等，與張鳴岐的銅爐、姜千里的螺鈿、時大彬的紫砂壺，同譽當世。

明代嘉定派的竹刻藝術家，最棒的要推「三朱」，即嘉定派的開山朱鶴（號松鄰）、及其兒子朱小松（名朱纓）和孫子朱三松（稚徵）。其祖先爲安徽歙縣人，南宋時遷居華亭（上海松江），世代工書法、善篆刻、精雕鏤繪圖之技，自明至清，流傳不廢。對於朱松鄰的作品，時人得其製品者往往不講器名，而直名之曰「得朱松鄰」。其子朱小松又工小篆、行草、擅畫長卷小幅、各有異趣。所刻竹木古仙佛像，世人謂「勝於吳道子所畫」，奇巧奪人。朱三松善畫遠山淡石、叢竹枯木、尤長畫驢，於竹刻傳家法，技藝臻妙，平時不輕易下刀，興至始爲之，所刻筆筒、人物及蟹、蟾蜍之類，皆名重於世。

秦彥沖正是集中收藏了濮仲謙和嘉定「三朱」的作品，重要的藏品有幾十件，如筆筒、扇骨、立體佛像等。其中有一尊濮仲謙用竹子刻的一個羅漢和一尊朱松鄰刻的佛像，極爲名貴，流傳有緒，所以秦氏名他的齋名，爲「濮尊朱佛齋」，以示珍愛。

秦彥沖熱愛竹刻藝術，以自己的經濟實力去搜求、珍藏的同時還愛屋及烏，搶救了一部《竹人錄》。《竹人錄》是一部專講嘉定（練水）派竹刻名手的事跡的專書。最早就從朱松鄰開始，是清代金元鈺編著，咸豐年間印的，印數不多。咸豐年間正值太平天國運動興起，《竹人錄》也被燒光了。結果秦彥沖不知從那裡設法找到一本，就出資鉛印出來，遂得以廣爲流傳，救活了一部竹刻名手的傳略，這就是我們今天所能看到的《竹人錄》。

後來褚德彝又步其後，編著了一部《竹人錄續》，此爲後話。

「文革」被抄家後，秦彥沖被趕到新聞路上一間很小的房裡住。他對朋友說：「我現在是小刀不拿而拿大刀了」，即指不能再用刻刀刻印、刻章，而要親自下廚動刀鏟燒食了。所有的藏品均被捲走，據說有一部分被送進上海博物館，不知那兩尊最有名的「濮尊」和「朱佛」是不是在內。不久，收藏明清竹刻最多最精的收藏家秦彥沖去世，他沒有趕上後來的落實政策、發還藏品的年代。現在回過去來看看，現在收藏竹刻藝術品的高手中，還有誰能望其項背呢？

濠園雙珍

濠園是交通界著名人士徐世章的號。徐世章（一八八九—一九五四）字端甫，又字叔子（因其父徐嘉霖字叔雨，故以叔子爲字），天津市人，與徐世昌爲胞兄弟。北師大學堂譯學館畢業後曾留學比利時，回國後於國內交通事業尤其是鐵路建設，多有建樹，歷任京漢鐵路管理局副局長、津浦鐵路局局長、交通部次長、交通銀行副總裁、國際運輸局局長及幣制局總裁等職。離任後寓居天津，從此致力於收藏和整理文物、購置房產、興辦教育、醫務、實業等。

徐世章的收藏以古玉、古硯爲主，兼收古墨、書畫、古代各種工藝品等，是繼清末吳縣吳大澂之後又一古玉收藏大家。

「七七事變」之前，天津的日本租界內有個叫「大羅天」的古玩市場，大約有幾十家店鋪。徐氏差不多每天都去逛逛，常有所獲。日子久了，遠近古玩商知其喜收古物，就常常用包裹包了古玩登門求售。徐氏對他們說：「只要是精品，不管多少錢，統統往我家裡送。」抗戰爆發後，大羅天古玩市場被拆掉，多數古玩店遷到勸業場、泰康商場、天祥市場等地，徐氏仍是他們的常客。幾十年下來，他的藏品山積海囤，用他的話說：「若是我把購買文物的錢用來買鑽石的話，可以買一大簸籮！」

徐氏藏玉，貴在自成系統，先後得商周至兩漢時期的各類玉器共六百餘件，而且品類齊全。其中玉質生產工具有斧、鏟、刀；裝飾玉有佩、飾、璜、環、玦、繫璧、管、珠；禮儀玉有圭、璧、琮、璋等，尤以裝飾玉和禮儀玉品位最高。這當中一部分是歷代流傳有緒的珍品，如古玉鑒藏家、琉璃廠的大古董商黃濬(號伯川)、歷史學家于省吾(字思泊)、李鴻章之子李經邁(字季皋)，以及清末大收藏家陳介祺的舊藏；還有相當一部分出自河南安陽殷墟遺址，徐世章是當時北方收藏安陽古玉最多的人。他的這批藏品中，如青玉弦紋璧、青玉直線紋圭、青玉龍紋佩、青玉龍首紋觿、白玉龍形珮、黃玉鳳形珮及青玉龍形觿等，都可與一九五○年代後出土的殷墟婦好墓的玉器相比美。而黃玉牛首形飾、綠松石蛙形飾、青玉龍紋璧、青玉癸巳銘笄、黃玉蟬形管、黃玉弦紋箍和青玉龜腹版等藏品，無論是材質之純、造型之美、工藝之精，均超過了婦好墓的出土之物，堪稱傳世珍品。

徐氏所藏古硯，種類繁多，風格各異，上起唐宋，下迄明清，而且材質齊全，銘硯居多，亦爲一宗極有特色的收藏。

這些經歷代名人題銘或作跋語的古硯，不僅是文物、書法藝術珍品，而且還留下了不少寶貴的歷史資料。如清代書畫家金農、伊秉綬、高鳳翰、吳昌碩，金石學家翁方綱、黃易、吳式芬，古硯收藏家黃任、高兆，篆刻家周芷岩等的銘硯；清代著名製硯家顧二娘款的飛燕落花硯，都爲後人研究名人生平事跡提供了珍貴資料。明代顧從義摹刻的石鼓文石硯，依照宋拓本石鼓文所刻，硯面、周、底，共刻有秦代石鼓文四百多字。在當時國內尚無宋拓本石鼓文行世的情況下，此硯對石鼓文研究有重要的參考價值。當年郭沫若著《石鼓文研究》一書，還參考過此硯的銘文行數排列。明末曹學佺的淩雲竹節硯的刻銘是一篇養竹記，反映了晚明忠臣曹學佺以竹自喻的修身養性境界。清代吳式芬舊藏毛公鼎石硯，是吳式按毛公鼎銘文的拓本縮微摹刻的，充滿金石雅趣。乾隆年間名士馬曰璐的小玲瓏山館硯，形似山石盆景，雕有湖光山色，硯底有馬曰璐和阮元的兩篇銘文。馬氏在銘刻中將此硯與米芾寶晉齋硯相比美，可見其視爲至寶。

徐氏將他收藏的古硯，都多以上好的宣紙傳拓銘文，每件必拓十份，每張拓本都鈐以「濠園硯譜」印。這些拓本均出自傳拓、篆刻好手周希丁（一八九一—一九六一）及其弟子傅大卣（一九一七—一九九四）之手，先後七年才完成，爲研究和鑒賞這些藏品提供了很大方便。

徐氏對他的藏品極其珍愛，精品都用楠木、紅木、黃木甚至紫檀木訂做外匣，請他的長兄徐世昌（擅長草書）或八兄徐世襄（擅長篆書）在外套上題寫器名。對那些流傳有緒的精品還在匣中的緞裡題跋，注明來歷。他常用的收藏章有：「陶冶性靈」、「神遊心賞」、「硯田舊業」、「閒人以硯為忙事」、「寶研室」、「硯癡」、「濠園寶此勝過明珠駿馬」、「石癡道人」、「生有金石癖」、「金石之福」等，從中可見其鍾愛之情狀。

徐氏這兩宗價值連城的藏品，大部分在一九五〇年代由他親手捐獻給國家，剩餘部分由其家屬捐獻給國家。一九五四年，徐氏臨終之前，向國家捐獻了二千三百八十件文物，其中古硯九百六十四件，古玉六百十二件，字畫及古碑拓片九十五件，金石類文物二百五十件，文玩二百六十五件，書帖一百零三種（計四千零十二冊，又五十六匣，又四函，又十二套），得到當時中央文化部部長沈雁冰親手簽發的褒獎狀和天津市政府的表彰。此後，其家屬又有兩次重要的捐獻，第一次捐獻文物三百六十九件，箋紙四十五張，綾錦緙絲十七方；第二次捐獻了清代黃鼎所繪的《萬里長江圖》共六卷。前後三次捐獻，共捐獻文物二千七百五十件，在一九五〇年代如火如荼的捐獻大潮中亦為一大家。

一九五〇年代以後，徐世章改變了當年「不再參與政治」的想法，積極投入國家的建設事業。在國家發行公債時，許多人徘徊不定，而他卻毅然認購了十年期公債二萬五千元，是當時私人認購公債數額最多的人。

時至今日，徐氏當年捐獻的古玉和古硯，仍舊是天津市藝術博物館的兩宗鎮庫之寶。

存素堂緙絲藏品

遼寧省博物館裡收藏著一大宗宋代緙絲和歷代絲繡珍品，名為「存素堂絲繡藏品」。

這個存素堂，是北洋軍閥時期著名政界人士、貴州人朱啟鈐家的舊有堂號，這批絲繡珍品就是朱先生半個多世紀的收藏生涯中，一個極具特色的收穫和積累，其前後所歷經的滄桑，足可成那個時代的一種寫照。

緙絲亦稱刻絲，是一種傳統的絲織工藝品，漢代就有了，昌盛於宋代。這種絲織物與一般的織物不同的地方在於，各色緯絲僅於需要花案花紋時才與經絲交織，故緯絲並不貫穿於全幅，而經絲卻貫穿織品，所以人們常以「通經斷緯」來形容緙絲的特點。這種織品的花紋，極富立體感，被譽爲「勝於原作」，緙絲的題材在唐以前以幾何花紋爲主，在宋代以花鳥人物爲主，明清以來多仿製古代的人物、山水和花鳥等繪畫作品，技藝極高。北京的葉祖孚曾在朱海北（朱啓鈐之子）家裡，看到一幅「文革」查抄發還的明代緙絲織品，是一幅董其昌的書法，連字寫在宣紙上的墨跡洇痕都織了出來，其技藝之臻密可以想見。緙絲主要產地在江蘇蘇州，宋代的朱克柔（松江人）和沈子蕃是宋徽宗、宋高宗時的著名高手，所緙人物、樹石、花鳥「精巧疑鬼工，品價高一時」（朱啓鈐《絲繡筆記》），傳世作品有《牡丹》、《山茶》、《蓮塘乳鴨圖》、《青碧山水》和《梅花寒鵲圖》等，歷代均出入宮闈，被視爲珍品。本世紀初，相繼彙滙聚在朱啓鈐的存素堂。朱啓鈐不僅是我國百年來重要的收藏家之一，還是收藏緙絲繡品的「冠軍」。

朱啟鈐原本是現代史上曾經叱咤風雲的頭面人物。一八七二至一九六四年間在世，譜名啓綸，字桂辛，號蠖公，貴州開陽人。幼年喪父，青年時隨姨父瞿鴻機（晚清工部尚書、軍機大臣）在四川做下級官吏，辛亥革命後不斷發達起來，從一九一二年到一九一六年的三年零九個月裡，他當了北洋政府的五任交通總長和三任內務總長，並代理了一任國務總理。一九一九年二月受徐世昌總統委派，作爲北方總代表，與唐紹儀代表的南方軍政府進行南北議和會議。由於種種原因，談判破裂，朱啟鈐從此退出政界，定居天津，致力於經濟活動和古建築、古文化的研究活動。

胡適曾在一九二二年八月五日的日記中，對朱啓鈐有一段精彩的論述：「朱君邀我吃飯，請的客都是曾捐錢給地質調查所圖書館的人，有朱啟鈐、劉厚生、李大偉等，共十三人。這是我第一次見着朱啟鈐，此人自是一個能幹的人，聽他的話，竟不覺他是一個不讀書的人。他是近十年內的第一個能吏，勤於所事；現在他辦中興公司，每日按時到辦公室，從不誤事。交通系的重要分子，以天資的聰明論，自然要推葉恭綽；以辦事的眞才論，沒有可以比朱啓鈐的。」胡適這番論述，似是專講了朱氏辦實業的認眞，其實他在收藏上的認眞負責的態度，亦是罕有其比的。

朱啟鈐的收藏意識最早源起於他的外祖父傅青余。他幼年失怙，三歲時就隨母親移居長沙外公家。其外公富收藏，所藏書法、名畫，包首多有用宋錦或宋緙絲製成者。他外祖母又擅女紅，常常用宋錦碎片綴合爲荷包之類。朱氏在外公、外祖母膝下長大，逐漸養成對絲繡品，尤其是對緙絲的嗜好。在北京任職的年間，常去前門的荷包巷去尋覓絲繡文物，古董商人知其所好，亦常常持貨求售。

他歷年所得中，最爲珍貴的是辛亥革命後，恭王府（當時的主人已是奕訢的孫子溥儒）斥賣出來的精品。朋友舊僚中聞知他的癖好，間亦以所藏相贈，所以數十年下來，清內府的舊藏、明代大收藏家項子京的舊藏、清代安岐、梁清標、盛昱等人的藏品，均有一部分輸入了存素堂。一九二八年他刊成《存素堂絲繡錄》一書，著錄所藏，並加以考證，共計七十九種一百多件，爲宋元明清四代緙絲繡品。其中大幅緙絲《群仙祝壽圖》，宋代朱克柔的緙絲作品，明代韓希孟的刺繡，均爲流傳有緒的至精之品。

當時日本有個實業界巨子叫大倉喜八郎，與朱氏歷有交往。因朱氏後來經營的山東棗莊中興煤礦公司的煤，有一部分就是售給日本大倉企業的。朱氏一九二一年歷訪歐美各國歸途訪日時，大倉還曾設宴款待；大倉於一九二四年八十八歲「米」壽時，朱氏亦以貴州的陳年茅台祝壽，而且撰文紀其事。按說，兩人關係挺好。有一年大倉來華，聽說朱氏藏有大宗歷代緙絲，富甲天下，就由郭葆昌（世五）陪同赴朱家觀賞。當他表示願出一百萬元收購時，朱氏卻一口回絕了。儘管當時他正在天津閒居，家境由於攤子大，開支浩繁而並不寬裕，然而要使這批緙絲流出國外，他是絕對不答應的，寧肯在後來以二十萬元的代價，售給了張學良將軍。

一九二八年北伐勝利後，國民黨地方政府藉口「革命」，沒收了朱啟鈐的中興煤礦公司，後經多方活動，才以「捐助」軍餉一百萬元銀洋的代價，發還了煤礦。再加上那些年朱啟鈐的夫人多年患病後去世，所開支的醫藥、喪葬費用花銷甚巨，因此經濟上一下子逼入困境。在此不得已的情況下，只好將緙絲藏品整批地售給了張學良將軍。張學良當時出任東北邊防司令長官，他的胞弟張學銘是朱啓鈐的六女婿。朱氏提出的條件是不得售與外國人，當時主要指日本人，遂以二十萬元代價歸入東北邊業銀行。按朱氏所說，這宗藏品的價值，遠不止此數，只是身居困境亦是無奈而已。「九・一八」事變後，日軍佔領了東北，東北邊業銀行落入日本正金銀行之手，這批絲繡自然也遭劫掠。巧的是朱啟鈐原先有個盟弟叫榮厚（字叔章），「九・一八」之前在東北任吉林省財政廳長，「九・一八」以後又出任了僞滿中央銀行的總裁。僞滿中央銀行的建築極其宏偉，遠勝溥儀的滿洲國僞宮，而實際上不過是日本正金銀行的滿洲支行而已。朱啟鈐這時利用與榮厚的這層舊誼，托其暗中設法保護這批國寶，不要失之東瀛。榮厚果眞也幫了忙，他利用其職務與日本正金銀行的關係，設法以僞滿的名義宣佈這批絲繡爲國寶，長期儲藏於瀋陽正金銀行的金庫中，同時印成了《纂組英華》圖片巨冊行世，共印了三百部，其中二百部供溥儀的僞滿帝室用於賞賜之用。這樣，故意把聲勢造大，弄得世人皆知，於是這批緙絲總算沒有被劫往日本。

朱啟鈐在一九三〇年的家庭賬冊《存素堂賬目》上寫道：「故民國十年度爲吾家最窘之境……在此羅掘無聊之際，忽有一意外援助，即張漢卿以二十萬元收買我家收藏之緙絲書畫，歸諸奉天博物館是也。」而實際上是在銀行裡。

一九四五年八月日本投降後，蘇聯紅軍來到東北。這年年底，正當蘇軍準備從東北撤退之際，國民政府行政院院長宋子文到了北平，便中去看望了北洋時期的老人朱啟鈐。朱氏又念起原屬於他的這批緙絲，深恐被蘇軍拿走，流出國外，就請宋子文關注這件事，查明下落，設法保護，後來得知東西仍在瀋陽。

一九四六年夏天，內戰期間，瀋陽又成兵家必爭之地，朱氏擔心戰事一旦波及瀋陽，這批絲繡難免化爲灰燼。所以他抓住宋美齡來到北平並即將去東北的時機，托王世襄以「清理戰時文物損失委員會平津辦公處」的名義擬一呈文，親自交到宋美齡手上，請其務必關心這宗國寶，爭取將其空運到安全的地帶妥善保護。宋美齡到達瀋陽後，專門安排觀賞了這批絲繡，經她出面干涉，終於將絲繡空運到北平，先存放在中央銀行，後又移存故宮博物院。一九五〇年代展品調撥，故宮的這一宗展品撥交遼寧省博物館，珍藏至今。

這批絲繡，朱啓鈐生前做過多次考證，一九二八年編刊了《存素堂絲繡錄》，又有《絲繡筆記》、《絲繡書畫錄》、《清內府藏緙絲書畫錄》、《女紅傳徵略》等，這些書後來由楊家駱編入了《繡譜》一書。

朱啟鈐的收藏，歷年來差不多都有進也有出，除了上述將緙絲繡品賣給張學良將軍之外，在敵僞時期他拒不就任僞職，生活無著，到了不得不出賣藏品度日的關頭，還忍痛出賣了精心收集的一大批紫檀木家具，共一百餘件，收進的是日僞時期任建設總署督辦的殷同（桐笙）。既便散出了這兩大宗收藏，朱氏的家底仍是豐厚得令人驚愕。據他的孫子朱文極於一九三〇年編造的一本朱氏《文物賬冊》來看，剩餘藏品遍及青銅、玉器、字畫、瓷器、繡品各類，而以書畫爲大宗。這個《帳冊》是依當時的實物清點記錄的，又經朱氏本人審核，故應是最有說服力的。

這個《帳冊》前有個目錄，共分：甲，神堂供器；乙，紀念；丙，榮典紀要；丁，玉器類；戊，古玩類；己，錦繡裁料；庚，銅器類；辛，書畫碑帖；壬，文房文具；癸，陳設類；子，禮品類；丑，家藏藥材；寅，酒類茶類；卯，生熟皮張。辛之部是書畫碑帖，又分列出：先世手澤、外親手澤、蠖公自藏書畫、書畫補遺、徐總統書畫、家藏碑帖、影印石印、緙絲繡畫和名人書畫扇諸項，這與傳統的文人收藏目錄比起來，顯然多了許多政治色彩，把徐世昌送給他的書畫單獨成類，共有十九幅之多，亦可看出兩人之間的親密關係。

在現代人眼光中，最有趣的還有「乙，紀念」一欄。這一欄中記載的文物有他任清朝官吏時的珊瑚頂子、藍晶頂子，任北洋政府官員時獲得的中外勳章，袁世凱竊據總統和徐世昌任總統時贈給他的禮物，出使外國時收受的紀念品，簡直類似今天的專項陳列館。而日本皇室聖明殿宴席的紀念物，竟是一隻銀鳥籠。袁世凱的紅人郭世五（葆昌）送他的特製工藝品，如銀七寶燒盒葡萄紋一件、琺瑯鼎彝煙匣一件、琺瑯國徽煙匣一件、京綏鐵通車天雞尊一件，又足可證明他與袁氏周圍的人士的微妙關係。在「丙，榮典紀要」一欄，羅列了各種委任狀、證書之類的文獻資料。在「己，錦繡裁料」一欄中，記載了明朝和清康熙、乾隆、光緒年間各種織金錦緞，這與他曾任清廷官員有關；其中有乾隆綠色織金壽字雲龍緞一匹二十五尺、乾隆內用黃雲緞一匹、乾隆織金紅庫錦一匹、乾隆織金黃庫錦一匹、乾隆上用湖色四合雲衣裡緞十二尺……。

在「辛，書畫碑帖」類中，可以獲知朱啟鈐的父親梓臯公、母親傅太夫人、外祖父傅青余公、姨母瞿氏（瞿鴻禨的夫人）都善書畫，這當是朱啟鈐最初的文化修養的源泉，也是他成大收藏家的起因之一。在這一欄的「蠖公自藏書畫」目下，著錄了他本人的字畫藏品，如元人繪界畫樓殘本、元人繪開國功臣像、元人繪程明道伊川先生朝衣像、唐人寫經殘卷、郎世甯《郊原牧馬圖》卷、清高宗《經筵詩》冊、仇實父《上林圖》長卷、仇實父《漢宮歌舞圖》、明景泰五年御用監內造佛像、明王穀祥《雀雛待飼圖》、明傅青主手寫詩冊、明王仲山草書手卷、明陳繼儒行書直幅、陳老蓮《三星圖》、康有爲七言聯等等，共八十八幅。「家藏碑帖」中著錄了宋拓玉版十三行、宋米襄陽墨跡冊、舊拓柳公權《玄秘塔碑》、舊拓顏魯公《元次山墓碑》、舊拓李北海《雲麾將軍碑》、趙孟頫《大元敕藏御報碑》等。

最能顯示朱家鼎盛時期華貴家族氣派的，莫過於《家庭賬冊》中的「卯，生熟皮張」了。其記載有：虎皮一張、豹皮四張、狼皮桶三張、草狐皮二張、猞猁皮二張、鹿皮一張、罕達罕皮褥四張（馴鹿皮、生料）、江獺皮一張、非洲黃鼠皮四張、小豹皮褥四件、貂皮朝衣下截一件、銀鼠皮袍一件、猞猁袍褂一件……名目繁多，長達數紙，令人眼花繚亂又目瞪口呆！其名貴中草藥的收藏亦爲洋洋一大宗。這對當代年輕人瞭解過去豪門中的生活，又系一活生生的材料。

存素堂的藏書大致分爲三類：一類是貴州地方文獻，第二是建築學方面的書，第三是邊疆地區的史地資料。這些書一九五〇年代後大部分捐給了清華大學、北京圖書館和古代建築修整所。

朱啟鈐還有一樁收集岐陽王世家文物的故事。在北京文物界人所共知。有一次他在北京一個收破爛的人那裡，無意中發現了明初岐陽王李文忠家遺留下來的文物。李文忠是朱元璋的外甥，曾隨朱元璋南征北戰，立過大功。朱啟鈐的岳父于森圃的祖上原姓俞，是李文忠手下的海軍將領，靖難之役後改姓于，避居貴州。於是他就一舉買下了這批文物，共五十六件，並用五萬元的代價進行裝裱，精心保管。美國人福開森知道了，定要其高價割讓，老先生無論如何不答應，一九五〇年代全數捐獻給了故宮博物院。他還把這批文物印成畫冊，將研究考證的心得撰成《岐陽王後裔入清以後世系記》、《岐陽王世家圖錄考》等文章，並且親自找到了李文忠的後裔，爲他在中國營造學社安排了工作，每月可領些薪水維持生活。

朱啟鈐自退出政界後，經濟收入每況愈下，尤其到了抗戰時期，幾乎全憑出售文物藏品來安排一家大小的開支，在這種情況下，他還不斷接濟親友，不遺餘力地創辦了中國營造學社，爲保護和修復中國現存的古代建築而辛勤奔波。到一九六四年他病逝時，家中現金只剩下八百元錢。

文物聚散，當屬規律，然像朱先生一生中如此大聚大散，亦爲百年收藏中一憾事。

南園藏寶之謎

美麗的江南古城蘇州，河道如織，林木蓊鬱。幾個世紀以來，江浙一帶的富紳豪門，還有那些在上海發了跡的工商業暴發戶，都喜歡來這兒買一塊地，拓一方園，構一套屋，再用蜿蜒的粉牆一圍，裡面或種上修竹，或移來太湖石壘山，或就一泓碧水種花點荷……小小園林，竟成江南一絕。

本世紀上半期，蘇州城裡有名有姓的私家園林曾多達一千餘處，現在受到政府有關部門明文保護的，也還有二百餘處。這些園林中的花木之勝自是各有高標，有的以林木取勝，有的以湖水取勝，有的以假山假石取勝，有的以池水迴廊取勝，然而最令人不能捨棄的，還是那些發生在園林深處的千奇百怪的故事。

南園，是座曾被歷史的煙雲「漫漶」了的園林，如今那兒是南園賓館所在地。這個水軟風細、格調典雅的去處，人們一向只注意它的大紅大紫的經歷——一座西式三層樓房，曾是蔣介石的第二夫人姚怡誠攜蔣緯國居住的寓所，一九二九年落成，占地十餘畝，當年耗資二萬銀洋。其實在院子的西北端，還有一棟別墅式的小樓，樓前山石疊峰，樹木掩映，山石下還漾著一汪池水。此小樓名曰「灌木樓」，相傳舊匾還是乾隆所書。正是這幢小樓，數十年間，一再爆出了收藏界的奇聞，令世人驚訝不已。

一九二〇年代「灌木樓」的主人叫何亞農（何澄）（一八八〇——一九四六），山西靈石人。早年參加過同盟會，留學日本振武學堂和陸軍士官學校，曾受孫中山先生的派遣回山西作革命宣傳，係國民黨元老。辛亥革命時佐陳其美督師上海，可是不知何故，至一九一七年就解甲移居蘇州，辦廠建校。他的岳母爲教育家謝長達，何即兼任了振華女中的校校董。

何亞農交往的人物極爲複雜，有清末遺老人物，有國民黨方面的，也有敵僞方面的，與文學藝術界尤其是畫家、收藏家和社會名流也保持經常的交往，這使他在國難當頭、政局莫測的幾十年間得以左右逢源。經濟上他又善於謀算，人道有山西古風，傳說他用十萬

蘇州南園灌木樓

元買下了蘇州名園網師園，而賣掉園中的明式家具又賺了十萬元，等於白撿了一個偌大的江南名園。自然他的神秘之處還在於他的收藏。

何氏出身書香門弟，酷愛收藏，與蘇州一地甚至江南一帶的文人墨客莫不交識，其藏字畫、古碑、古墨、古印既精且多，與收藏大家葉恭綽、張大千、張善子兄弟在抗戰前更是過往甚密。可是到一九四二年，何氏匆匆離開了蘇州，抗戰勝利後寓居北京張大千處，一九四六年因腦溢血客死北京，此後他的收藏品就「失蹤」了。

一九五〇年代初，他的八個子女都已長大成人，在外地或國外工作，他的老伴又突然在家中被人暗殺，直到現在尚未破案，個中蹊蹺，無人知曉。鑒於其子女均不在蘇州，其房子就由國家接管，成爲蘇州市外賓招待所，而其藏品就更加無人提及了。

一九五〇年代，有一天南園外賓招待所的員工在打掃衛生，用長柄雞毛撣子撥掃各處的積塵和蛛網，當清掃到灌木樓後面的一間浴室時，七捅八捅，竟發現該浴室的一塊壁板是活動的！工作人員把壁板移開之後，發現一間複室，複室的天花板上面又有一層暗室。工作人員找來梯子上去一看不得了，上面靜靜地躺著幾十隻貼了封條的箱子，打開一看，裡面全是古物：青銅、瓷器、古書、古畫、古印、古墨、古扇……蘇州市文管會前去清點，共計一千三百五十件，這竟是何亞農當年收藏的所在！

箱子運到了文管會，經專家審定，屬於一級品的文物很多，著名的《消夏圖》即在其中，文徵明、唐寅、王麓台等的名畫有五十餘幅，尤其是一批古墨，是極其罕見的寶墨。清代的達官貴人喜好玩古墨，並自製多種行款的寶墨。有時要出大價錢請有名的書畫藝術家，爲之設計圖案，再請製墨名師具體製作。一方精墨，拿出來往往金碧輝煌、滿目燦爛、墨香四溢，且有年款、名家題識等。何亞農的藏墨當屬江蘇第一，在全國範圍內亦屬上乘。

蘇州文管會立即與何亞農的女兒何澤慧、何澤英聯繫，她們表示，藏品全部捐獻給國家——時值蘇州博物館初創時期，得此一大宗文物，正好奠定該館藏品的半壁江山。大家立即趕製清單、編目，忙個不亦樂乎。然而這僅僅是何亞農藏品的一部分。

大約到了一九八〇年代末，在何亞農離開蘇州快五十年的時候，何的一個小女兒有一次因事過往蘇州。有人對她講，南園賓館內正在翻建花園。一聽說「花園」二字，何澤英突然洞開了記憶的閘門，她說：「父親當年走時走得很匆忙，好像在花園裡埋過什麼東西，會不會是文物藏品呢？」回到南京後向政府主管彙報，獲得重視，就聯繫了南京博物院的專家，與何澤英一道去蘇州，挖挖看能否挖出東西。

果眞不出所料，在灌木樓前假山棕櫚樹下的土坡中，人們找見了一隻掩埋了近五十年的箱子。打開一看，竟是一箱稀世石章，其中有上等田黃、雞血石等數十塊。過去人們常講「一兩田黃一兩金」，如今田黃越來越少，價值早已勝過黃金，而且何亞農這批田黃，不僅石塊大，而且色澤純潤、紋理透晰，雞血石亦是血色鮮豔，覆蓋面大，世間罕有其比。南京博物院的專家將一箱寶貝小心翼翼地帶回，經反覆研究鑒定，的確件件眞貨實件無疑。何氏兒女又將此批寶貝捐獻給國家，國家發給他們六萬元獎金，他們把獎金又捐給了慈善機構。一九九二年南京博物館將這批罕見名章辦了一個展覽會，轟動了當地的收藏界和文博界。

何亞農共有八個兒女，其中中科院院士就有兩位，都爲科技工作者，著名學者錢三強爲何的女婿。如今「灌木樓」已改爲「觀木樓」，是南園賓館的一部分。昔日藏品均已移往博物館，唯有網師園殿春簃的小院門內，尙有何氏當年寫下的「眞意」二字手筆，唯不知那些影影幢幢、婀娜多姿的花木深處，是否還隱藏著當年園主的心上之物？

第九章　秘聞——文物流向海外的通道

千秋功罪琉璃廠

一九五〇年代初，人民日報刊出了雕塑藝術家聯名寫給報社的一封信，題目是《揭發奸商岳彬盜買龍門石佛的嚴重罪行——雕刻工作者劉開渠等十人向人民日報來信》。

信中說：「編輯先生：我們爲了研究古代美術遺產，組織了古代雕刻考查團，到大同雲岡、太原天龍山、洛陽龍門等處，參觀了古代雕刻。一向被人認爲是唐代石刻典型的天龍山石刻，已被帝國主義盜竊破壞一空，眞是令人痛恨。世界聞名的洛陽龍門的石窟中，數以萬計之佛頭佛像也大部被敲下盜走。據說洛陽龍門石佛在反動統治時代遭到了盜賣和破壞，就中以北京琉璃廠炭兒胡同古董商人岳彬盜竊最多。岳彬勾結帝國主義有計劃地、大規模地盜竊，他一次就盜走大型佛像十八尊，小佛無數，龍門造像中最優秀的作品之一

《帝后禮佛圖》就在那一次被他盜走，賣給帝國主義者。我們祖國歷代最可珍貴的美術遺產，竟被他破壞得慘不忍睹，造成無法補償的損失。此種盜賣國家文物喪盡天良的行爲，無異人民公敵。爲此，我們特提出檢舉，對岳彬這樣的奸商，必須嚴加懲處。雕刻工作者：劉開渠、蕭傳玖、曾竹韶、滑田友、張松鶴、張建關、王臨乙、溫建寬、王丙召、張法孟。」

爲此，人民日報發表短評，強調對於盜賣國家文物的奸商必須實行制裁。短評說：

「在我國遼闊的土地上，從新疆的高昌、庫車，甘肅的敦煌，天水的麥積山，永靖炳靈寺，大同的雲岡，太原的天龍山，洛陽的龍門，峰峰礦區的南北響山堂，濟南的千佛山，到義縣的萬佛堂，矗立著一連串壯麗的石窟寺。這些石窟寺都有豐富的精美雕像或塑像或壁畫，是我國藝術史上的光輝傑作，是我國重要的文化遺產。在過去的幾十年間，跟其他古代文物一樣，這些石窟寺大半都成帝國主義者特別是美帝國主義者的掠奪對象。華爾納剝取了敦煌千佛洞的唐代壁畫和唐代供養人像。天龍山的北齊和唐代造像，幾乎全部爲奸商倪玉書所破壞而賣給了日本山中商會，其中大半轉賣給美帝國主義分子了。最著名的雲岡石窟、龍門石窟，也在帝國主義分子、當時的反動政府和古玩奸商的相互勾結下，被徹底破壞了。今天本報三版所揭發的古玩商岳彬盜賣龍門賓陽洞等的雕像和浮雕事件，又是一個典型的例子。當時

> 美帝國主義分子在龍門照了相，指名要傑出的北魏刻《帝后禮佛圖》及其他著名雕刻。岳彬就和他訂立契約，保證在五年內把那麼珍貴的文化遺產盜鑿下來，岳彬勾結當地反動政府，肆無忌憚地把一千四百年前的藝術傑作打成大小碎片，經過粘對運出。如今賓陽洞著名的浮雕《帝后禮佛圖》的一面，就擺在紐約市博物館裡。這樣盜賣文物的嚴重罪行，應該受到法律制裁……。」

後來，琉璃廠的奸商岳彬果眞受到了法律制裁。在「三反五反」運動中，工作人員從他一九三〇年代的老賬中，查出了他與美國人普愛倫簽訂的關於盜賣龍門石窟《帝后禮佛圖》的合同（五年爲限期，四萬元代價，運往美國）。又據當時參加碎石拼對、粘合工作的張濟卿等的揭發，證實他家的院子裡還剩有當年無法拼對的碎石兩箱。人證物證俱在，岳彬罪責難逃，遂鋃鐺入獄。法院判他死刑，緩期二年執行，一九五四年死在監獄裡。

這是一九五〇年代對琉璃廠奸商的一次嚴厲打擊和清算。同時國家又頒發了一系列文物管理條令，從法律上禁止了文物的盜賣和走私活動。

琉璃廠的奸商引起全世界華人公憤的，還有昭陵丟失二駿事件和天龍山盜佛像事件。天龍山盜佛事件前文已述，而昭陵丟失二駿的內情是最近幾年才弄清楚的。

據琉璃廠的老人陳重遠近年撰文披露說，這件事是延古齋的趙鶴舫幹的。趙鶴舫原名趙福齡（一八八一—一九三六），父親是北京廣安門外的菜農，他十幾歲進古玩鋪寄觀閣學徒，不幾年就能張羅買主，幫老闆拉生意。這期間認識了一位清朝的老翰林，從老翰林那兒知道了唐太宗李世民喜歡馬，在開創大唐基業中，一生都沒離開戰馬。唐太宗騎過六匹好馬，即：什伐赤、青騅、特勒驃、白蹄烏、拳毛騧、颯露紫，它們都立過戰功，所以李世民於貞觀十年（六三六年）命工匠將六匹馬刻成浮雕。李世民去世後，這六匹馬的浮雕就立於陝西醴泉東北，唐太宗的昭陵兩側，號稱《昭陵六駿》。趙鶴舫還知道這些石雕就像那些荒野裡的漢碑漢雕一樣，在野外是沒有人管理的。

一九一四年正是袁世凱張羅著恢復帝制的時候，趙鶴舫認識了袁家二公子袁克文。他藉口爲袁家花園的修建出點力，要從城外搬運些奇花異草、怪石古樹進城，騙取了袁家運貨用的「封條」。有了這袁家「封條」，就如同當年皇家的「皇封」一樣，一路上即可暢通無阻。同時他派人去陝西，聲稱袁世凱官邸修建花園，指名要取兩塊昭陵六駿石雕作爲點綴，當地官員誰敢阻攔?所以「拳毛騧」和「颯露紫」就在這時被裝入了大木箱，貼上了「封條」，一路運往北京，然後賣給了一個美國人。而袁家花園那裡，趙鶴舫隨便弄了些假山假石搪塞了事。現在這兩件國寶陳列在美國賓州費城大學的博物館內，這既是中華民族燦爛的歷史文化的象徵，也是近代文物走私的典型。現在，李鴻章的曾侄孫李家錦先生家裡還保留了一套昭陵六駿的原始拓片，是當年他外公送他的生日禮物，從中可見六駿的本來面貌。

琉璃廠這條有幾百年歷史的古文化一條街，確有黑幕一面。琉璃廠在當時已形成全國性的網路，消息極爲靈通，那裡盜挖了什麼古墓，出土了什麼文物，他們很快就能知道，而且很快就能得到，如溥儀出逃時遺留的「東北貨」就很快被發覺了。

琉璃廠古稱海王村，元世祖忽必烈至元年間（一二六四—一二九四）在海王村建琉璃窯廠。明永樂年間修建皇家宮殿使用的大量琉璃瓦件，都是海王村琉璃廠燒製的。清初這兒還是琉璃窯廠，到康熙三十三年（一六九四年）窯廠交窯戶自辦，窯廠逐漸漸衰敗，海王村便出現了許多小屋，逐漸成小街市，而稱呼仍沿其習慣，後來發展成古玩一條街。

清嘉道年間，金石之學再度興起，客觀上推動了琉璃廠古玩行業的發展。經過朝中文官大吏潘祖蔭、翁同龢、李文田、吳大澂、王懿榮等的提倡與推薦，文人學者逛琉璃廠越來越成一種風氣。有的朝廷官員早朝之後不先回府第而先逛琉璃廠，常常有所收穫。直至本世紀上半期，胡適、羅振玉、王國維、繆荃蓀、袁同禮、顧頡剛、馬衡、徐森玉、鄭振鐸等，都成了琉璃廠的好主顧。京津一帶的富豪、巨商、銀行家、政府官員，也時時逛琉璃廠。庚子年間，八國聯軍也沒放過琉璃廠，把琉璃廠的古玩字畫，金石陶瓷等文物搶個精光。後來美國人、法國人、德國人、日本人中，都有逛廠甸的大主顧，如福開森、魏武達、周爾經、山中等，尤以福開森爲最，被稱爲「中國通」，他的《歷代著錄吉金目》、《歷代著錄畫目》、《藝術綜覽》等，無一不是借助於琉璃廠老闆和夥計們的幫助。

琉璃廠是近代中國最大的文物集散地，它培養了一代代文物鑒賞和經營專家，還與百年來政局的動蕩密切相關，在收藏史上形成了一種特殊場景。

夜幕下的五馬路

不知從何時起，上海的五馬路（廣東路）上有了「四大金剛」之說。這是指四個實力較強的古玩商：禹貢古玩號的葉叔重、雪畊齋的張雪庚、福源齋的戴福保和珊瑚林古物流通處的洪玉琳。實際上，他們四人的經營規模和鑒定水準並不相同，店址並不都設在五馬路，而且財力上比他們更爲雄厚者還有金才記古玩店。稱他們四人爲「金剛」，可能與一九五〇年代初他們涉及的文物走私案有關，也可能因爲他們先後都與舊中國最大的文物出口公司——盧吳公司有密切的聯繫。

盧吳公司成立於一九一一年，早期的老闆有四人：旅法華商盧芹齋、上海古玩商吳啟周、北京大吉山房古玩店老闆祝續齋、琉璃廠古玩界的繆錫華。他們四人合作十五年後，北京的祝續齋和繆錫華被盧、吳兩人「甩」了出去，只剩下盧、吳當老闆。

這個盧吳公司的創議者是當時浙江財團的頭人、同盟會的財政部長張靜江。盧芹齋（湖州人）曾是他家的職員，而吳啓周（蘇州人）從小就是張靜江的伴讀，相互之間關係非同一般。盧吳公司的總店設於法國巴黎泰布特街三十四號，後來移到莫佐花園附近庫基利斯街的一所中國式建築裡，在上海的辦事處是南京路五七〇號來運公司。他們專做「洋莊」（指向海外販賣古物）生意。吳啓周負責國內「攬貨」（在國內各地收集文物），盧芹齋坐莊巴黎負責銷貨。本來以做「法國莊」爲主，第一次世界大戰後，美國人有錢了，就改做「美國莊」，在紐約第五大街五五七號設立了分店。這是一家本世紀開辦最早、經營時間最長的文物公司，也是向國外販賣珍貴文物最多的跨國公司。它的存在和發展，影響上海及其國內古玩界整整四十年，客觀上促進了上海古玩界「四大金剛」的形成，而「四大金剛」的收購價格，又直接影響著上海五馬路的行情。所以說盧吳公司在舊上海的古玩業中，頗能呼風喚雨。

一九三五年，中國藝術倫敦國際展覽會在倫敦開幕，學者傅振倫曾被邀去參觀盧吳公司的「輝煌業績」，盧芹齋向他介紹道：高四五·五釐米的商代雙羊大銅尊，以四千英鎊售給了尤莫佛蒲拉公司；五代時期的絹畫《醉翁圖》，以一千法郎售與比利時斯托克萊特；元代錢選的《草蟲圖》卷，以四千美元賣給了美國地特拉藝術學院；明代嘉靖青花刻彩纏枝蓮方葫蘆瓶，以四千馬克賣給了德國人；清康熙墨彩觚瓶，以二·五萬英鎊售給了倫敦佛蘭克·巴垂吉公司……這些價格與現在的文物拍賣價格無法相比，但在六七十年前，那絕對是天文數字，他們在國內買來的成本價往往只有售價的幾十分之一，甚至是幾百分之一。據有關部門調查說，盧吳公司從國內運走的文物多達八千餘件，而且均是珍品，有的品種國內已經無存。

從一九二七年起，吳啓周以他的外甥葉叔重作爲幫手，在北京、上海、西安、洛陽等地產盧吳公司「辦貨」，在北京鮮魚口設有辦事處。葉叔重曾留學法國，能讀六國文字，旅法期間與陳毅等相熟，回國後與省吾中學中共地下黨組織保持聯繫，爲該校股董之一。他與盧吳公司的業務聯繫，一直持續到一九五〇年代。

一九四一年太平洋戰爭爆發，中國與歐洲之間的運輸線被切斷，國內的貨運不出去，盧吳公司曾宣佈散夥。可是一俟運輸線恢復，他們又立即恢復活動。一九四二年葉叔重自己在上海開設了禹貢古玩號，地址設在交通路（今昭通路）七〇號，雇用夥計八人，一方面自己做生意，同時代理盧吳公司原來的舊業。另外，張雪庚和戴福保在抗戰勝利後，也成了盧吳公司在滬的代理商。據有關方面統計，他們這三家代理商，僅在一九四〇年代中期至一九五〇年代初期，就爲盧吳公司採辦了青銅器、陶瓷、書畫、雕刻等各類文物達數千件。

一九五二年，吳啟周離滬去香港，該公司在大陸的業務才告結束。盧芹齋多年旅居美國，他去世後，其古玩生意由他的女婿繼續做，至於貨物的來源，自然是另有門道了。

葉叔重（一九〇三—一九七六），江蘇盛澤人，在家排行第三，古玩界的人呼他「葉三」。他的哥哥葉月軒也是古玩行中人，也曾幫助盧吳公司辦事，人稱「葉二」，但無論是鑒別文物還是手中的實權，均無法與「葉三」相比。

葉叔重以精於文物鑒賞聞名國內文物界，他看青銅器和古瓷器的眼光，幾乎是十拿九穩，與北京古玩界的彬記、清記、雅文齋、保粹齋，以及上海的藝林、少艾記、集古齋、珊瑚林古物流通處等古玩字號，均保持密切的聯繫。他曾在北京用三萬元從陳鑒堂手裡買下一隻西周時代的「古銅鴨子壺」，貨到紐約後，很快就以十萬美元出手。類似這樣的「一本萬利」的買賣，葉叔重經手很多，他當是爲盧吳公司賺大錢的頭等功臣。

葉叔重看好的「貨」大都是精品。一九五〇年代，新成立的上海博物館曾從他那兒買到一批極有價值的文物，如商代晚期的四羊首瓿、西周晚期的龍紋大鍾、戰國重環榖粒紋玉璧、西漢鳥獸雲紋劍、東漢群神鏡、唐越窯海棠式大碗、唐撥鏤鳥獸花卉象牙尺、南宋龍泉窯梅子青鬲式爐等，均被視爲爲難得珍品。由於他的特長，還曾被上海市文物保管委員會聘任爲顧問。

一九五〇年代初，盧吳公司留存北京和上海的文物還有不少。在散夥時，就將這批文物作爲付給葉叔重的傭金，歸入葉叔重的名下，葉叔重將這批文物，連同自己禹貢古玩號的藏品共計五千餘件，全部捐獻給國家，其中三千五百件捐給國家文物局，一千五百件捐給上海博物館。

一九五五年，張雪庚走私文物案發，葉叔重受其牽連被捕入獄。此前，張雪庚的太太將一件青銅器帶到葉家，請其代保管。葉一口應喏，並答應保密。張太太剛走葉就把東西帶到一家裝裱店，訂做一隻錦盒，於是「順理成章」地把東西「寄存」在裝裱店，並聲稱「不用著急，有空時慢慢做好了。」張雪庚入獄後坦白交待了，把葉叔重也檢舉出來，而葉不知張已交代，仍拒不承認爲張藏匿「貨物」，因而也被關押。

一九五六年三月，上海市第二中級人民法院根據一九五〇年五月二十四日政務院發佈的《禁止珍貴文物圖書出口暫行辦法》和《中華人民共和國暫行海關法》的有關條款，對葉叔重新賬老賬一起算，判處其有期徒刑一五年。法院認定他：「從一九二七至一九四二年親自經手收進各種珍貴文物達八千件之多，盜賣給美、英、法、日、瑞士等國的博物館，價值七百萬人民幣，僅銷美國的即達三百萬元美金……」葉叔重不服，上訴上海市高級人民法院，認爲並不是他本人盜賣文物，而是他幫老闆盧芹齋和吳啓周收集和販運，得大利者是老闆，他只是拿傭金；同時還認爲，按照國家一九五〇年頒發的文件條文，應是「自本《辦法》頒佈日起執行」，而判決書上所列舉的事實，絕大多數都是《辦法》頒佈之前的事情，如何能作爲判刑的依據呢？申訴中，葉又爲自己一九五〇年代初的文物買賣事作了解釋，仍否認是走私。

上海市高級人民法院覆審了葉的案子，於一九五七年四月將其改判爲有期徒刑十年，先關押在提籃橋監獄，後經其本人要求，去青海勞改農場。「文化大革命」開始時，恰值葉已刑滿釋放，鑒於當時的複雜情況，他不便回上海，仍在青海勞動。一九七〇年代初曾回上海，遇有國家重大外事活動時，他仍要被關起來，如田中角榮和尼克森訪華，「四類分子」都被集中在公安部門。這樣，葉叔重不願留滬，重回青海。在一次運輸途中，他從馬車上滾下來，致使嚴重腦震蕩而死亡。

張雪庚被視爲「四大金剛」第二號人物。他於一九四二年在江西中路以二百元法幣獨資開設了雪畊齋古玩店，擅長金石、書畫、版本等文物的鑒定。抗戰勝利後在上海古玩業中嶄露頭角，並開始做「洋莊」生意，成盧吳公司在上海的代理人之一。

一九四〇年代，張雪庚曾設法獲得一批山西省渾源縣出土的三代青銅器，價值達十六萬美元。據說張爲獲得這批文物，把全部家產壓了上去，指望能到美國「翻跟斗」。當時的海關敲他竹杠，要價太高，張雪庚將此事拖了下來。一九五〇年代初他申請這批文物出口時，被海關扣下。這批文物中有一件被視爲國寶的春秋時期犧尊，造型穩重、生動，牛耳豎起，兩角向下彎曲，鼻上置一環，說明當時人們已經用穿鼻法馴牛了。這是渾源出土青銅器中最精美的一件，現存上海博物館。

一九五五年，到了香港的福源齋老闆戴福保又回到上海「辦貨」，準備運到美國去。張雪庚給他約值一萬美元的文物供其走私，被政府發現。一九五五年六月，上海市第二中級人民法院裁定，將其雪畊齋的全部古玩查封，後來他被判處徒刑十五年，據說最後死在監獄裡。

洪玉琳於一九四六年以三百萬元法幣在廣東路開設了一家「珊瑚林古物流通處」古玩店，以經營歷代官窯瓷器爲主，兼營書畫等文物。曾分別以六十兩黃金和一萬大洋從北平餘粹齋和保粹齋購得宋官窯雙耳爐、明永樂甜白釉暗花大碗、明宣德年間霽藍釉白花魚藻紋盤等珍瓷，因而在上海五馬路上暴得大名。又曾因買賣假銅器，與葉叔重反目。洪玉琳有一次從蘇州張振卿處買來一批青銅器，請吳啓周看貨。吳啓周看其造型奇特，綠鏽燦然，認爲是一批不可多得的「生坑」，就以五萬美元買下了。誰知葉叔重看到後，一眼就認出是仿造，而且是他與張濟卿合夥開的作坊裡製作的，現在居然有自己的假貨騙到自己頭上來了。葉、洪大吵了一陣，而吳啓周面子已失盡，發誓今後再也不買銅器了。由此可推斷，一九五〇年代前盧吳公司販往海外的文物，亦不見得全是眞品，否則他們製作假貨何用呢？這些假貨居然能騙吳啓周，亦可見其手藝之高超。

一九五六年，洪玉琳因走私文物近百件，受到司法部門的傳訊，所有藏品被查封。洪玉琳最初跑到香港，香港地方也有麻煩，由他牽線賣給美國人的唐宋名畫，被揭發出是假畫，美國人要在香港告他詐騙罪。他無辦法，只好又回到上海。自覺走投無路，最後跳樓自殺。

廣東路上的福源齋，是無錫人戴福保於一九三八年獨資開設的古玩店，雇用夥計六人。戴福保擅長商周青銅器、唐代三彩器、雕刻藝術品和漆器的鑒定，經手收售和庋藏的古玩多爲精品，與上海古玩業中的少艾記、雪畊齋，以及廣州的尊古齋過從甚密，獨與葉叔重有所不和。

過去葉叔重出本錢，曾托戴福保去浙江餘姚收瓷器，收回來的東西葉叔重認爲貨色不好，沒法子出口，只能扔在倉庫裡，造成資金「擱死」；從此葉對戴有了意見。後來戴向葉借五萬元錢，說是要去長沙收貨，葉不肯借，戴又通過葉的妻子與葉疏通，葉仍是不借，於是意見越來越大。

一九四九年七月，戴氏先後移居香港、臺灣，在滬店址改行從事寄售業，店名易爲福源齋寄售商店。一九五五年他回滬進行文物走私活動，案發後上海第二中級人民法院將其文物查封沒收，他本人匆匆離境而去。

一九五五至一九五六年上海古玩界幾個「金剛」的走私案，是戴福保從香港回滬「攬貨」引發的，結果其他人均判了刑，而他自己卻跑掉了。至此，「四大金剛」已不復存在，四家店裡的文物全部充公，這是一九五〇年代後上海市文物保管委員會接收的又一批大宗文物。

後記

一、本書在寫作過程中，受到衆多師長和朋友的關心與幫助。其中年長者有：顧廷龍、施蟄存、胡道靜、潘景鄭、潘世茲、劉訢萬、周退密、施蓓芳、郭若愚、汪慶正、王仁宇、錢公麟、王辛笛、徐伯郊、徐文綺、葉崇德、趙益智、盛承業、劉因生、劉耋齡、朱龍湛、鄧雲鄉、劉重燾、季維龍、鄭麥、吳平、夏佩卿、楊康年、薛貴笙、張樹年、黃裳、曹陽、顧志興、劉吉敖、唐德剛、唐德銓、潘維安、任光亮等先生；年青者有：舒士俊、張國瀛、丁蘗、鄭偉平、王聖思、劉篤齡、劉善齡、劉緒源、陳鵬舉、黃月紅、吳依文、張工、沈飛德、汪寶泰、鄭重、印永清、周月英、宋安欣等。在此書繁體字版即將問世之際，謹向他們表示衷心的感謝，同時向已經謝世的諸位導師表示沈痛的哀悼，我非常非常懷念他們。

二、此書所述收藏家中，有許多爲德高望重的學界前輩。書中記述他們的收藏事跡時，在他們的名後一般不重覆用「先生」二字，此非對老先生們不敬，特此致意。

三、近兩年來爲撰此書，我閱讀了數百本相關的圖書資料，走訪了幾十位收藏家的後代，然提筆寫來，仍嫌資料不夠。由於時間與資料的限制，本書所述以本世紀前半期爲主，地域上又以南方爲主，疏漏在所難免，敬請收藏界和文物界的朋友不吝指正。

宋路霞

附錄1

當代中國民間收藏館名錄

施根生提供

自然歷史類

	館名	館址	建館日期	館藏規模
余清金	木生昆蟲館	臺灣埔里	一九七四設館	昆蟲標本近萬種，其主要是蝴蝶類。
陳寶財	蝴蝶博物館	上海市	一九八五・四・一四	國內蝴蝶標本六百多種、國外二百餘種，近萬隻。
劉　鋼	大連老虎灘海洋生物館	遼寧大連	一九八六・六	魚類、貝類、甲殼類標本千餘件。
周方倫	海珍館	江蘇連雲港	一九八七・一	貝類、魚類、哺乳動物等標本一千多種。
劉敬槐	蝴蝶收藏館	湖北武漢	一九八七・九・六	國內蝴蝶標本三百多種，近五千隻。蝴翅畫六十幅。
杜寶君	雨花石藏館	上海市	一九八七重陽節	雨花石近千枚。
周世根	昆蟲博物館	湖北武漢	一九八七・一〇・一	國內昆蟲標本近千種。
白玉琢	蝴蝶博物館	遼寧鳳城	一九八七・一〇・一	國內蝴蝶標本二百餘種。
馬文斌	雨花石藏館	江蘇南京	一九八七・一〇・三〇	雨花石數千枚。
衛治安	瑪瑙奇石博物館	上海市	一九八八・四・一	瑪瑙奇石五百餘件。
潘忠全	昆蟲標本藏館	江蘇南京	一九八八・九	國內蝴蝶標本近百種、昆蟲標本百餘種。
畢繼茂	蝴蝶博物館	山西太原	一九八八・一〇・二九	國內蝴蝶標本三百餘種。
吳浩源	雨花石藏館	上海市	一九八九・一・一四	雨花石千餘枚。

陳瑞楓、周秀文	文鳳雨花石藏館	上海市	一九八九・一〇・一	雨花石三千餘枚。
杜繼華、金慧珠	華珠藏石館	上海市	一九九〇・一・一	供石百餘枚，雨花石近千枚。
郭龍生	農民蝴蝶標本館	上海南匯	一九九〇・八・一八	國內蝴蝶標本百餘種，近五萬隻。
陳留齊	雨花石藏館	上海市	一九九〇・一二	雨花石三百多枚。

科普歷史類

	館名	館址	建館日期	館藏規模
陳寶定	算具陳列室	上海市	一九八一・三	中外算具近千種。
王安堅	王家鐘錶博物館	上海市	一九八三・四・九	早期中外鐘錶三百多隻。
趙金志	金鑰匙博物館	上海市	一九八八・五・一五	各種鑰匙萬餘枚。
陶家榮	家庭藏酒博物館	上海市	一九八八・五	各式名酒二百多種。
藍　翔	上海民間民俗藏筷館	上海市	一九八八・七・一七	各種筷箸、籠近千件。
吳根生	錢幣博物館	江蘇蘆墟	一九八八・八・二一	古今錢幣五千多種，近二萬枚。
徐賓傑	船模博物館	上海市	一九八八・一〇	各種船模作品百餘艘。
韓　寬	異形瓶家庭藏館	北京市	一九九〇・八	各種異形瓶四百多種。
黃根寶	微型樂器博物館	上海市	一九九〇・一二	各式微型樂器作品百餘種。
劉國丁	南京鐘藏館	上海市	一九九一・三	國內早期南京本鐘等近百隻。
楊順發	世界鑄幣收藏館	上海市	一九九一・七・一	各國硬幣一百八十多種、三千多枚。

人文歷史類

	館名	館址	建館日期	館藏規模
施根生	民間私人藏館資料室	上海市	一九八七・六・二八	收藏團體、收藏家及私人藏館等資料上萬份。

周國強	家庭藏報苑	上海市	一九八七・八	各種報紙上千種。
趙爭	家庭趙翼史料館	江蘇常州	一九八八・一一	有關趙翼資料近千件。
陸水平	民間藏刊資料館	浙江寧波	一九八八・一二	民間收藏刊二千五百多種。
石矢	新聞報刊收藏館	江蘇太倉	一九八九・一・一	各種報刊上萬種。
王安廷	小小展覽館	四川成都	一九八九・一・一	毛澤東像章五千多種。
饒貴祥	毛澤東像章陳列館	廣東梅州	一九八九・一	毛澤東像章二千多種。
劉必華	報紙收藏館	上海黃渡	一九八九・四・一	各種報紙千餘種。
陳德惠	影劇資料室	上海市	一九八九・一〇・二二	有關影劇書刊、說明書、戲票等上萬份。
樓時偉	家庭藏報室	浙江杭州	一九九〇・一〇	各種報紙五千多種。
馮建忠	期刊創刊號博物館	上海市	一九九〇・一〇	各種期刊創刊號近二千種。
杜永平	報紙博物館	上海縣	一九九〇・一〇	各種報紙近千種。
潘建忠	家庭報紙收藏室	浙江湖州	一九九〇・一一・四	各種報紙千餘種。

藝術歷史類

館名		館址	建館日期	館藏規模
劉元印	樹根、卵石造型博物館	湖南衡陽	一九八四・六	各種樹根、卵石作品上百件。
張全義	煙標煙具展覽館	河北景縣	一九八六・七・一	煙標一萬多種，煙具近五百件。
韋清	火花藏館	上海金山	一九八六・九・一五	火花四萬多種。
林輝	花屋	廣東廣州	一九八七・一	火花三萬餘種。
梅鈞	藝術品陳列室	上海市	一九八七・三・一五	各種藝術作品上百幅。
石冰	翅畫藝術館	江蘇南京	一九八七・五・一七	各種翅畫作品二百多幅。
曹惠忠	微雕藝術陳列館	上海寶山	一九八七・六・二五	各種微雕作品百餘幅。

吳　松	不易居工藝美術藏室	海南海口	一九八七・七	各種工藝作品上百幅。
許四海	四海茶具館	上海市	一九八七・九・二五	早期茶具近百隻，茶具作品上百件。
周光眞	瓷刻家庭陳列室	上海市	一九八七・一一・一	瓷刻作品上百件。
王　冑	火花藏館	江蘇蘇州	一九八七・一二・一〇	火花五萬多種。
彭天皿	天然造型藝術館	上海市	一九八八・一	天然藝術作品上百件。
胡仁甫	根藝館	上海市	一九八八・一	根藝作品數百件。
丁子亮	中華火花藝術博物館	福建晉江	一九八九・二・一七	火花七萬多種，火柴實物近千盒。
戴鳳岐	天下名片收藏館	甘肅平涼	一九八八・八	各種名片三千多張。
馬家國	糧票藏館	江蘇常州	一九八八・一一	各省市糧票千餘枚。
吳紅其	火花藏館	江蘇鎮江	一九八八・一	火花七萬多種。
傅建華	火花藏館	江西九江	一九八八・一一・二三	火花四萬多種。
常世琪	微雕藝術館	湖北武漢	一九八九・三	各種微雕作品上百件。
梅新開	糧票藝術博物館	江西九江	一九八九・一〇	各省市糧票千餘枚。
曾謀耀	中外名人簽名郵品展覽館	福建廈門	一九八九・一二・九	中外名人簽名郵品千餘份。
朱新宇	鈕扣博物館	遼寧瀋陽	一九八九・一二	各種鈕扣三千餘種。
天　華	酒標藏館	河南鄭州	一九九〇・二・一〇	酒標一萬三千多種。
陶　剛	旅遊門券藏館	江蘇無錫	一九九〇・四	旅遊門券票三千七百多枚。
沈　偉	臉譜陳列室	上海市	一九九〇・一〇	各種臉譜作品二百餘件。
李祥元	魯南書畫收藏館	遼寧盤錦	一九九〇・一二・二一	收藏書畫篆刻作品千餘件。
何欣欣	欣欣筆苑	上海市	一九九〇・一	各式自來水筆五百多支。

附錄2

參考書目

收藏家藏品目錄類

十二家吉金圖錄　商承祚編　（一九三五年）
貞松堂吉金圖　羅振玉
頌齋吉金圖錄　容庚
頌齋吉金圖錄續編　容庚
愙齋集古錄　吳大澂　（一九一八年）
恒軒所見所藏吉金錄　吳大澂　（一八八五年）
小校經閣金文拓本　劉體智　（一九三五年）
善齋吉金錄　劉體智　（一九三六年）
善齋彝器圖錄　容庚考輯劉體智藏品　（一九三六年）
兩罍軒彝器圖釋　吳雲　（一八七二年）
攀古樓彝器款識（翻刻本）　潘祖蔭　（一九一三年）
匋齋舊藏古禁全器　福開森編

匋齋舊藏古酒器考　福開森編
歷代著錄吉金目　福開森編　（一九三九年）
觶齋書畫錄　郭葆昌　（一九二六年）
三虞堂書畫目　景賢　（一九三三年）
韞輝齋藏唐宋以來名畫集　鄭振鐸編　（一九四七年）
過雲樓書畫記　顧文彬　（一八八二年）
過雲樓書畫續記　顧麟士　（一九二七年）
小萬柳堂藏畫　廉南湖
小萬柳堂明清兩朝書畫扇存目錄　廉泉　（一九一一年）
大風堂書畫錄　張大千　（一九四四年）
梅景書屋書畫目錄（稿本）　吳湖帆
貞松堂藏歷代名人法書　羅振玉
名筆集勝　龐萊臣
中華歷代名畫記　龐萊臣
虛齋名畫錄　龐萊臣
虛齋名畫續錄　龐萊臣
善齋墨本錄（稿本）　劉晦之
季木藏匋　周進　（一九四三年）

秦氏藏品圖錄　秦明之（一九五六年）

修內司官窯圖解　朱鴻達（一九三七年）

福氏所藏甲骨文字　商承祚編（一九三三年）

四家藏墨選　葉恭綽（一九五〇年）

清代名墨叢談　周紹良

古玉圖考　吳大澂（一九二六年）

千唐志齋藏志（一九八四年）

存素堂絲繡錄　朱啓鈐（一九二八年）

鐵雲藏印（初集）　劉鶚

鐵雲藏匋　劉鶚

鐵雲藏龜　劉鶚

鐵雲藏龜之餘　羅振玉輯

鐵雲藏龜拾遺　劉鶚

鐵雲藏龜零拾　劉鶚

梅景書屋印選　吳湖帆

恧厂印存　周明錦

畏齋藏鉢　劉之泗

十鐘山房印舉　陳介祺

百匱樓集印　龐青城
善齋鉩印錄　劉晦之
匋齋藏印　端方
匋齋藏石記　端方
匋齋藏石目　端方
番禺葉氏遐庵藏書目錄　潘景鄭輯（一九四八年）
貞松堂藏西陲秘笈叢殘　羅振玉
鳴沙石室古佚書　羅振玉
前塵夢影新錄　黃裳（一九八九年）
木樨軒藏書題記及書錄　李盛鐸（一九八五年）
藏園群書經眼錄　傅增湘（一九八三年）
鐵琴銅劍樓藏書題跋集錄　瞿良士（一九八五年）
名人手劄百通　鄭逸梅（一九八九年）
藥雨古化雜詠　方若（一九八八年）
矩園餘墨　葉恭綽

文物鑒賞類

甲骨文合集　郭沫若　胡厚宣（一九七八年）

殷契卜辭　容庚　瞿潤緡
殷墟卜辭綜述　陳夢家　（一九五六年）
海外吉金圖錄　容庚　（一九三五年）
商周彝器通考　容庚　（一九四一年）
殷周青銅器通論　容庚　張維持　（一九八四年）
中國青銅器時代考　梅原末治著　胡厚宣譯
海外中國青銅器圖錄　陳夢家　（一九四六年）
黃縣㠱器　王獻唐　（一九六〇年）
中國青銅器　馬承源　（一九八八年）
青銅器鑒賞　張懋鎔　（一九九三年）
青銅文化的寶庫　盧連成　（一九九六年）
碑帖敘錄　楊震方　（一九八二年）
碑帖鑒賞與收藏　張菊英　（一九九六年）
書法鑒賞與收藏　蔣文光　（一九九六年）
鄭振鐸書話　鄭振鐸　（一九九六年）
西諦書話　鄭振鐸　（一九八三年）
晦庵書話　唐弢　（一九八〇年）
黃裳書話　黃裳　（一九九六年）

唐弢書話　唐弢　（一九九六年）
大風堂臨撫敦煌壁畫　張大千
故宮已佚書畫目校注　陳仁濤　（一九五六年）
歷代藏經考略　葉恭綽
校注項氏歷代名瓷圖譜　〔明〕項元汴著　郭葆昌校注
匋雅　陳瀏　（一九三三年）
紫泥清韻——陳鳴遠陶藝研究　（一九九七年）
古月軒瓷考　楊歗谷　（一九三三年）
骨董瑣記　鄧之誠
唐代墓誌彙編　周紹良
小古董大價錢　廖國一　（一九九四年）
鐵琴銅劍樓研究文獻集　仲偉行　（一九九七年）
文物鑑賞指南　馬承源　（一九九七年）
國寶大觀　梁白泉　（一九九〇年）
古玩指南　趙汝珍　（一九九三年）

文史綜合類

人物和集藏　鄭逸梅　（一九八七年）

鄭振鐸傳　陳福康　（一九九六年）
李鴻章年譜　雷祿慶
張鈞衡哀啓　張乃熊　（一九二五年）
張適園先生（鈞衡）　張懿德堂輯　（一九二八年）
杭人唐雲　鄭重　（一九九二年）
蠖公紀事——朱啓鈐先生生平紀實　（一九九一年）
庭聞憶略——回憶祖父羅振玉的一生　羅繼祖
甲骨文之父王懿榮　呂偉達　（一九九五年）
大收藏家張伯駒　劉軍　（一九九六年）
吳湖帆傳略　戴小京　（一九八八年）
我的父親張元濟　張樹年　（一九九七年）
肥西淮軍人物　（一九九二年）
葉遐庵先生年譜　（一九四六年）
遐庵彙稿　葉恭綽　（一九三〇年）
張大千的藝術圈　包立民
畫壇巨匠張大千　白巍　（一九九七年）
嘉業堂藏書志　繆荃孫等
近代藏書三十家　蘇精　（一九八三年）

天一閣叢談　駱兆平（一九九三年）
浙江的藏書家與藏書樓　顧志興（一九八七年）
收藏歷史的人　裴高　吳少華（一九八八年）
七十年所見所聞　傅振倫（一九九七年）
文物話春秋　陳重遠（一九九六年）
古玩談舊聞　陳重遠（一九九六年）
海上舊聞　葉又紅（一九九七年）
中國民間收藏集錦　朱卓鵬（一九九五年）
收藏歷史　陳鵬舉（一九九七年）
中國考古　安金槐（一九九二年）
中國美術簡史（一九九〇年）
中國書畫　楊仁愷（一九九〇年）
國寶沈浮錄　楊仁愷（一九九一年）
清代學者像傳全集　葉衍蘭　葉恭綽（一九八九年）
交通救國論　葉恭綽（一九二四年）
洛陽古墓博物館（一九八七年）
平等閣筆記　狄楚青
洹洛訪古記　羅振常

梅景書屋畫集　吳湖帆　潘靜淑（一九四〇年）
二十世紀中國大博覽　夏東元（一九九四年）
二十世紀上海大博覽　夏東元（一九九五年）
中國藏書家考略　楊立誠　金步瀛（一九八七年）
民間收藏奇才錄　劉文祥　嚴爲民（一九九二年）
桑榆雖晚夕陽紅　上海文史館（一九九三年）
中國印章史　王廷洽（一九九六年）
清代藏書樓發展史　譚卓垣等（一九八八年）
古今典籍聚散考　陳登原（一九八三年）
文物要籍解題　寒冬虹（一九九六年）
四庫全書縱橫談　華立（一九八八年）
中國大百科全書·文物、博物館卷
上海文物博物館志
中國美術辭典（一九八七年）
上海辭典（一九八九年）
歷代藏書家辭典　梁戰等（一九九一年）
中國藏書家辭典　李玉安等（一九八九年）

文化叢刊

百年收藏：二十世紀中國民間收藏風雲錄

2005年2月初版 定價：新臺幣350元

著者 宋路霞
發行人 林載爵

叢書主編 莊惠薰
校對 陳麗華
封面設計 胡筱薇

出版者 聯經出版事業股份有限公司
台北市忠孝東路四段555號
台北發行所地址：台北縣汐止市大同路一段367號
電話：(02)26418661
台北忠孝門市地址：台北市忠孝東路四段561號1-2樓
電話：(02)27683708
台北新生門市地址：台北市新生南路三段94號
電話：(02)23620308
台中門市地址：台中市健行路321號
台中分公司電話：(04)22312023
高雄辦事處地址：高雄市成功一路363號B1
電話：(07)2412802
郵政劃撥帳戶第0100559-3號
郵撥電話：26418662
印刷者 雷射彩色印刷公司

行政院新聞局出版事業登記證局版臺業字第0130號

本書如有缺頁，破損，倒裝請寄回發行所更換。 ISBN 957-08-2818-8 (平裝)

聯經網址 http://www.linkingbooks.com.tw
信箱 e-mail:linking@udngroup.com

國家圖書館出版品預行編目資料

百年收藏：二十世紀中國民間收藏風雲錄 / 宋路霞著. --初版.
--臺北市：聯經，2005年(民94)
360面；14.8×21公分.(文化叢刊)
參考書目：9面
ISBN 957-08-2818-8(平裝)
1.收藏-中國-歷史

790.92 94002492